借你一面『照妖镜』

陈为人 著

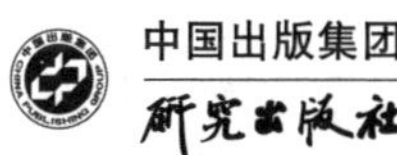

中国出版集团
研究出版社

图书在版编目（CIP）数据

借你一面“照妖镜”/ 陈为人著 .—北京：研究出版社，2023.1

ISBN 978-7-5199-1268-0

Ⅰ.①借… Ⅱ.①陈… Ⅲ.①历史人物–人物研究–中国–古代 Ⅳ.①K820.2

中国版本图书馆 CIP 数据核字 (2022) 第 134539 号

出 品 人：赵卜慧
出版统筹：张高里　丁　波
责任编辑：刘春雨

借你一面“照妖镜”
JIE NI YIMIAN “ZHAOYAOJING”
陈为人　著
研究出版社　出版发行
（100006 北京市东城区灯市口大街 100 号华腾商务楼）
北京云浩印刷有限责任公司印刷　新华书店经销
2023 年 1 月第 1 版　2023 年 1 月第 1 次印刷
开本：710 毫米 ×1000 毫米　1/16　印张：17.5
字数：261 千字
ISBN 978-7-5199-1268-0　定价：58.00 元
电话（010）64217619　64217612（发行部）

自序

“人之初，性本善。”生命降临人世间，都有着修身、齐家、治国、平天下的人生抱负，十年寒窗千锤百炼，“人人皆可成圣贤”。“人之初，性本恶。”与初始动机南辕北辙，与生俱来的七情六欲，抵御不住人世间的种种诱惑，撒播龙图腾，收获遍地鸡毛，“画虎不成反类犬”。

心灵是生存时空中的钟摆，总在善恶两极间，摇荡徜徉徘徊，瞻前顾后。中国的史学家，书写历史如编写戏剧唱本：或圣贤化或妖魔化，两极化臧否人物，曹操阴白的脸上涂抹黑斑，关羽亮红的脸上点缀碎金，赞则捧为“十全完人”，贬则予以“全盘否定”。我们重新解读历史人物，不仅要把云端上道貌岸然的圣贤回归凡人，也要把地狱里青面獠牙的奸佞还原凡人。

荀子说：“蓬生麻中，不扶而直；白沙在涅，与之俱黑。”并发明了一个专用名词：“注错环境。”生存环境于人而言，“居楚而楚，居越而越，居夏而夏”。淮南为橘，淮北为枳。我们听多了“降错门第”“生不逢时”的感叹。

墨子在看过染坊的变色后发出感叹：“染于苍则苍，染于黄则黄。所

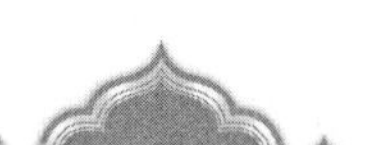

入者变，其色亦变；五入必，而已则为五色矣。”人是环境的产物。人的生存环境就是一个大染缸，近朱者赤，近墨者黑；颜色会随着身处环境的熏陶及与周边各色人等的交往，成为“社会关系的总和”。

《西游记》中有一个颇具象征性的情节：为鉴别真作假时假亦真的真假美猴王，借助了阎王爷阴曹地府的照妖镜。它寓意着生命的躯壳无论怎样乔装打扮，都有“灵魂出窍”毫发毕现的一刻，都要面临最终归宿地狱的“末日审判”。

本书选取被后世绑定在历史“耻辱柱”上的反面典型——李鸿章、翁同龢、和珅、严嵩、蔡京、李斯六人，作为剖析的典型案例。城头变幻大王旗，换汤不换药的“封建转帝制”，贪官奸臣一茬一茬如割韭菜，铁面包公的铡刀斩不绝，老谱不断袭用，沉渣时有泛起，彰显着封建王朝“皇权造奸臣”的规律性。还原他们所处的历史场景，解读他们成为各自面目的生存境遇……

唐太宗李世民有言：“以铜为镜，可以正衣冠，以史为镜，可以知兴替，以人为镜，可以明得失。”

借你一面照妖镜，从官场的众生相中，关照我们似曾相识而又形同陌生的张张嘴脸。

目录

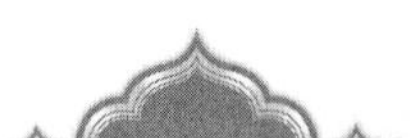

置身历史断崖的李鸿章

引子：卖国贼抑或先驱者

李鸿章于1901年逝世，至今100多年过去了，对他的评价见仁见智，褒贬不一，毁誉参半，盖棺尚无定论。

早在中学时代，李鸿章是汉奸卖国贼的观念已经深深刻印在我的脑子里。中华民族的血泪近代史，从一个独立主权国家沦为半殖民地半封建的屈辱时代，是由一系列的卖国条约造成的。李鸿章从19世纪70年代起代表清政府参与了众多的对外交涉和签订了一系列重要条约：如1871年9月签订的《中日修好条规》；1876年9月签订的《中英烟台条约》；1884年5月签订的《中法会议简明条款》；1885年4月签订的《中日天津条约》，同年签订的《中法新约》；1895年11月签订的《中日辽南条约》；1896年3月签订的《中德胶澳租界条约》，同年6月签订的《中俄密约》；1898年6月签订的《中英展拓香港界址专条》等。中国近代史上三大不平等条约：1840—1842年第一次鸦片战争后签订的《中英南京条约》，1894—1895年甲午战争后签订的《中日马关条约》，1900—1901

年八国联军侵华战争后签订的《辛丑条约》，其中有两个就是由李鸿章签字画押。李鸿章已然与历史上的秦桧、蔡京、严嵩等大卖国贼一起被钉在了历史的耻辱柱上。

李鸿章去世后，有人用“权倾一时，谤满天下”来形容他。梁启超在《李鸿章传》中对他的评价是：“吾敬李鸿章之才，吾惜李鸿章之识，吾悲李鸿章之遇。”与国人对李鸿章恨不能寝其皮啖其肉的唾骂形成鲜明对比的是，国际上对他却颇多赞誉：有称之为“东方俾斯麦”，有称之为“中国的伊藤博文”，把李鸿章与在德国有“铁血宰相”之称的俾斯麦和在日本有“明治宪法之父”之称的内阁总理大臣伊藤博文相提并论。美国前总统克利夫兰更赞誉：“李鸿章不仅是中国在当代所孕育的最伟大的人物，而且综合各方面的才能来说，他是全世界在上一世纪中最为独特的人物。”

李鸿章生存在“四海变秋气”的封建末世，置身于历史断裂转型的关键节点，沉浮于封建主义和资本主义激烈搏斗的旋涡之中。他敏锐地意识到中国正处于“三千年未有之变局”，沧海横流，正是好男儿一试身手的用武之地。李鸿章意欲凭一己之力挽狂澜于既倒，这就把自己推到了风口浪尖。可以说李鸿章是中国近代史上睁开眼睛面对变化世界的第一人。他是打破传统价值观、倡导洋务运动，促使中国走向现代化的伟大先驱。国家面临危难之际，他虽也曾有过踌躇、彷徨、矛盾、犹豫，但终究充当了一个千疮百孔王朝的裱糊匠，以一人之躯挺身而出迎难而上，几乎把所有的重担扛于己身，苦心孤诣、殚精竭虑几十年，而不为世人所理解。犹如高尔基笔下的先驱者丹柯，我们看到的仅是燃烧之后的灰烬，忘却了那颗为照亮幽暗时代而燃烧的心。

李鸿章 1901 年逝世前，遗嘱葬于合肥城东 15 里的大兴集。合肥大兴集既不是李鸿章的出生地，也不是李氏宗祠祖坟所在地，李鸿章将自己的墓地选在与宋代名臣包拯包青天的墓园毗邻安葬。“身不能至心向往之”，表达了李鸿章对这个不畏强权的铁腕清官的敬仰。李鸿章生前

曾捐银2800两建包拯祠，且亲撰碑记。这一举动，大概寄寓着李鸿章“留取丹心照汗青”，想做一个名垂青史的好官的志向。

然而事与愿违，“尔曹身与名俱灭”，李鸿章身后背着汉奸卖国贼的骂名绵延百年。1958年“大跃进”时期，李鸿章被“掘坟鞭尸”。李鸿章穿着黄马褂的遗体本来保存完好，结果被群众挂在拖拉机后面“游街”，死后还遭“五马分尸”。

同一个人物，如此峰渊悬异的评价，大概正是历史的诡谲之处。

1. 雪拥蓝关马不前

据传，李鸿章奉旨出使日本签订《中日马关条约》之前，在等候光绪皇帝召见的焦虑之际，还“忙里偷闲”让张佩纶引见，前往京郊的白云观拜访了通灵道人。

两人有过这样一段对话：

李鸿章：“幼樵（张佩纶的字）极力赞许道长先知先觉的预测神通。弟子特地前来，还请道长法眼观之，以指点迷津。”

通灵道长：“哪有什么神通可言，不过是以谬传误，歪撞歪批，哈哈哈哈……”通灵道长像官场之人一样打起了哈哈。

李鸿章：“本不该打扰道长静修，实是弟子深感大祸将至，还盼道长仙人指路，让弟子早离苦海。”

通灵道人自顾自地坐于一个大蒲团上，闭目养神，把李鸿章晾在一旁。李鸿章不愠不急，耐心地一直在座旁恭候。

通灵道人良久才睁开眼说：“占卜之道，由心生，信则灵，不信则无。贫道欲以施主的生辰八字试占一卜，不知可否见告？”

李鸿章：“癸未年，甲寅月，乙亥日，巳卯时。”

1823年2月15日，是清道光三年正月初五。正月初五是财神的生日，

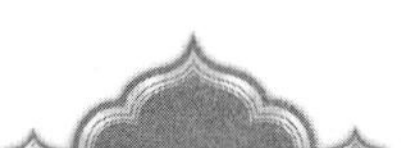

人们一年的财运似乎都是由财神决定的。正当人们忙着置酒席、接财神、求财运的时候，安徽省庐州府合肥县磨店乡（现属肥东县）李氏宗族喜上加喜双喜临门，一个小小的生命呱呱坠地。李鸿章诞生于正月初五财神降临这个特殊的日子，以至于后人牵强附会说李鸿章“命硬”，注定是个叱咤风云的人物。

通灵道人足足想了有半炷香的时辰，望着李鸿章说：“地支亥卯未全而生寅月，时透巳士，甲木制之，印授无伤，水木相生，格之纯粹者也。施主果非常人，命如此之硬，非大富大贵之人难以担当。”

通灵道人又曰：“印透行金运，官杀生印，化金气以生木，官印为权，封侯拜相均在金运之中。”

李鸿章对人们经常逢迎的这些陈词滥调并无兴趣，摆摆手苦笑着说：“往事如烟，不堪回首，还望道长能为弟子预测一下未来。”

通灵道人矜持一笑：“施主眼下是有些麻烦，但有惊无险，尽可宽心。只是恐怕晚节有虞，尚需格外留心。”

李鸿章还想进一步打问，通灵道人一指禅房墙上的《松雪道德经》，只是含矜而笑，再不作一声。

李鸿章望着这幅元代大书法家赵孟頫的真迹，心中诵读起老子的《道德经》：“天地所以能长且久者，以其不自生，故能长生。……是以圣人后其身而身先，外其身而身存。”

古人有言：“心存忐忑，占卜问卦。”李鸿章若有所悟：人在顺境之时，根本不思命好原是上苍垂青，自我感觉良好，倒认为是自己三头六臂七十二变，乾坤扭转逢凶化吉；只有逆境遽然来之，才急来抱佛脚，把心中的一丝侥幸寄望于神灵保佑。

李鸿章曾说自己“少年科第，壮年戎马，中年封疆，晚年洋务，一路扶摇”，他先后担任过江苏巡抚、署理两江总督、湖广总督。1870 年起，在长达 25 年的时间里一直担任直隶总督兼北洋大臣、钦授文华殿大学士并赏穿方龙补服，可以说达到了一个汉臣在大清王朝可能达到的巅

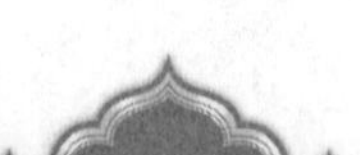

峰，时人称李鸿章是“坐镇北洋，遥执朝政”。《周易》卦五十五云：“日中则昃，月盈则食。”甲午战争成为李鸿章人生的转折点，使他备尝了酸辣苦涩的滋味：翁同龢、文廷式等先后上疏弹劾李鸿章衰病昏庸，贻误大局；张謇抨击李鸿章“非特败战，并且败和”，恳请“另简重臣，以战定和”……在朝野的一片怨愤声中，李鸿章被“拔去三眼花翎，褫去黄马褂”，从权力的顶峰上跌落下来。李鸿章“会当凌绝顶”，置身于历史的断崖，清晰地看到悬崖绝壁之险境，不知哪一刻脚下的立足之地就会“山体滑坡”，崩塌凹陷。

早在1862年，李鸿章任江苏巡抚时就开始接触洋务，与洋人周旋，处于既欲“借师助剿”，又担心“尾大不掉”的两难之中。在买办官绅“媚夷”和顽固官绅“抗夷”的对立中，成功地与英国驻华陆军司令士迪佛立等签订《统带常胜军协议》，实现了其“于调停笼络之中仍寓裁制控驭之道”。李鸿章认为，举办洋务就是“处奇局建奇业”的必经之路。李鸿章在1876年复信刘秉璋时，对攻击他“喜闻谈洋务”的顽固派讥讽说：“公等可不喜谈，鄙人若亦不谈，天下赖何术以支持耶？”（李鸿章著、吴汝伦编：《李文忠公全集》，文海出版社1967年版）由于频繁与西方列强打交道，处理过诸多重大的对外交涉，李鸿章颇以自己的外交能力自负，自认为面对纷乱世事，“舍我其谁”……现在终于尝到了“出头椽子先遭风雨”的苦果。

通灵道人的话在李鸿章心中罩上一层阴影：看来自己是走到了人生命运的拐点，已然成为众矢之的。很可能此行一去日本，“三十功名尘与土”，由此而身败名裂，一世英名付诸东流。

1884年底，日本甲午海战初胜，正是“志得气盈”，欲望膨胀蛇吞象。中国官员前往签订城下之盟，定然“为彼轻视”，岂会有好果子吃？李鸿章先是建议清政府派任天津海关税务司20多年的德璀琳赴日，以先行摸摸虚实，探探口风。德璀琳是德国人，可以说是个中国通。但李鸿章用心良苦的“曲线救国”之策，遭到了日本和美国的坚决抵制。美国驻

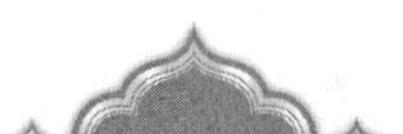

日公使谭恩和美国驻华公使田贝当即向总理衙门质问：德璀琳既与对峙双方毫不相干，也无替清政府签约的实权，要求清政府立即收回成命。当德璀琳风尘仆仆赶到日本后，日本政府称德璀琳没有“交战国使者资格”，绝不与他“谈判军国大事”。（陆奥宗光:《蹇蹇录》，伊舍石译，商务印书馆 1963 年版）

1895 年 1 月，清政府改派户部左侍郎张荫桓和湖南巡抚邵友濂任正副谈判代表，赴日议和。两位再次被日本谈判代表——日本内阁总理伊藤博文和外务大臣陆奥宗光挡了回来。张荫桓东渡辞陛时，光绪皇帝特降黄纸谕旨：“饬其议和时须请旨，割地及力所不及者，万勿擅许。”日本以其非全权，拒不与之议和。而且因为广岛屯兵，不许张、邵等逗留，日方将其驱赶到长崎候信。陆奥宗光在其口述历史《蹇蹇录》中说：“首先审察彼等所携全权委任状形式如何，如缺国际公法普遍之例规，未进入正式媾和谈判之前，立刻拒绝与其继续谈判。”这一消息传回京城，朝野发出一片“近于辱矣”的愤慨。

伊藤博文一方面把张、邵二代表拒之门外，另一方面通过中日间联络的美国公使田贝通知总署：“须另派十足全权，曾办大事，名位最重，素有声望者方能开讲。”实际上日方的暗示已经很明显：只愿意以李鸿章作为谈判对手。日本内阁总理伊藤博文开示的理由是：“彼此谈判之结果，免为纸上空文，必须有力实行。”

1895 年 2 月 13 日，光绪皇帝发布谕令：“李鸿章勋绩久著，熟悉中外交涉，为外洋各国所倾服，今日本本文隐有所指，朝廷深维至计，此时全权大臣之任更无出该臣之右者……”钦定李鸿章“作为头等全权大臣，与日本商定和约”，“著星速来京请训，切勿刻迟”。作为安抚，赏还李鸿章刚刚被拔去的三眼翎顶、褫夺的黄马褂，开复革留处分。在清廷看来，“倭焰鸱张，畿疆危逼，只此权宜一策，但可解纷纾急，亟谋两害从轻”。在万般无奈的情形之下，李鸿章受命于危难时节。

明眼人看得很清楚，美国特使赫德评议说此番出使东渡的李鸿章：

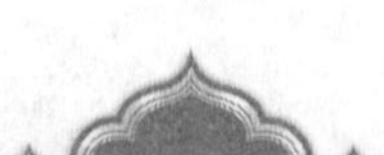

“签立和约，是沉重而不得人心的任务，不但为全国人所咒骂，也许还要受政府的公开谴责。”吴汝纶说：“此时言和，直乞降耳，乃欲以口舌争胜，岂可得哉。”李鸿章曾向张荫桓吐露难言的苦衷：“各使怂恿兄去，致被新命，茫无所措……”他意识到：中日甲午战争“至一生事来，扫地无余，如欧阳公所言，‘半生名节，被后生辈描画都尽’。环境所迫，无可如何”。

后世有历史学家主观推测：李鸿章此刻没有“急流勇退”，还是因为眷恋权位。他曾在年轻时发过宏愿：一定要“青出于蓝而胜于蓝”，在官爵上超过自己的恩师曾国藩。现在李鸿章做到文华殿大学士，官职上已经在当年曾国藩之上，但曾国藩是侯爵，他在爵位上还差恩师一步之遥。

世人的这一想象推测，我觉得恐怕是对李鸿章的误读。

李鸿章曾对曾国藩晚年“急流勇退”的做法发表过自己的见解：“今人多讳言‘热中’二字，予独不然。即予目前，便是非常热中。仕则慕君，士人以身许国，上致下泽，事业经济，皆非得君不可。予今不得于君，安能不热中耶？”（吴永口述、刘治襄笔记：《庚子西狩丛谈》，中华书局2009年版）从李鸿章的话语中，我们听到的是一种勇于担当的责任感。求退为无益之请，挺身是恋栈权位，历史往往把人置于两难境地，是谓进亦难退亦难。

李鸿章年轻时，在多首诗中抒发过自己渴慕“长风破浪会有时，直挂云帆济沧海”的凌云壮志：“胸中自命真千古，世外浮沉只一沤”“闻鸡不觉身先舞，对镜方知颊有髭”“出山志在登鳌顶，何日身才入凤池”“一万年来谁著史，三千里外欲封侯”……

李鸿章对唐宋八大家之首的韩愈特别推崇，他曾致函其弟说：“余平生最喜读者，为韩愈《论佛骨表》，取其气盛也。三弟可常常阅之。”《论佛骨表》是韩愈劝谏皇帝的一份奏折。819年，唐宪宗派人把藏在凤翔县法门寺护国真身塔内的释迦牟尼舍利指骨迎进长安皇宫供奉三天。韩愈明知唐宪宗是想借此祈求长寿，偏偏忤逆龙鳞，愤然上表斥责礼佛求福之虚妄。奏折中要求将此骨“投诸水火，永绝根本”。唐宪宗一怒之下，

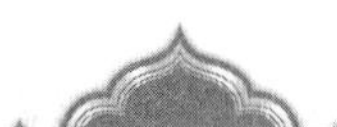

将韩愈贬为潮州刺史。正是在此背景下，韩愈写下《左迁至蓝关示侄孙湘》这首名诗："一封朝奏九重天，夕贬潮州路八千。欲为圣明除弊事，肯将衰朽惜残年。云横秦岭家何在，雪拥蓝关马不前。知汝远来应有意，好收吾骨瘴江边。"也许可把韩愈诗中"欲为圣明除弊事，肯将衰朽惜残年"之句看作李鸿章此时此刻的心理潜台词。

只将马关做蓝关，云遮雾掩马不前。

2 月 22 日光绪皇帝接见了李鸿章，据说他在接受光绪皇帝亲授的全权委托书时，老泪纵横。男儿有泪不轻弹，只因未到伤心处。惨淡经营数十年的北洋水师全军覆没，已让李鸿章肝胆俱裂，万念皆灰；奉旨赴日谈判去签城下之盟，更使李鸿章进退维谷，心烦意乱。

"屋漏偏逢连夜雨，船迟又遇打头风。"谁该为甲午之战的惨败承担罪责？李鸿章纵有千言万语，也只能是打落门牙和血咽。李鸿章曾经发出过这样的慨叹："功计于预定而上不行，过出于难言而人不谅，此中苦况，将向何处宣说？"

"解铃还须系铃人"，面临如此之危局乱局，只能承担起"收拾旧山河，朝天阙"。

"我愿为薪，子当为釜"，我不下地狱谁下地狱？该下油锅时只能赴汤蹈火，义无反顾。

李鸿章临终前曾留一诗："劳劳车马未离鞍，临事方知一死难。三百年来伤国步，八千里外吊民残。秋风宝剑孤臣泪，落日旌旗大将坛。海外尘氛犹未息，诸君莫作等闲看。"（高拜石：《南湖录忆》，达昌出版社 1965 年版）

据李鸿章的幕僚范当世说，李在直隶任内，喜看《管子》，甲午战争后喜看《庄子》。《管子》是入世之书，《庄子》是出世之书，李鸿章从青年时"丈夫只手把吴钩，意气高于百尺楼"的豪迈，变作了晚年"秋风宝剑孤臣泪，落日旌旗大将坛"的悲凉。

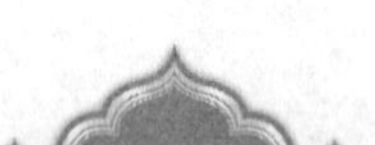

2. 十年一枕南柯梦

日本把中日议和之地，别有用心抑或说是用心叵测地设在了马关春帆楼。

春帆楼原为日本医生藤野玄洋于1862年开办的诊所。此楼面临大海，居高临下，登高远望，落霞与海鸥齐飞，海水共蓝天一色。藤野玄洋死后，其女美智子不通医术，把医所改成一家河豚料理店。该店最具特色的一道菜即河豚生鱼片。当年在马关一带活动的伊藤博文，经常光顾美智子的河豚料理店，“登斯楼也，则有心旷神怡，宠辱皆忘，把酒临风，其喜洋洋者矣”。从酒楼上极目远眺，碧波之上点点渔帆，千舟竞发，天晴时一块陆岸似有还无，若隐若现。伊藤博文联想到自己的别号春亩，想入非非地为该店取名春帆楼，大概寄寓了伊藤博文扬帆远航、直抵彼岸的勃勃雄心。民间向来有“拼死吃河豚”的说法，现在升任内阁总理的伊藤博文把中日谈判的地点选在春帆楼河豚料理店，大概有着把觊觎已久的捕捞物生吞活剥的岛民心理。

李鸿章与伊藤博文棋逢对手的谈判，已经不是初次交锋。十年前，在签订《中日天津条约》时，两人已经掰过手腕。

中国近代史资料丛刊《中日战争》一书中，记载了时人的一句话：“各国之图中国者，无不图先占朝鲜。彼以为朝鲜得，而中国之左臂断，进可以制东三省而摇我根本，退可以屯兵积聚观时而动，而中国在其股掌之上。”朝鲜战略位置对中国的重要性不言而喻。中日甲午战争的烽烟正是缘起于朝鲜。

日本觊觎朝鲜的野心由来已久。从日本幕府末代起，就不时有人鼓噪“征韩论”，著名倒幕志士吉田松阴所阐述的“失之俄美，补之朝鲜”，正反映出大和民族骨髓里“硬的怕，软的欺”的典型性格。1868年1月，日本德川幕府崩溃，明治天皇宣布“王政复古”，并迁都东京，组建了明治政府。明治政府对内实行明治维新，开始走上资本主义道路，对外则

要“开拓万里之波涛”，逐渐开始侵略扩张。

1871年9月13日，李鸿章与日本大使伊达宗城在天津山西会馆签订了《中日修好条规》。这是中日两国间签订的第一个条约。条约基本上体现了平等互利、互不干涉内政的原则。当年，尽管条约规定大清国与日本国相互之间的领事裁判权是对等的，但在实际操作中，清王朝占据了上风。因为清王朝尽管在与列强的战斗中连遭败绩，但在中日甲午战争之前，在日本人眼中，清朝还是一个“庞然大物”。1878年，中国第一任驻日公使何如璋到达日本之后，很多日本上层分子都以与之交往为荣。中国领事依然抱着传统的观念，将日本看成“蕞尔岛国”，把自己当成天朝上国，所以在与日本的交往中本能地显得傲气十足。

李鸿章在谈判签订《中日修好条规》时，对日本人的野心就有所觉察，他颇动心机地在条规中写下“所属邦土不可侵越”的条款，“隐为朝鲜等国预留地步”，并多次告诫日本对朝鲜应“释衅修好”。

然而在弱肉强食的丛林法则下，中国式的文字游戏并不能改变侵略者的既定方针。诡诈多谋的日本借换约之机，探知中国与朝鲜宗藩关系的实质是：“中国对于朝鲜，虽与册封与正朔，然其内治与和战，皆朝鲜自主，与中国无关。”朝鲜“只要循守册封、贡献例行之礼节，此外更与国政无关”。《中日修好条规》只是日本为吞并朝鲜对中国的一次投石问路。

此后，1875年日本通过云扬号事件（日本称为江华岛事件）迫使朝鲜签订了对日开放的《江华条约》；1882年又通过壬午兵变，日本出兵朝鲜，强迫朝鲜签订《济物浦条约》和《朝日修好条规续约》，日本毫无信义出尔反尔得寸进尺，欲图一步步把朝鲜沦为它的殖民地。1884年12月4日，朝鲜开化党人金玉均按照日本驻朝公使竹添进一密订的计划，引日军攻入王宫，挟持国王，组织一个由开化党人担任要职的亲日政权，史称甲申事变。事变后，清政府应朝鲜之请，出兵击败了日军和开化党，救回被挟持的朝鲜国王。中日两国之间终于在朝鲜兵戎相见。

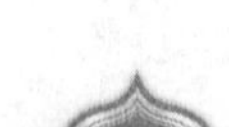

为平息这一争端，1885 年 2 月，日本派伊藤博文为全权大使，陆军中将西乡从道为副使，出使中国，中日两国走到了《中日天津条约》的面前。

王芸生在《六十年来中国与日本》（生活·读书·新知三联书店 1979 年版）一书中，记载下了谈判《中日天津条约》时，李鸿章与伊藤博文的一番对话：

伊藤博文："撤兵和惩凶赔偿两项一不可少。"

李鸿章："双方撤兵可以考虑，惩凶赔偿一事绝不答应。"

伊藤博文："如果中国不答应惩凶赔偿，日方将起程回国，停止继续谈判。"

李鸿章："朝鲜之事中国并无差错，其咎全在日方，若因此决裂，我们唯有准备打仗耳。"

梁启超在《李鸿章传》一书中，这样评价李鸿章之外交："李鸿章与外国人交涉，尤轻侮之，其意殆视之如一市侩，谓彼辈皆以利来，我亦持筹握算，惟利是视耳。崇拜西人之劣根性，鸿章所无也。"（梁启超:《李鸿章传》，百花文艺出版社 2000 年版）梁启超的笔下，李鸿章与洋人打交道，并非像后人所说，"结与国之欢心"，一副"奴颜媚骨样"。

李鸿章与洋人谈判也曾不卑不亢，据理力争，绵里藏针，进退有度。

看到李鸿章如此强硬的态度，尚未完成战争准备的日本只能做出了让步，再不提"惩凶赔款"之事，双方签订的《中日天津条约》里只规定了"中日同时从朝鲜撤兵"（所以该条约也叫《朝鲜撤兵条约》）。另附李鸿章致伊藤博文备忘录一份："将来朝鲜国若有变乱重大事件，中日两国或一国要派兵，应先互行文知照。"李鸿章颇为自得这一条，他认为这样就限制了日本单方面采取军事行动。当然，这只是李鸿章的一厢情愿，对一向没有任何道义约束采取不宣而战的日本而言，一纸空文又有什么约束力呢？

后世多责难此款等于是承认了中日共同保护朝鲜，均有出兵之权力，这样日本获得随时可以向朝鲜派兵的特权，由此种下甲午之战的祸

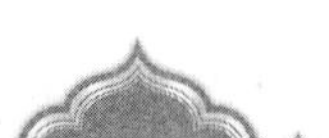

根。这只是事后诸葛式的苛责。历史唯物主义地分析，此一时彼一时，当时清廷面临两线作战，在西南要对付法军侵犯越南，如果再在东北的朝鲜燃起烽烟，难免捉襟见肘，首尾失顾。所以清王朝执意“目前办法，总以定乱为主，切勿与日人生衅”，只要能平息战事争端，一切都可忍让退避。面对朝廷的绥靖“圣旨”，一向俯首听命的李鸿章，当然只能顺水推舟，恭敬不如从命了。

李鸿章在妥善处理天津教案后，慈禧太后赐给他一件朝鲜李氏王朝进贡的宝物。这是一把纱扇，扇骨用金罗道墨竹制成，扇面系皇宫技师用白纱精巧编织。李鸿章尤其喜欢的是上面的图案，绣着一幅朝鲜的锦绣河山。据说，扇子在燥热中摇晃至恍惚时，便会有一绝色美女若隐若现，明眸顾盼，吐气如兰。李鸿章手中把玩着纱扇，大概心中自有一股“掌上乾坤”的征服快感。

史料上没有记载李鸿章在与伊藤博文进行《中日天津条约》谈判时，手里是否把玩着此扇，我想，物随时移，沧桑变迁，李鸿章此刻的心情，一定会油然而生惆怅和失落：“雕栏玉砌应犹在，只是朱颜改”，自古弱国无外交！

《中日天津条约》的谈判，让李鸿章对日本的伊藤博文有了更贴近的认识，签约次日，他在给出使日本的大臣徐承祖的书信中，言及谈判情形：“伊藤大使在津两旬，会议七次，始将条约订妥画押……”李鸿章一方面对日本表示不满，指责“日本议约甫定，忽又派人来津商改，狡黠可恶”，另一方面对其维新图强又与中国比邻深以为忧，认为“该国上下一心，皈依西土，机器、枪炮、战舰、铁路，事事取法英美，后必为中国‘肘腋大患’。积弱至此，而强邻日逼，我将何术以处之？”晚清的人们畏惧于欧美的船坚炮利，而对日本之崛起视若无睹，一句“蕞尔岛国”将轻慢之情显露无遗。李鸿章倒是睁眼看日本的先驱，他最早意识到，崛起的日本终将成为中国的“肘腋大患”。

签订《中日天津条约》之后，李鸿章还专门向总理衙门提交了一份秘

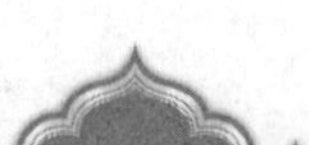

密报告《密陈伊藤有治国之才》："伊藤治国才猷精敏……该使久历欧美各洲，极力摹仿，实有治国之才，专注意于通商、睦邻、富民、强兵诸政，不欲轻言战事，并吞小邦，大约十年内外，日本富强必有可观，此中土之远虑，而非目前之近忧。尚祈当轴诸公及早留意，是幸。"（李鸿章著、吴汝伦编:《李文忠公全集》，文海出版社 1967 年版）

李鸿章的担忧并非杞人忧天。1885 年，明治天皇颁布《整顿海陆军》诏书，提出一个以 10 年为期，以中国为假想敌的扩军计划。2 年后，1887 年，日本参谋本部制定了《征讨清国策》，规定"以 5 年为期作为准备，抓住时机准备进攻"，准备进行一场以"国运相赌"的侵华战争。

十年磨一剑，日本励精图治，终于在 1894 年悍然挑起了蓄谋已久的中日甲午战争。

《中日天津条约》签订后，伊藤博文也向日本政府呈交过一份报告："现当法事甫定之后，似乎奋发有为，一二年后则又同循苟安。诚如西方人所说，中国又睡觉矣。"（王芸生:《六十年来中国与日本》，生活・读书・新知三联书店 1979 年版）

伊藤博文一语成谶。此后百年，中国几番南柯一枕黄粱梦，这只"东方睡狮"又蒙上盛世华庭的十八层被子，做起了华夏的"强国梦"。

3. 淮南为橘，淮北为枳

国人有称李鸿章为"中国的伊藤博文"，绝妙的是日本人又称伊藤博文为"日本的李鸿章"。1885 年签订《中日天津条约》时，62 岁的李鸿章和 44 岁的伊藤博文有着诸多相似之处，同处决策中枢，都既有改革的冲动，也具有改革的魄力，可以说是惺惺相惜，英雄所见略同。中日战争之前，李鸿章面对西方列强的坚船利炮，还曾萌生出"同文同种"的中日应该联手对付西方的天真幻想。

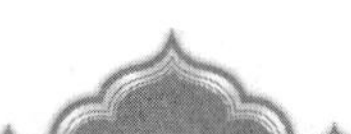

然而，10年弹指一挥间，现在，两人作为交战敌对方坐在了谈判桌前。历史往往充满诡异的戏剧性。未曾开谈，两人先进行了一番意味深长的对话。

伊藤博文对10年前谈判时李鸿章的盛气凌人记忆犹新："想中堂大人当年，何等威风，一言不合，谈不成就要打，如今真的打了，结果怎样呢？"

李鸿章当然听出了伊藤博文话语中的揶揄嘲讽意味，心中涌起酸涩。10年前，李鸿章是以宗主国代表的身份，对试图分一杯羹的日本自然是居高临下，底气十足，而眼下强弱逆转，濒临大兵压境而签城下之盟，败军之将何言勇？

伊藤博文一副胜利者的口气，志得意满："10年前与阁下在天津相会时，敝人曾进言，贵国之现状，实有改进之必要，想阁下尚能记忆此事。但尔后贵国晏然依旧，至今一无变更，不图改进，以致今日，实深感遗憾。"

李鸿章唯有叹息："维时闻贵大臣谈论及此，不胜钦佩。且深佩贵大臣力为变革尚俗，以至于此。迩来虽常以素志未伸为憾，但夙愿未能一日或忘。唯限于时势积弊，以致虚度岁月至今。今转瞬十年，依然如故，本大臣自惭心有余力不足而已……"

一番对话已然勾勒出了两人沧海桑田的心境。

1885年签订《中日天津条约》时，中日两国几乎处于同一起跑线，甚至从某些方面而言，中国还处于领先地位。李鸿章的洋务运动始于1861年，比1869年才正式开始的明治维新早了8年。

清王朝"起了个大早，赶了个晚集"。

伊藤博文生于中国鸦片战争爆发后的1841年，那时的日本还处于愚昧的幕府时代。幕府与清政府的禁海思路如出一辙，实行闭关锁国的政策。1633—1639年，德川幕府第三代将军德川家光时代，不仅全面禁止外国船只前往日本，要求各藩加强检查航行船只，对葡萄牙、西班牙

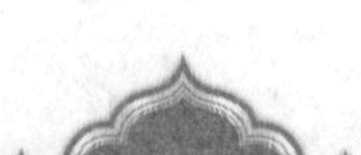

的船只更是严加巡查，对提供外国船只走私入境线索的人悬以重赏，违者处斩。对于日本人出海航行，或者从海外归来，都要处以极刑。这使四面环海的岛国日本孤悬海外，对世界的变化一无所知。

在伊藤博文 12 岁那年，日本遭遇了类似于中国鸦片战争的黑船事件。1853 年，美军东印度舰队司令佩里准将率领 4 艘军舰，来到江户城（今东京）的门户横须贺，意欲用坚船利炮逼迫日本人打开国门。与发生在 13 年前的中国鸦片战争有所不同的是，美国舰队没有开炮，佩里认为这个弹丸小国实在禁不住他一击。他只是傲慢地给日本幕府下了一份国书："你们可以选择战争，但胜利无疑属于美国。"他甚至给幕府送去一面白旗，告诫他们要学会投降。美国人趾高气扬，孝明天皇乱了阵脚。江户城顿时乱成一团，"城外大小寺院内钟声齐鸣，妇孺凄厉地哭喊，有钱人准备逃往乡间，更多的人拥进神社，击掌祷告神灵，乞求'神风'再起，摧毁'黑船'"。"落后就要挨打"，终于，这个积贫积弱的岛国在西方列强的逼迫下，签订了一系列丧权辱国的不平等条约。然而匪夷所思的是，后来日本人却把侵略者佩里当作恩人来纪念。他们认为，如果没有佩里，日本可能继续闭关锁国，故步自封，夜郎自大。日本文明史学家加藤周一说："鸦片战争给日本带来了很大的冲击，甚至可以说带来的冲击要远远大于中国。……对于日本来说，几千年以来都是学习中国的，中国如同是日本的老师，中国意味着世界的中心，按照日本人的思维就是头部。学习了 1000 多年的国家，这样的国家都被打败了，那么对手应该是十分强大的。"

黑船事件在打开日本门户的同时，也等于是向日本敞开了西方的窗口。

伊藤博文曾是一个热血青年，21 岁时曾与几位"尊王攘夷"的志同道合者，趁着夜色靠近品川御殿山新建的英国公使馆，神不知鬼不觉地锯断木栅栏，潜入进去，扔出自制的燃烧弹。这是一次成功的"排外壮举"，他们返回住处后彻夜狂饮。这些爱国愤青们认为，日本之所以备受列强欺侮，就是因为幕府的当政者误国卖国。只要将这些"卖国贼"清除，

集结力量把列强驱逐出去，日本就可以恢复往日的太平和荣光。

但伊藤博文的青春热血并未持续多久。1863 年，作为迷惘中的探求，伊藤博文受长州藩藩主的秘密派遣，与 4 名热血青年一起去英国留学。他们目睹了西欧诸强的工业现代化，伊藤博文明白了只凭“宁为玉碎，不为瓦全”的血性救不了日本，需要理性地看待变化了的世界。对于日本来说，谁厉害就拜谁为师。过去是拜中国为师，现在应该拜英国为师了。

日本人真是一个善于审时度势见风使舵的民族。忠君更忠于真理，尊师更尊于强者。以强者为师，由师中国而转向师西方。

木户孝允称赞伊藤博文“具有新文化思想”，“欲在日本做新文明的开拓事业”。1872 年，伊藤博文随岩仓使节团在美国逗留期间，草拟了《奉命使节要点》。他在这份长篇意见书中说：“以我东洋诸国现行之政治风俗，不足以使我国尽善尽美。而欧洲各国之政治制度、风俗教育、营生守产，皆超绝东洋。由之，移开明之风于我国，将使我国民迅速进步至同等化域。”

19 世纪 80 年代，外相井上馨认为，日本只有成为“欧化新帝国”，才能在东方崛起。伊藤博文支持外相井上馨提出的欧化政策，大力推进日本在对外关系和文化上脱亚入欧，在日本开辟了“推行欧化主义时代”：在政府的带领下，天皇吃起了牛肉，官员们穿起了燕尾服，举国上下刮起了铺天盖地的“欧风美雨”；吃西餐、穿洋服、说英语、理分头、跳交谊舞甚至嫁洋人，都被视作上流生活。当年日本有句话流传：“敲敲短发蓬松的天灵盖，文明开化的声音就响起来。”伊藤博文甚至带领大臣举行化装舞会，自己装扮成为威尼斯商人（程万军：《逆淘汰：中国历史上的毁人游戏》，广西师范大学出版社 2010 年版）

伊藤博文原本十分精通儒学，他的姓名就来自《论语 · 雍也》：“君子博学于文。”甚至他的治国名言就是“一手拿《论语》，一手拿算盘”。由此可见华夏文化对其的影响，但他扬弃了拘泥僵化的儒家精神。在伊

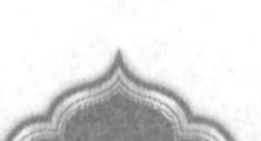

藤博文眼里，西方文化是有用的，而中国的儒家文化已经失去了它原有的生命力，变成囿制现代化进程的障碍。他信奉弱肉强食与血淋淋的丛林法则配套的武士道精神。

1879年，伊藤博文提出建立近代资产阶级教育体系，反对以“仁义忠孝为本，知识才艺为末”的儒学传统，坚决主张把“知识才艺”放在所谓“道德之学”的前面。梁启超曾对比地评价过李鸿章和伊藤博文：“伊有优于李者一事焉，则曾游学欧洲，知政治之本原是也。”伊藤博文在西方寻找到了新的思想资源。他学过汉语，现在又求知若渴地学起了英语，不断从洋学中获得启益。伊藤博文在日本政要中向来以“勤学家”和“读书癖”著称。据记载，他不断读书研究，直至做了内阁总理大臣后，依然驱车至丸善书店看书，连外国的新闻杂志都期期必看。

就在清王朝还陶醉在签订《中日天津条约》时日本人的服软退缩之际，伊藤博文大刀阔斧地进行了富国强兵的体制改革。1885年12月，根据伊藤博文的建议废除太政官制，实行内阁制。伊藤博文出任首届内阁总理大臣兼宫内大臣，并开始起草宪法。通过考察，伊藤博文对德国宪法推崇备至，认为适合日本国情。1889年2月11日，日本颁布《大日本帝国宪法》，它是以1850年《普鲁士宪法》为蓝本的钦定宪法，依次由天皇、臣民权利和义务、帝国议会、国务大臣及枢密顾问、司法、会计和补则7个章节组成，共76条。以条文明确了皇权与宪法的关系。伊藤博文积极推动立宪，在日本被誉为“明治宪法之父”。在日本国议事堂大厅里，为纪念伊藤博文对日本现代化的贡献，竖立起他的塑像供人瞻仰。此后伊藤博文4次组阁，任期长达7年，就是在他的任期内，日本发动了使中日关系发生大逆转的甲午战争。

从一名激进的爱国愤青到推动日本走向现代化的“明治宪法之父”，伊藤博文完成了其人生由热血冲动到理性变革的化蛹成蝶。

李鸿章与伊藤博文对话中所言“深佩贵大臣力为变革尚俗”，正是对伊藤博文强力推行明治维新，使日本迅疾崛起之奇迹的感叹。

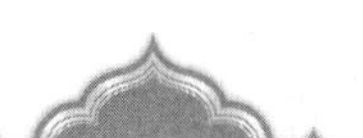

当偏处东瀛的日本“士别三日，当刮目相看”之际，大清帝国仍沉浸在“泱泱大国”的自我陶醉之中。有言“细节决定成败”，从下面两个细节中即可看出，战争硝烟未起，大清帝国灰飞烟灭的败局已定。

1843年，魏源的《海国图志》出版，在国内几无反响，印数不过千册。1851年，日本海关在检查中国入境商船时，发现3本此书，如获至宝，连印15版，极为畅销。1859年，价格已达首版的3倍。1862年，日本维新派人士到上海，惊异地发现从中国淘来的本国畅销书在中国早已绝版。魏源可能始料不及，这本旨在唤醒中国人开放意识的著作，唤醒的却是日本人，并因此给未来中国造成无尽的灾难。

1万元日币的头像，不是明治天皇，也不是伊藤博文，而是被称之为日本民族启蒙思想家的福泽谕吉。福泽谕吉一生倡导“学者雁奴论”。“雁奴”者就是当群雁千百只聚集在一起，夜宿于江湖沙渚时，总要有一只雁终夜守护在一旁，警戒防御其他生物的袭击。这一现象有着“世人皆醉我独醒”的意味。福泽谕吉就是呼吁知识分子都应该成为一只守护族类的“雁奴”。1875年，福泽谕吉将自己这些启蒙文章结集为《劝学篇》出版，在当时的日本几乎人手一册，影响了整整一代人。在出版《劝学篇》的同一年，福泽谕吉还出版了对日本走上现代化道路产生深远影响的《文明论概略》，回答了“日本文明向何处去”的时代命题。福泽谕吉认为，一国文明程度的高低，可以用人民的德智水准来衡量，并且深入比较了日本文明、中国文明和西洋文明。福泽谕吉断定，西洋文明为当时的最高文明，日本落后于西方，所以极力主张日本挣脱儒佛教主导的东亚文明的束缚，努力学习西洋文明，“让西方文明诸国的空气吹袭日本，将全国的人心彻底推翻，在远东建立一个新文明国，使日本与英国并驾齐驱”。

如果说福泽谕吉是启蒙思想家，那么伊藤博文就是铁腕实践者。两人作为日本的左膀右臂，支撑起日本帝国的大厦。

俗话说：“知己知彼，百战不殆。”作为交战国的对手，当时的大清

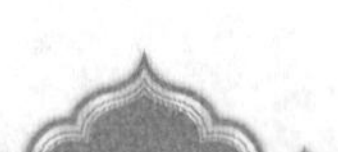

帝国对日本又有多少了解？直到戊戌变法之际，作为洋务派三杰之一的湖广总督张之洞，出版了与福泽谕吉同名的著作《劝学篇》，在“中国文明向何处去”的认识上，张之洞开出的药方仍是“中学为体，西学为用”，学习西方仍停留在器物层面。主张在维护君主专制制度的前提下，接受西方资本主义列强的技艺，并以这种新技艺“补”专制旧制之“阙”。

淮南为橘，淮北为枳。在热带雨林能生成椰子、芭蕉，而在黄土高原，漫山遍野生长的只能是玉米、土豆、红高粱。不仅是先天的种子遗传基因，更重要的是后天培植种子的土壤。李鸿章是中国洋务运动的“总设计师”，伊藤博文是日本的“明治宪法之父”。一个是寻求制度的根本变革，另一个却还是在旧有的上层建筑上“小修小补”，观念思路的“差之毫厘”，成为此后道路选择的“失之千里”。

4. 千疮百孔王朝的裱糊匠

早在日本明治维新还未实质性推进之时，李鸿章就对中日两国政体做了比较。1878 年，他在写给驻英、法、德等国参赞黎庶昌的复信中，批评顽固守旧势力动辄把西方资本主义比拟为古代匈奴、回纥之虚妄，赞扬了西方资本主义的所谓“善政”。他把中国封建政治体制的弊端归结为“官与民，内与外，均难合一”，主张借鉴日本和西洋的“善政”，改善或调整君、臣、民三者的关系，以期实现“庙堂内外，议论人心”趋于统一。他把希望寄托在清朝最高统治者身上，认为“抚绥之责在疆吏，而振奋之本在朝廷”。（李鸿章著、吴汝伦编：《李文忠公全集》，文海出版社 1967 年版）

日本“开国”向西方学习未久，李鸿章已感到日本的崛起在即。早在 1882 年，肩负海军建设重任的李鸿章就向朝廷奏报：“日本步趋西法，虽仅得形似，而所有船炮略足与我相敌，若必跨海数千里与角胜负，致

其死命，臣未敢谓确有把握。”李鸿章以日本为例鞭策国人：日本前些年也为英法等国侵略，但现在“日本君臣发愤为雄，选宗室及大臣子弟之聪秀者，往西国制器厂师习各艺。又购制器之器，在本国制习，现在已能驾驶轮船，造放炸炮”。

然而此时的大清朝野还沉浸于“中央帝国”的黄粱美梦之中，根本不把“蕞尔岛国”的日本放在眼里。这真是应了中国历史上宋人诽楚的典故：宋人经常在国内吹嘘本国如何比楚国强大，吹得久了，竟然自己也深信不疑。直到后来双方兵戎相见，一败涂地后才猛然醒悟。

李鸿章“世人皆醉我独醒”，以他对世界大势的了解，看到日本今后将对中国造成严重威胁：“夫今之日本，即明之倭寇也。距西国远，而距中国近。我有以自立，则将附丽于我，窥伺西人之短长。我无以自强，则将效尤于彼，分西人之利薮。”他痛心国人对世界大势蒙昧无知，拒不变革，语重心长地引用苏东坡的话说，变革“言之于无事之时，足以有为，而恒苦于不信。言之于有事之时，足以见信，而已苦于无及”。也就是说，当形势从容足可以变革时，人们总不相信危机在即，因此拒不改革；直到危机来临时，人们才相信应当变革，只是这时往往已没有时间了。（雷颐：《李鸿章与晚清四十年》，山西人民出版社 2008 年版）

早在鸦片战争后，马克思、恩格斯就曾预言，中国“竭力以天朝尽善尽美的幻想来欺骗自己，这样一个帝国，终于要在这样一场殊死的决斗中死去”。甲午战争刚开战，恩格斯已经在第一时间做出判断：“在中国进行的战争给古老的中国以致命的打击。闭关自守已经不可能了，即使是为了军事防御的目的，也必须铺设铁路，使用蒸汽机和电力以及创办大工业……整个陈旧的社会制度也都在逐渐瓦解。”

然而，李鸿章旨在振兴大清的洋务运动，却遭到了清廷内部政治敌手以及几千年来陈规戒律、文化陋习的重重阻挠。李鸿章曾提出“处今日喜谈洋务乃圣之时”，他认为在追求自强的过程中，必须坚持“外须和戎，内须变法”的洋务总纲，也就是在列强环伺、外侮日甚的环境中，尽

最大可能利用“以夷制夷”的外交手段，为中国的洋务——自强建设赢得尽可能多的和平时间。

从李鸿章给朝廷的一系列奏折中，足见其为推进洋务运动殚精竭虑、忧国忧君之心。

1880 年 12 月 31 日，李鸿章呈奏了关于铁路建造的《妥议铁路事宜折》：

> 伏思中国生民之初，九州万国自为风气，虽数百里之内，有隔阂不相通者，圣人既作刳木为舟，剡木为楫，舟楫之利以济不通。服牛乘马，引重致远，以利天下。
>
> 法、美、俄、德诸大国凡占夺邻疆、垦辟荒地，无不有铁路以导其先。迨户口多而贸易盛，又必增铁路以善后……征调则旦夕可达，消息则呼吸相通。
>
> 中国边防海防各万余里，若处处设备，非特无此饷力，亦且无此办法。苟有铁路以利师行，则虽滇、黔、甘、陇之远不过十日可达。十八省防守之旅，皆可为游击之师……

李鸿章“窃考铁路之兴”，总结出九条好处。就这样一件利弊如“秃头上虱子”般明摆着的事情，却也招致顽固派的强烈反对。理由说来更是令人哭笑不得。如有一道奏折说道：“观该二臣筹划措置之迹，似为外国谋，非为我朝谋……人臣从政，一旦欲变历代帝王及本朝列圣体国经野之法制，岂可轻易纵诞若此！”认为铁路一旦开通，等于是为外国侵略者提供了方便，列强一旦挑起战事，登岸后“迅疾可达京都”。还有奏折称铁路“行之外夷则可，行之中国则不可。何者？外夷以经商为主，君与民共谋共利者也；中国以养民为主，君以利利民，而君不言利者也”。认为铁路的性质是逐利，违背了中国“谋道不谋利”、以“礼义”不以“利益”治国的原则。

1880年9月16日，李鸿章呈奏了《请设南北洋电报片》：

> 用兵之道必以神速为贵，是以泰西各国于讲求枪炮之外，水路则有快轮船，陆路则有火轮车，以此用兵飞行绝迹。而数万里海洋欲通军信，则又有电报之法……近来俄罗斯、日本等国均效而行之，瞬息之间可以互相间答。……独中国文书尚恃驿递，虽日行六百里加急，亦已迟速悬殊。……现自北洋以至南洋，调兵馈饷在在俱关紧要，亟宜设立电报以通气脉。……臣为防务紧要，反复筹思，所请南北洋设立电报实属有利无弊。

李鸿章所请架设南北洋间电报线，无疑是一件刻不容缓无须争议的事情，然而在当年，仍遭到顽固派的反对。给事中陈彝在1875年9月的奏折中认为，架设电线可以“用于外洋，不可用于中国”。因为“铜线之害不可枚举，臣仅就其最大者言之。夫华洋风俗不同，天为之也。洋人知有天主、耶稣，不知有祖先，帮凡入其教者，必先自毁其家主。中国视死如生，千万年未之有改，而体魄所藏为尤重。电线之设，深入地底，横冲直贯，四通八达，地脉既绝，风浸水灌，势所必至，为子孙者心何以安？传曰：‘求忠臣必于孝子之门。’藉使中国之民肯不顾祖宗丘墓，听其设立铜线，尚安望尊君亲上乎？”电报电线初始引入中国之时，被称为“奇技淫巧”。在反对派的逻辑里，电线会变乱风俗，是背祖叛宗之举。把架设电线与忠孝挂钩，认为无异于忤逆背叛之举。

对一直处于外患频仍、内乱不断之境遇的清王朝来说，洋务运动的种种举措与其生死存亡休戚相关，本应大力支持。然而，李鸿章的洋务运动却不断遭遇到来自顽固派政治方面和清流派道德层面的责难和抵制，反对者对洋务派的各种举措，一概谴责为“溃夷夏之防”。1875年，通政使于凌辱奏折，指责李鸿章“竭中国之国帑、民财而尽输之洋人”（中国科学院近代史研究所史料编辑室、中央档案馆明清档案部编辑

组、中国史学会主编:《洋务运动资料》第一册，上海人民出版社 1961 年版)，以至于曾任李鸿章幕僚的晚清著名学者吴汝伦说:“近来世议，以骂洋务为清流，以办洋务为浊流。”(吴汝伦:《吴汝伦尺牍》，黄山书社 1990 年版)

正当中国的现代海军事业刚刚起步之际，顽固派官僚、内阁学士宋晋于 1872 年 1 月 23 日上奏，要求停止造船。他的理由是现在国家财政困难，而仅福州船政局由于连年造船，听说经费已拨用至四五百万两，“糜费太重”。更有一条令人感到匪夷所思的理由是，因为制造这些轮船是用以“制夷”的，现在中外“早经议和”，造船反会引起外国“猜嫌”，而且“用之外洋交锋，断不能如各国轮船之利便，名为远谋，实同虚耗”。如果“用以巡捕洋盗，则外海本设有水师船只”，不必在传统水师木船外再造轮船，增加巨额费用。总之，在财政如此紧张之时还“殚竭脂膏以争此未必果胜之事，殊为无益”。

吴策力在 2011 年由湖南文艺出版社出版的《晚清的极品人、极品事》一书中有这样一段记载:

> 1883 年到 1895 年十多年的时间里，清朝没有增加一艘舰艇，军械奇缺。据说，定远舰上的巨炮(主炮)炮弹只有一枚，镇远舰也只有两枚，其他小口径的炮弹也没有多少。如果日军知道他们所畏惧的定远舰和镇远舰不过是银样镴枪头，估计中日战争的爆发日期还将提前。
>
> 日本战舰吉野号本来是清政府预订的铁甲舰，因清廷无力支付而为日方抢购。海军部每年五百万的军费哪里去了?
>
> 主管户部的翁同龢在军费问题上玩足了猫腻，让北洋海军陷入了困境(笔者注:翁同龢与李鸿章之间的“过节”由来已久，非三言两语能尽言，这类“内耗”将在后文专论)。以买炮弹为例，德国工程师汉纳根在甲午战前两年，建议李鸿章购买德国克虏伯

厂制造的大开花弹，以供战斗舰上的大炮使用。李鸿章签发了命令，但最后却无法实行，原因就是翁同龢不给钱，说购买这种炮弹纯属“浪费”。

在日方咄咄逼人、烽烟已燃至家门口的紧急关口，救国救难的海军经费哪里去了？

雷颐在《李鸿章与晚清四十年》（山西人民出版社 2008 年版）一书的《莫道昆明池水浅，原来是为练海军》一章中给出了答案：

慈禧挪用巨额海军军费为自己修建颐和园并兴建“三海工程”（北海、中海、南海），是晚清政局腐朽透顶的一个最明显标志。

1886 年，慈禧太后借口即将结束垂帘听政，想建个花园以“颐养天年”，而这时替代奕訢主持军国大计、受命总理新成立不久的海军衙门事务的奕譞奉慈禧之命巡阅北洋海防时却心生一念，找到了为慈禧太后修园的最佳理由，赶忙上了《奏请复昆明湖水操旧制折》。原来西汉时期，云南滇池有个昆明国，汉武帝为征伐昆明国，特在首都长安挖掘了一个大湖，名为昆明池以练水军。……这样，一年前刚刚成立的海军衙门就负责起恢复在昆明湖“水操”“练兵”的旧制。……修园就在恢复水操旧制和筹建昆明湖水师学堂这种冠冕堂皇的名义之下正式开始，经费自然从海军出。

给“老佛爷”造园当然是头等大事，有关官员自不敢有丝毫怠慢。如从外国购买、安装电灯多着李鸿章经办，而海军衙门当时还兼管铁路，所以李在 1891 年给海军衙门催要具有战略意义的关东铁路拨款信中，不能不首先详尽报告为颐和园买灯器情况：“颐和园电灯机器全分，业经分批解京，并派知州承霖随往伺候陈设……”

李鸿章此折先报告颐和园路灯情况再要路款，可见要款之不易。然而，即使这样，路款仍未如数拨到。1893 年，户部为替“老佛爷”祝寿，还是要“商借”海军关东铁路经费 200 万两，因每年筑路专款恰好为 200 万两。李鸿章无奈，只得照办，已修至山海关，购地已至锦州，具有重要军事意义的关东铁路只得在甲午战争爆发前的关键时刻停建。

从 1886 年到 1894 年，颐和园一直修园未停，究竟动用了多少海军经费，准确数字已难考订……总之北洋海军在 1888 年正式成军时，其实力大大超过日本海军，然而此后至甲午战前的六年，由于经费紧张便未再添置一舰、未再更新一门火炮。1891 年 4 月，户部干脆明确要求停购舰上大炮、裁减海军人员。以后，正常维修都不能保证。相反，这六年中日本每年添置新舰二艘，日本天皇甚至节省宫中费用，拨“内帑”以充造船、买船费用。也正是在这几年间，世界海军造舰水平和舰载火炮技术都有飞速发展，舰速与火炮射程都有大大提高。到甲午海战时，日本舰队的航速与火力都大大超过北洋舰队。

1893 年，甲午之战的前一年，李鸿章在给出使日本的大臣汪凤藻的信中，表示日本海军的实力后来者居上，已经超过了北洋水师。李鸿章说：“东洋蕞尔小邦而能岁增铁舰，闻所制造专与华局比较，我铁舰行十五海里，彼则行十六海里……盖以全国之力专注于海军，故能如此，其国未可量也。”

李鸿章力倡洋务运动无疑是领导了风气之先，然而他所要推行的变法内容却没有完全脱离儒家传统治略轨道，而是企图以儒家治平之道为主，辅之以西方富强之术。正如他自己所说：“欲求驭外之术，惟有力图自治，修明前圣制度，勿使有名无实，而于外人所长，亦勿设藩篱以自隘，斯乃道器兼备，不难合四海为一家。”（李鸿章著、吴汝伦编：《李文忠公全集》，文海出版社 1967 年版）

李鸿章在给一代大儒吴廷栋写的信中说："鸿章少年，有志于学，不得已为事情所累。"李鸿章、曾国藩、左宗棠、张之洞等洋务派的先驱们，可以说都是儒学熏陶出来的一批文人士大夫。他们的知识结构是中国传统儒家文化，这种知识结构本身有着与现代文明格格不入的弱点与局限。中国传统的儒家文化在为人处世方面也许不乏深刻的见解，但其基本主张、价值观念、思维方式，与现代化发展趋势是不相适应的。就连被称为"东方圣哲"、终生致力于弘扬儒家文化的著名学者梁漱溟，晚年也曾深刻反思说"儒学开不出新天地来"。

李鸿章曾借用《易经 · 系辞》中的两句话："形而上者谓之道，形而下者谓之器。"以此来概括和区别中学和西学，主张把"修明前圣制度"和学习"外人所长"结合起来，做到"道器兼备"。所谓"修明前圣制度"，就是改善封建政治制度。朝廷应该励精图治，冲破"文法拘束"，抓住"官"这个联系君与民的中间环节，着重整顿吏治，裁汰冗员，酌增廉俸，停止捐例，多用"以国事当家事"的"血性人""整顿地方"，"县令得人，则一县受其益，郡守得人，则一郡受其益"。（薛福成：《庸盦文别集》，文海出版社 1967 年版）在这里，李鸿章所强调的依然是儒家传统治略的"人治"，而不是"法治"，为政在人，人存政举。

中国历代变革家的头脑里，除去儒学精神之外再无其他思想资源。试图以儒家思想推进变革的设想，必然是张果老胯下的毛驴，南辕北辙地拉着你走向相反的方向。

李鸿章在面临甲午战争惨败、国人痛骂之际，曾无奈地感叹道："我办了一辈子的事，练兵也、海军也，都是纸糊的老虎，何尝能实在放手办理？不过勉强涂饰，虚有其表，不揭破犹可敷衍一时。如一间破屋，由裱糊匠东补西贴，居然成一净室，虽明知为纸片糊裱，然究竟决不定里面是何等材料。即有小小风雨，打成几个窟窿，随时补葺，亦可支吾应付。乃必欲爽手扯破，又未预备何种修葺材料，何种改造方式，自然真相破露，不可收拾，但裱糊匠又何术能负其责？"

对于暮气十足、千疮百孔的清帝国而言，任何试图变革的设想都只会如同精卫填海、夸父追日，做着力不从心、力所不逮、事与愿违、事倍功半的徒劳，只能是“徒唤奈何”，终究无力回天。

梁启超在《李鸿章传》一书中，率先把李鸿章与伊藤博文做了比较分析：在早年的“栉风沐雨之阅历”方面，“伊非李之匹”，而李在政治识见和客观环境方面，难比伊藤。梁还把李鸿章放在近代“国民国家”的政治理念下进行评判，指出“今日世界之竞争不在国家而在国民”，而李鸿章“不识国民之原理，不通世界之大势，不知政体之本原”；“知有洋务而不知有国务”，“知有兵事而不知有民事，知有外交而不知有内治，知有朝廷而不知有国民”，认为李鸿章是“时势所造之英雄，非造时势之英雄”。

李鸿章的脚跨进了新时代，而脑袋却还留在旧时代，亦如梁启超所说：“伊藤博文能制定宪法为日本长治久安之计，李鸿章则惟弥缝补苴，画虎效颦，而终无成就也。”尽管李鸿章接受了鸦片战争后“经世之学”的影响，但他对西学的了解，始终停留在比较浅薄的器物层面上。作为大清重臣，迫于满朝清流物议之压力，李鸿章变革只敢触及器物层面，绝不敢越“中体西用”雷池一步，抱残守缺，胶柱鼓瑟，“未尝有立百年大计以遗后人之志”。如他自己所言，只是“做一日和尚撞一日钟”。

甲午战争尚未打响，其实谁胜谁负早已注定。

5. 人是刀俎，我为鱼肉

关于与日本是战是和，长期以来在大清朝野一直争论不休。主战派多是纸上谈兵，对当时双方实力的对比一无所知，只是一帮慷慨激昂的愤青。如志锐（光绪帝亲信，瑾妃的胞兄，礼部侍郎）上奏折“联英伐倭，以二三千万两饵之”，以夷制日。连张之洞开出的药方也是向英“借款一千五百万元，以购已成铁甲三四艘，雇用外兵五千人，由太平洋抄

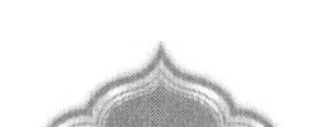

袭日本之后，使之首尾不能相顾”（容闳《西学东渐记》）。一个满人御史，奏请起用檀道济领军抗倭。说来可笑，檀道济乃宋时人，死了有1000年，御史因同僚拟用董福祥，假名檀道济以示意，遂张冠李戴地冒昧照奏。还有一个满人京堂，奏请日本东北有两大国，一是缅甸，二是交趾，日本畏其如虎，若遣使约他夹攻，必能打得日本大败。主战派所据之策事后听来荒唐可笑。光绪与他的老师翁同龢等人倒是有强烈的战争意志，可惜只是表现于临战之前，这种意志缺乏知己知彼的明智，只是一种“爱国”情绪而已。

1895年2月22日、23日，在李鸿章出使日本之前，光绪帝连连召集李鸿章及众大臣，商量如何与日本平息战事签订条约。当皇帝被一次次屡遭败绩的战报催迫着出现在大臣们面前时，“问诸臣，时事如此，战和皆无可恃，言及宗社，声泪并发”。大臣们发现，满面憔悴的皇帝已经由一个坚定的主战派变成了急切的求和派。经过平壤陆战、黄海海战，日本气焰正盛。李鸿章认为“敌欲甚奢，注意尤在割地”。当务之急需要商讨的内容不是应否议和，而是能不能接受割地问题。翁同龢主张：“但得办到不割地，则多偿当努力”，割地求和太刺激国民，倘若可以用赔偿巨额战费代之，即可以忍辱负重，说“偿胜于割”。大臣孙毓汶、徐用仪认为“不应割地，便不能开办”，当前形势急迫，若回避日本提出的割地条件，和平交涉将无法继续，只能是接受割地而后有可能议和。主战派文廷式则仍坚持抗日，主张效仿俄国沙皇亚历山大一世迁都最终战胜拿破仑的策略，退出北京迁都再战……翁同龢2月22日的日记中记其事：“恭邸传旨，亦未尝及前事，惟责成妥办而已。”老谋深算的李鸿章深知割地求和事关重大，他反复声称：“割地之说，不敢担承，假如占地索银，亦殊难措，户部恐无此款。”光绪询问海防情况，李鸿章答曰：“实无把握，不敢粉饰。”朝会召对之后，光绪皇帝与李鸿章、军机大臣们到传心殿议事。李鸿章再次表明：“割地不可行，议不成则归耳。”如果日本人必要割地，“鸿虽死不能画诺”，语甚坚决，而孙、徐则“怵以危语，意在撮合”。面对战和两难境地，一向喜欢揽权的慈禧太后也一推六二五，成了甩手掌柜。翁同龢日记中记：“知昨李鸿章所奏，恭邸所陈，大拂慈圣之意，曰‘任汝为之，毋以启予也’。”（高阳：《翁同龢传》，华艺出版社 1995 年版）慈禧太后显然是要规避割地和议的责任。当时“群公默默”……

就在清王朝君臣议而难决相持不下之际，战局却急转直下。威海陷落，李鸿章为避日军锋芒命令北洋舰队躲在威海卫军港，使得日军夺得了黄海的制海权，最终北洋舰队全军覆灭。李鸿章紧急拜会各国公使，乞求列强予以干涉，但列强打着各自的算盘，都袖手旁观，坐山观虎斗，准备坐收渔翁之利。

李鸿章见败局无可挽回，割地求和已成定局，他为自己预留后路，于出使前就割地一事上奏皇帝，要求“面谕训诲”，非要从光绪口中得到明确的割地授权不可。光绪无奈，只好表示可以授予李鸿章“以商让土地之权”。

1895 年 3 月 21 日—3 月 24 日，中日双方进行了前三轮谈判。当时北洋水师虽全军覆灭，但是辽东战场争战正酣。日本在谈判前的 3 月 16 日成立了所谓征清大都督府，以参谋总长小松彰仁亲王为大都督，指挥直隶平原作战，准备进驻旅顺，直捣北京。

李鸿章审时度势要求议和之前先行停战，伊藤博文则针锋相对地提出四项苛刻的停战条件：

一、中国认明朝鲜国确为完全无缺之独立自主。

二、中国将盛京省南部地方、台湾全岛及澎湖列岛永远让与日本国。

三、中国赔偿日本军费库平银二万万两。

四、中国再开顺天府、沙市、湘潭、重庆、梧州、苏州、杭州七处为通商口岸，日本国臣民在各口岸可以自由通商设厂。

伊藤博文蛮横地要求李鸿章：“和约底稿，限三日内答复。”李鸿章提出，割让台湾岛之事，英国将会干涉。伊藤博文发出一声冷笑：“岂止

台湾而已！不论贵国版图内之何地，我倘欲割取之，何国能出面拒绝？”

在伊藤博文咄咄逼人之下，李鸿章再次发回电报请圣旨明确授权：“彼嫌未说明所欲允之意，注意仍在让地、赔款两条实在着落。若欲和议速成，赔费恐须过一万万，让地不止台澎，但鸿断不肯擅允，惟求集思广益，指示遵行。停战期只剩十余日，事机紧迫，求速代奏，请旨示复为幸。”

光绪复电：“惟两款关系最重，赔款若能再与磋磨，减少若干，更可稍纾财力。让地一节，台澎竟欲全占，奉省所退无几，殊觉过贪……伊藤连日词气仍迫，倘事至无可再商，应由该大臣一面电闻，一面即与定约。”

李鸿章抱着“争得一分有一分之益”的念头，与伊藤博文反复争辩，讨价还价。

弘治、张金典、孙大超在《盛世之毁：甲午战争110年祭》（华文出版社2004年版）一书中，描述了李鸿章与伊藤博文之间的对话：

李鸿章：“请允许敝人略述己见。首先，赔款二万万两，数额过巨，实非今日我国所能承担。能否再减轻？”

伊藤博文：“如既已言明，本备忘录是在尽量予以减轻而后所拟定，实无再减之余地。今后如战争继续，赔款数额将不止于此。”

李鸿章：“如我方第一次复文中所详述，核计贵国开销之数，远不及二万万两。今提出如此苛刻条件，以我国一国之力，无论如何亦难负担如此巨款，必借洋债。洋债为数既多，本息甚巨，中国实无偿还此等债务之财源。”

伊藤博文：“敝人不敢遽然赞同阁下之说。贵国土地富饶，人民众多，富源广大无比。”

李鸿章：“即使我国富源广大，但尚未开发，毫无办法。”

伊藤博文：“贵国人多，超过四亿，比我国人口多出十倍，如欲开发富源，实轻而易举。”

“半砖不挨挨整砖”，每年几百万两银子的海军投资认为是“糜费太重”，而战败后几亿两银子的赔偿却只能硬着头皮往出拿。

下面还是李鸿章与伊藤博文之间的对话：

李鸿章：“其次，愿就土地问题一谈。历观欧洲各国交战，未有将占据之地要求全行割让者。以普法战争为例，德国所占领之法国疆土，虽非常广阔，而实际所提出之割让要求，却极为宽大。今约内将奉天南部所占之地，要求全行割让，此外对未被占领之台湾亦要求割让，岂非已甚？”

伊藤博文：“否。其事例甚多，不可以普法之一例论之。”

李鸿章：“英法两国兵临北京城下时，彼等亦未要求割让寸地。”

伊藤博文：“彼另有意在，不可以彼例此。”

李鸿章：“即如营口而论，乃系通商口岸，东西南北货物云集之地，实为我国政府之一大财源。贵国一面命我国负担苛重赔款，同时又夺取我之收入源泉，岂非过于残酷？”

伊藤博文：“是乃不得已之结果。”

李鸿章（苦笑着）：“譬如养子，既欲其长，又不喂乳，其子不死何待？”

伊藤博文（回之以嘲笑）：“中国岂可与孩提并论？”

李鸿章作为一大国总理、首相级官员，竟然在谈判桌上屈辱地说什么“养子”之言，真让人哭笑不得而又唏嘘不止。其苦苦哀求之状，由此可见一斑。

4 月 15 日，中日双方举行最后一轮（第六轮）谈判，会谈从 2 时半延续到 7 时半，其间李鸿章苦苦哀求减轻勒索，但均遭拒绝。陆奥宗光

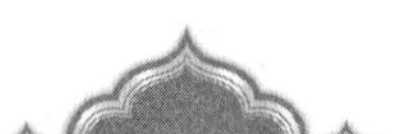

在《蹇蹇录》一书中记录道："会见的时间虽长，散会时已到上灯时间，而其结果，他（李鸿章）惟有完全接受我方的要求。李鸿章自到马关以来，从来没有像今天会晤这样不惜费尽唇舌进行辩论的。他也许已经知道我方决意的主要部分不能变动，所以在本日的会谈中，只是在枝节问题上斤斤计较不已。例如最初要求从赔款二万万两中削减五千万两，看见达不到目的，又要求减少二千万两。甚至最后竟向伊藤全权哀求，以此少许之减额，赠作回国的旅费。此种举动，如从他的地位来说，不无失态……"

这是一场恶狼与羔羊的谈判。李鸿章虽抱着"争得一分是一分"的态度，拼死力争，"舌敝唇焦，磨到尽头处"，但李鸿章的任何努力都只能是与虎谋皮、与狼共舞，不可能从侵略者的血盆口齿中夺回已经噙在嘴里的猎物。

伊藤博文毫无通融余地，下了最后通牒："中堂见我此次节略，但有允、不允两句话而已。"甚至进一步赤裸裸地威胁道，如果谈判破裂，"我命令一下则北京之安危，有不忍言者，中国全权大使一去此地，能否再安然入北京城门，亦属不能保证"。

人是刀俎，我为鱼肉。此时的李鸿章已然是横在日本人案板上的一块肉，横也一刀，竖也一刀，就看人家愿意怎么宰割而已。

4 月 10 日战事再起，日本挥师向北京逼近，京畿危在旦夕，朝廷上下一片恐慌。李鸿章只得再奏："事关重大，若照允，则京师可保，否则不堪设想，不敢不候电复即行定约。"

光绪再复："都城之危即在指顾，以今日情势而论，宗社为重，边徼为轻。"就是说不惜任何代价，哪怕割地赔款，只要保住大清的社稷就行，并明确指示："十八日所谕各节，原冀争得一分有一分之益，如竟无商改，即遵前旨与之定约。"

李鸿章每次奏折后总要"伏乞皇太后、皇上圣鉴训示"。李鸿章后来回忆说，之所以一而再再而三地请旨，强调之点是：条约已不是李鸿

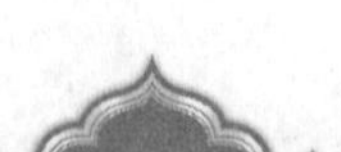

章的条约而是皇帝的条约，因为在签字前每一个字都电达北京，皇帝根据军机处的意见，才授权签字。

签订《中日马关条约》后激起国民共愤，光绪皇帝为自己的苦衷辩解道："自去岁仓促开衅，征兵调饷，不遗余力。而将少宿选，兵非素练，纷纷召集，不殊乌合，以致水陆交绥，战无一胜。近日关内外情势更迫，北侧径逼辽沈，南侧烦畿疆，皆现前意中事。沈阳为陵寝重地，京师则宗社攸关……是用宵旰旁皇，临朝痛苦，将一和一战两害兼权，而后幡然定计，其万分为难情事……天下臣民皆当共谅也。"

弱国无外交。在虎视鹰瞵、豆剖瓜分，随时有亡国之危的近代中国负责外交，实非易事。然而，外患越频，外交越重，越不能没有外交，不能没有办外交之人。李鸿章正是扮演着吃力不讨好，为人火中取栗的苦差事。

一个突发事件打乱了原有进程。翁同龢日记中有记："二月二十九日，小李报昨申刻，肥公会晤，归被倭手枪中左颊骨，子未出。戌始苏，子仍未出。三月初一日，是日李经方、科士达皆有电，李相子仍未出，不致殆命矣。"

中日第三次谈判结束后，满怀心事的李鸿章步出春帆楼，准备乘轿返回驿馆。此时人群中突然蹿出一名日本男子，在左右未及反应之时，照定李鸿章就是一枪。李鸿章左颊中弹，血染官服，当场昏厥过去……马关警方很快抓到了凶手。经审讯，此人名叫小山六之助，21 岁，是日本右翼团体神刀馆的成员。他不希望中日停战，更不愿意看到中日议和，一心希望将战争进行下去，所以决定刺杀李鸿章，以此中断中日间正在进行的和谈。

李鸿章的随员们赶快将其抬回驿馆，由随行的医生马上进行急救。幸好子弹没有击中要害，经过一番手忙脚乱，李鸿章渐渐苏醒过来。小山六之助的激进恐怖行动完全违背了日本政府的意图，把日本政府置于极为狼狈的境地。日方承认"由于此次凶变，帝国不得不立于甚为困难

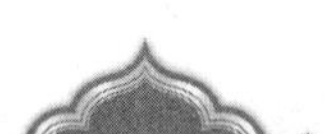

之地位，反之，清国却因此对各国得到最好的口实，清使或将立即归国。而当其向各国哀诉时，各国将向彼表示同情，且难保不转而以其联合之压力抑制我方”。难怪伊藤博文闻讯后气急败坏地发怒道：“这一事件的发生比战场上一两个师团的溃败还要严重！”

由于李鸿章遇刺这一突发事件，日本担心引发国际社会的谴责和干预，在停战、赔款和割地方面做出一些让步，李鸿章颇感因祸得福而喜出望外，以至于面对被刺时斑斑血迹的朝服，说了一句“此血可以报国矣”。

1895 年 4 月 17 日，记住这一屈辱的时刻，李鸿章代表清政府签订了丧权辱国的《中日马关条约》。

关于签订《中日马关条约》时双方的谈判情况，甲午战争史权威研究专家戚其章先生指出，由于我方密电码早已被日方破译，因而尽管李鸿章苦苦相争，其实清王朝割地与赔款的底线早已被日方所洞察。

祝勇在其《盛世的疼痛》（东方出版社 2013 年版）一书的《1894，悲情李鸿章》一章中记录了这一细节：

> 大清帝国驻日公使汪凤藻一纸电报给李鸿章带来了坏消息——日本人照会说，他们不准备撤军，反而决定增兵。这是日本人的“绝交书”，也可以被视为“宣战书”，大清帝国没有退路了。
>
> ……万万没有想到的是，当汪凤藻心急火燎地把照会交给译电员，让他用密码电报迅速发出时，一个更加严重的后果出现了。汪凤藻忽略了一个细节——日方的照会不是用日文写的，而是一反常态地用中文写的，日本人只要将自己手里的底稿与汪凤藻发出的密电加以对照，就可以轻而易举地破译大清的密电码。远在北京的帝国官员当然不知道这一细节，于是在整个战争期间一直没有改变电报密码，这意味着帝国所有的军事秘密都是向敌方公开的，甚至战后谈判时清方的底牌，都无一遗漏地暴露给日方。

谈判中，日本掌握了清廷授权割地赔款的底牌，李鸿章成为让人玩弄于股掌之中的牵线木偶。

而清廷和李鸿章等谈判代表却是两眼一抹黑，对日方的情形浑然不觉。日本虽然在战场上连战连捷，但毕竟国力有限，战争带来的巨大消耗进一步加重了日本普通人民的负担，自 1894 年底以来，日本不少地方都爆发了农民暴动，社会动荡不安。作为谈判首席代表的伊藤博文，一直很关注西方国家的态度，“他清楚西方列强的骨子里并不欢迎日本的崛起，妒忌日本在清国分食西方人的利益”。伊藤博文很明智地反对军部大本营直捣北京的直隶平原作战计划，认为如果把清政府彻底击垮，将会失去合法的中国政府作为勒索对象，从而招致各国干涉。而且当时节气，在天寒地冻的渤海上进行运输也很困难。1894 年 12 月 4 日，伊藤博文建议天皇，先攻取威海卫和台湾，作为将来和谈的筹码。“待春暖时清廷犹踌躇而无向我请降之意”，则再进攻北京也不迟。天皇采纳了伊藤博文的建议，还按伊藤博文的建议召回了正在辽东战场准备攻打山海关的山县有朋……

中日在马关的谈判，犹如拳击台上两人的较量，一方被蒙上了眼睛只是盲打，另一方却看得真切，出拳凶狠，直击要害。

在《中日马关条约》上签字的时候，李鸿章一向驾轻就熟挥洒自如的笔毫一时间重如千钧，手指变得黏滞沉重。不知是出于无意还是故意，他把自己的签名连在一起，变得难以辨认，像是一个“肃”字，李鸿章究竟是什么用意？李鸿章授爵为肃伯侯，他也许是在表达，他只是在代国受难，只是一种秉旨而行的职务行为！正如伊藤博文所言：“甲午之败，绝非安徽人（李是合肥人）的问题，而是中国的问题。”

也正是因为马关签约的强烈刺激，李鸿章发誓“终身不履日地”。两年后他出使欧美各国回来，途经日本横滨，再也不愿登岸。当时需要换乘轮船，要用小船摆渡，他一看是日本船，就怎么也不肯上，最后只好在两艘轮船之间架了一块木板，一位 75 岁的高龄老人，在晃晃悠悠的海

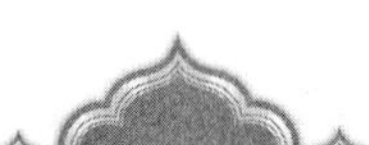

面上，迈着蹒跚的步子，慢腾腾地挪过去。

李鸿章去世的第二年，吴汝纶东游日本考察教育，去马关现场参观了李鸿章当年谈判的春帆楼，发现谈判时李鸿章坐的凳子竟要比日本人的凳子矮半截。对身高特别敏感的日本人，面对身材高大的李鸿章，竟然在这样的细节上也要大做文章。吴汝纶不觉悲从中来，他为陪同参观的日本友人留下“伤心之地”的墨宝。

当年的《纽约时报》评价甲午战争：“是日本人打开了世界的眼界，让人们看到了大清帝国的真正无能。1894 年因为朝鲜问题在这两个东方国家之间爆发了战争，大清国没过几个月就不得不向日本求和，《中日马关条约》终于给清国人带来了和平，可是所有西方列强们立即把贪婪的目光投向大清国，并且开始谋划割让大清国领土，以及获得商贸特权。”（祝勇：《盛世的疼痛》，东方出版社 2013 年版）

6. 臣子都是替罪羊

《中日马关条约》签订后，整个华夏朝野群情激愤。“刘三已死无昆丑，李二先生是汉奸”“四万万人齐下泪，天涯何处是神州”……一时间，墙倒众人推，鼓烂众人捶。拒绝批准和约、抨击李鸿章的奏疏如雪花般飞至光绪皇帝的案头。前线将领、庙堂朝臣和文人士大夫纷纷上折条陈反对议和，18 个督抚中 10 个反对和约，朝霞林院侍读奎华等 155 人联名上书，认为“日本提出的赔款、割地的各条款是‘五洲所未有之奇闻，三千年所无之变局’，如照此签约，后果必然是‘法人窥粤，英人窥滇，俄人西窥新疆，东窥三省（奉天、吉林、黑龙江），四夷入侵，各示所欲’”。张之洞和易顺鼎的奏折指出：“如批准条约，不仅台湾人民反抗闹事，各省军民也‘必致痛哭深怨，断不甘心’。结果会弄得‘民穷财尽，国防解体，海军无归宿，陆军无利器，各国侵凌，商人嗟怨，外患迭至，

内变将出’,‘地险商利，饷力兵权，一朝夺尽神人共愤’。‘行见奉（天）、锦（州）、登（州）、（蓬）莱一带不复立锥，江浙粤各疆，不复能安枕，海口、海面，皆非我有，饷械无济，而海运即穷；战争无能布置而海防又立穷。中国将来必无可办之洋务。’” 1895 年 5 月 2 日，光绪批准《中日马关条约》的同一天，康有为联络十八省赴京赶考的举人们上书，要求朝廷拒和、练兵、迁都、变法，掀起那场史上著名的公车上书运动。

御史安维峻所呈奏折更为耸人听闻：“窃北洋大臣李鸿章，平日挟北洋以自重，当倭贼犯顺，自恐寄顿倭国之私财，付之东流，其不欲战，固系隐情。及诏旨严切，一意主战，大拂李鸿章之心，于是倒行逆施，接济倭贼煤米军火，日夜望倭贼之来，以实其言。而于我军前敌粮饷火器，故意勒背之。闻败则喜，闻胜则怒。未见贼，先退避，偶遇贼，即惊溃。……不但误国而且卖国。中外臣民，无不切齿痛恨，欲食李鸿章之肉。”李鸿章俨然就是一个里通外国的汉奸卖国贼。满朝计有 68 名官员，见风使舵落井下石，联名呈奏反对交卸了议和差使的李鸿章回到他原来直隶总督这个“疆臣之首”的位置上去。

1895 年 8 月 28 日，光绪皇帝召见李鸿章，指责他赔款太多，割让台湾则大失民心。皇帝似乎忘了，这些条款均非李鸿章自作主张，都有皇上谕令。光绪下旨，李鸿章“入阁办事”，回朝廷任军机大臣。军机大臣没有实权，只是一个荣誉衔，等于赋闲状态。《中日马关条约》签订完，现在轮到卸磨杀驴了。

甲午战争后李鸿章在给新疆巡抚陶模的信中无奈地发了一通牢骚：“十年以来，文娱武嬉，酿成此变。平日讲求武备，辄以铺张糜费为疑，至以购械、购船，悬为厉禁。一旦有事，明知兵力不敌而淆于群哄，轻于一掷，遂至一发不可复收。”

李鸿章对那些“遇事弹纠，放言高论”的言官深恶痛绝，每当说及，即“以足顿地，若犹有余怒者”。他认为“言官制度，最足坏事。故前明之亡，即亡于言官”。言官都是“少年新进”，不通世故，也“不考究事

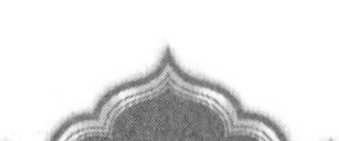

实得失，国家利害，但随便寻个题目，信口开河，畅发一篇议论，藉此以出露头角，而国家大事，已为之阻挠不少”。“当此等艰难盘错之际，动辄得咎，当事者本不敢轻言建树，但责任所在，势不能安坐待毙。苦心孤诣，始寻得一条线路，稍有几分希望，千盘百折，甫将集事，言者乃认为得间，则群起而讧之。朝廷以言路所在，有不能不示加容纳。往往半途中梗，势必至于一事不办而后已。大臣皆安位取容，苟求无事，国家前途，宁复有进步之可冀？”（吴永：《庚子西狩丛谈》，广西师范大学出版社 2008 年版）

梁启超对此类“隔岸观火议冷暖”“看人挑担说轻重”的高谈阔论之流责问一句，把这些人放在李鸿章的位置上，“结局又将如何”？

清人日记中有这样一段记载：李鸿章进京公干，凡来拜会的京官，不论大小，均有今日之红包相送。以李之声势，为什么对品阶很低的一些京官也要敷衍？就是为了消除这些皇上近臣说三道四，对他形成任何不利的隐患。这就是大清官员所需面对的官场生存境况。

在马关谈判期间，李鸿章与伊藤博文有过这样一番换位思考的对话：

李鸿章：“我若居贵大臣之位，恐不能如贵大臣办事之卓有成效！”

伊藤博文：“若贵大臣易地而处，则政绩当更为可观。”

李鸿章：“贵大臣之所为，皆系本大臣所愿为；然使易地而处，即知我国之难为有不可胜言者。”

伊藤博文：“要使本大臣在贵国，恐不能服官也。凡在高位者都有难办之事，忌者甚多，敝国亦何独不然。”（祝勇：《盛世的疼痛》，东方出版社 2013 年版）

伊藤博文旁观者清，深知李鸿章要在中国那种险恶的政治环境中生存，需要有多么精明过人的智慧和勇气。

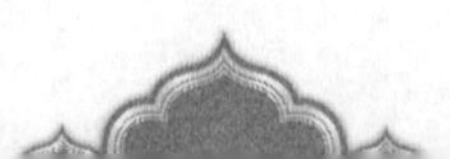

无独有偶，李鸿章在欧洲考察时，与德国“铁血宰相”俾斯麦也有一番类似的对话：

李鸿章：“我专程前来拜访殿下，有一事想‘乞垂清海’。”

俾斯麦：“什么问题？”

李鸿章：“欲中国之复兴，请问何道之善？”

俾斯麦：“辱承阁下明问，惜敝国去贵国较远，贵国之政平时又未尝留意，甚愧无从悬断。”

李鸿章：“请问何以胜政府？”

俾斯麦：“为人臣子，总不能与政府相争。故各国大臣，遇政府有与龃龉之处，非俯首以从命，即直言以纳诲耳。”

李鸿章：“然则为政府言，请问何以图治？”（梁启超：《李鸿章传》，湖南人民出版社 2013 年版）

在清王朝如何做官，成为李鸿章魂牵梦萦的情结。

程万军在《逆淘汰：中国历史上的毁人游戏》（广西师范大学出版社 2010 年版）一书中，对李鸿章有这样一番评论：

封建官僚体制下的首相哲学，除了故步自封的固态哲学，剩下的只能是亦步亦趋的家犬哲学。主人永远是对的，这就是他们的价值观与真理观。彼时晚清的最高统治者是慈禧，李鸿章为国事可跟她据理力争过一次吗？她让他打就打，让他卖国就卖国。因为他深知，只有这个主子能确保他的官位。

当时的历史时期，那个病入膏肓的老大帝国最需要的不是裱糊匠，而是根本改变国家命运的政治家。

而没落的王朝，国家的需要和统治者的需要并不在同一条轨道。

慈禧太后这个刚愎自用的最高统治者，最需要的是“事务型奴才”，即“大勤务兵”，并不指望谁替她定国安邦。

李鸿章的出现，恰恰满足的是慈禧太后的需求而非国家需求。

庸相李鸿章，最懂慈禧太后的心思，做好“大勤务兵”，并在“裱糊方面”的功夫一流。李鸿章一贯主张对外和平，避战周旋，这既有别于“鹰派同僚”左宗棠，又有别于顽梗不化的“保守派”刚毅等大臣，苟延残喘功夫一流，故最得太后之心。太后需要他与友邦周旋，忍国家之辱，负权贵之重。

清朝是中国官员最奴化的时代，大员在皇帝面前以“奴才”自称。朝廷用人讲究的是“我的奴才”。奴才所做的一切是为主子服务，什么国家利益、民族大义都可以置之度外。就如这直隶总督李鸿章，丧权辱国的不平等条约签了一个又一个，割地赔款一茬接着一茬，你以为他是“为国分忧”，其实他不过是“为太后分忧”，他就是“唯老佛爷马首是瞻”的一奴才，其升官路数跟大太监李莲英没有本质不同。

伯乐的眼界与需要，决定了所相之马的平庸。如果慈禧太后这个“老大”是少谋寡断的，或者英年有为的，那么她或许需要真正的人才为她开天辟地，但事实上，慈禧太后这个“老大”，既不有为，也不少谋寡断，而是个“宁与友邦，不与家奴”的固执老太婆，所以她自然最需要的是奴然后才是才。先奴后才者，不庸岂不咄咄怪事？！

可以设想，让慈禧太后“老佛爷”选相，她可能相中伊藤博文这匹把日本带上现代化高速路的千里马吗？她可能选上把德国带上富国强兵之途的“铁血宰相”俾斯麦吗？

慈禧太后在甲午战争之后当然知道在国难当头之际，如此大量挪用海军经费为自己建园会招致天下怨声载道。因此，她在以光绪之名发布

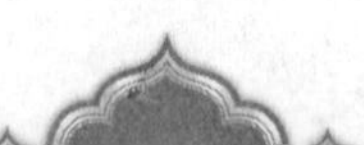

的上谕中专门强调:"此举为皇帝孝养所关，深宫未忍过拂，况工用所需，悉出节省羡余，未动司农正款，亦属无伤国计。"所谓"羡余"，就是皇室的小金库之款；"司农"原是汉代主管钱粮的官名，而清朝则是户部主管钱粮田赋，此处所谓"未动司农正款"，就是此地无银三百两的解释，没有动用国库之钱。海军衙门当然更要强调并未动用购舰专款，而"今日万寿山恭备皇太后阅看水操各处，即异日大庆之年，皇帝躬率臣民嘏胪欢之地。先朝成宪具在，与寻常仅供临幸游豫不同"。(雷颐:《李鸿章与晚清四十年》，山西人民出版社 2008 年版)

"吾皇圣明"，臣下愚昧。圣经本是天下至理，都是被那些歪嘴和尚念坏了。这就是封建王朝的君臣逻辑。雷颐在《李鸿章与晚清四十年》一书中总结出一句精辟之言:"臣子都是替罪羊。"

尾声:睁眼看世界只落得死不瞑目

李鸿章的人生屈辱并未走到尽头，1900 年 6 月，八国联军攻陷北京城，慈禧挟光绪逃往西安，国势处于一触即溃的境地。朝廷又想起了擅长办洋务的李鸿章。慈禧一纸任命"着李鸿章为全权大臣"，将李鸿章由两广总督重新调任直隶总督兼北洋大臣。李鸿章再度"授命于危难时节"，重演签订《中日马关条约》的一幕。

在漫无尽头、拉锯扯锯的屈辱谈判中，李鸿章心力交瘁，开始咳血。他知道自己的时日不多，想尽快结束谈判。此时的李鸿章已经没有力气与洋人争长论短，他咳血到了濒危的程度。在生命的最后时间里，李鸿章只能躺在病榻上，口授机宜，指挥下级官员与八国联军的谈判代表周旋交涉。1901 年 1 月 15 日，李鸿章和庆亲王在《议和大纲》上签字，可是《议和大纲》签字后，联军并没有撤军的迹象。各国的态度是：必须把赔款的数额定下来。1901 年 9 月 7 日，李鸿章代表大清国与 11 国

签订《辛丑条约》。赔款之数由一开始的10亿两白银降到4.5亿两，分39年还清，年息4厘。4.5亿，正合其时中国国人之数，“人均一两，以示侮辱”。签字后，李鸿章即大口吐血，“紫黑色，有大块”，“痰咳不支，饮食不进”，已是病入膏肓了。

弥留之际，李鸿章在病榻上仍心念国是，他在奏折中写道：“臣等伏查近数十年内，每有一次构衅，必多一次吃亏。上年事变之来尤为仓促，创深痛巨，薄海惊心。今议和已成，大局稍定，仍希朝廷坚持定见，外修和好，内图富强，或可渐有转机。”

1901年11月7日，这位大清重臣已处在油尽灯枯之际，他“久经患难，今当垂暮，复遭此变，忧郁成疾，已乖常度”。身边的人望着弥留之际的李鸿章大哭：“还有话要对中堂说，不能就这么走了！”李鸿章的眼睛又睁开，张着嘴似乎想说什么。身边的人再说：“未了之事，我辈可了，请公放心！”李鸿章“目乃瞑”，带着无尽的遗憾离开了人世，享年78岁。

李鸿章临终前仍口占遗疏，鸟之将亡，其鸣也哀；人之临死，其言也善：

> 奏为臣病垂危，自知不起，口占遗疏，仰求圣鉴事。窃臣体气素健，向能耐劳，服官四十余年，未尝因病请假。前在马关受伤，流血过久，遂成眩晕。去夏冒暑北上，复患泄泻，元气大伤。入都后又以事机不顺，朝夕焦思，往往彻夜不眠，胃纳日减，触发旧疾时作时止。迭蒙圣慈垂询，特赏假期，慰谕周详，感激涕零。和约幸得竣事，俄约仍无定期，上贻宵旰之忧，是臣未终心事。每一念及，忧灼五中。本月十九夜，忽咳血碗余，数日之间，遂至沉笃，群医束手，知难久延。谨口占遗疏，烦臣子经述恭校写成，固封以俟。伏念臣受知最早，蒙恩最深，每念时局艰危，不敢自称衰病。惟冀稍延余息，重睹中兴。赍志以终，殁身难瞑。现值京师初复，

銮辂未归，和议新成，东事尚棘，根本至计，处处可虞。窃念多难兴邦，殷忧启圣。伏读迭次谕旨，举行新政，力图自强。庆亲王等皆臣久经共事之人，此次复同更患难，定能一心效力，翼赞讦谟。臣在九泉，庶无遗憾。至臣子孙，皆受国厚恩，惟有勖其守身读书，勉图报效。属纩在即，瞻望无时，长辞圣明，无任依恋之至。谨叩谢天恩，乞皇太后、皇上圣鉴。谨奏。

子规啼血，冰心玉壶；秋风萧瑟，酷寒将临，李鸿章面对国事艰难，死也难以瞑目。梁启超在《李鸿章传》中，称其以“犬马恋主之诚”，为清王朝“鞠躬尽瘁，死而后已”。

闻知李鸿章死讯，仍流亡在途尚未返朝的两宫太后“哭失声”，也许真是出于“乱世思良臣”，慈禧太后“老佛爷”感叹说：“大局未定，倘有不测，再也没有人分担了。”慈禧太后“老佛爷”赞誉李鸿章为“再造玄黄”之人，追赠太傅，晋一等肃毅侯，谥文忠。恩赐白银5000两治丧，在原籍和立功省建祠10处，京师祠由地方官员定期祭祀。

中国的帝王文化，从来都是对生人万般提防，对死人却不吝殊荣。

梁启超为悼李鸿章撰成一挽联：

太息斯人去萧条徐泗空莽莽长淮起陆龙蛇安在也，

回首山河非只有夕阳好哀哀浩劫归辽神鹤竟何之。

翁同龢
官场三朝不倒翁的

引子：不倒翁倒了

台湾史传大家高阳有言："经商须看胡雪岩，从政必读翁同龢。"红顶商人胡雪岩反映了中国商贾的特色：必有官方背景，方能生财有道；而翁同龢则是清朝咸丰、同治、光绪三朝官场上的不倒翁，在"走马兰台类转蓬"的清官场，纵横捭阖、翻云覆雨、举重若轻、游刃有余，"任尔东西南北风，我自稳坐钓鱼台"。

《离骚》载："惟庚寅吾以降。"说明出生年月时辰对一个人的命运攸关。唐伯虎、文徵明同出生于1470年庚寅；相隔360年后，1830年岁交庚寅，苏州府又诞生了两位士林魁星，一个是潘祖荫，另一个就是翁同龢。

翁同龢的父亲翁心存，是体仁阁大学士，咸丰朝的宰相，先后做过咸丰、同治二帝和诸多亲王的老师。大哥翁同书，官至安徽巡抚。二哥翁同爵，做过陕西、湖北巡抚和署理湖广总督。翁同龢26岁时，是1856年的殿试状元，在数以万计的读书人里独占鳌头。中国明清两朝，"非进士不能入翰林，非状元不能做宰相”，翁同龢自此官运亨通，历任户部侍郎，都察院左御史，刑部、工部、户部尚书等职。1882 年、1894 年两入军机处，直至协办大学士兼总理各国事务衙门大臣。尤其令人称奇的是，帝王师也能世袭，翁同龢子承父业，被遴选为同治、光绪两朝的帝王师。如此显赫家世的耳濡目染，使得翁同龢出入中枢数十年，轻车熟路，驾轻就熟，左右逢源，四处讨好，八面玲珑，把一套官经念得水乳交融，炉火纯青。

1898 年 5 月 29 日，执掌朝纲的恭亲王奕訢薨逝。第二天，恭王府即派人把军机处印钥送交给翁同龢。清规制：军机处有方形银印，印匣钥匙由领班佩带，钥匙的移交即表示大权的交接。居于恭亲王副手的礼亲王久病未朝，翁同龢实际上成为军机处的领班。军机处是处理国家日常事务的最高权力机构。在此之前，中外的奏章由军机处的满人刚毅处理，翁同龢并未能全部过手，有些重要奏折由刚毅直接去请懿旨办理。5 月 30 日以后的半个月期间，军机处的大小事务皆由翁同龢一手把持，一时显赫之至，权势达到其人生巅峰。

“木秀于林，风必摧之。崖耸于岸，水必湍之。”翁同龢的春风得意犹如春花夏露，尚未盛开已呈败落。就在他踌躇满志欲展宏图之际，阴影也随之露头。

1898 年 6 月 15 日，正值翁同龢 68 岁生日。其时久旱，而这一天深夜 1 时许，京城开始下起了小雨，渐渐地雨越下越大，翁同龢日记有记：“丑初微雨，既而潺潺。”已近古稀之年的翁同龢以为是个好兆头，是天象示人，乃“久旱逢甘霖”，有雨露昭苏之望，竟至“喜而不寐”。翁同龢万万想不到，他的政治生涯竟然在这一天戛然而止。

天尚未亮，翁同龢便起了床，按惯例向空叩首以谢苍天佑福自己，然后备朝章，乘轿子兴冲冲地入宫去仁寿殿早朝。翁同龢在这天的日记中记道：“看折治事如常。起下，中官传翁某勿入，同人入，余独坐看雨，检点官事五匣，交苏拉英海。”早朝时，翁同龢如同往常一样，先批阅各

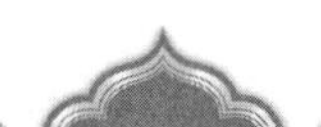

地报来的奏折。军机处的日常时间安排非常紧张：每日寅时（3—5点），军机大臣及章京先后到岗，内奏事处太监发放经皇帝批阅过的奏折，军机章京分送给军机大臣翻阅。卯刻（5—7点），皇帝晨起进膳，膳后批阅部院本章及各督抚折子，大约辰刻（7—9点）时分，开始召见大臣。翁同龢准备与各位大臣一如既往地进入议事大厅，突然太监传旨，翁同龢不必同列进来。眼看着诸大臣鱼贯而入，翁同龢独坐看雨，坐立不安，心乱如麻，望着窗外雨丝不绝如缕，思绪绵密不绝。翁同龢感到事情蹊跷，本能地将经手未了事项装入匣内交给军机章京领班苏拉英海。

"一时许，同人退"，约莫一个时辰过去，诸大臣陆续退朝。先是荣禄，接着是刚毅、徐桐，他们连招呼也不打，旁若无人地从翁同龢身边走了过去。最后出来的是孙家鼐，他一脸忧郁，只是向翁同龢点了点头，也默无一语地走了。这时，太监来传翁同龢听旨，翁同龢连忙跪拜在地接旨。传旨太监宣读的是光绪皇帝亲发的朱谕（现存于中国第一历史档案馆）：

> 协办大学士户部尚书翁同龢，近来办事，多未允洽，以致众情不服，屡经有人参奏。且每于召对时，咨询事件，任意可否，喜怒见于辞色，渐露揽权悖情状，断难胜枢机之任。本应查明究办，予以重惩，姑念其毓庆宫行走有年，不忍遽加严谴。翁同龢着即开缺回籍，以示保全。钦此。

突如其来的当头一棒如五雷轰顶，跪在地上接旨的翁同龢一阵头晕目眩。

清朝皇帝称自己的老师为师傅，清入主中原，以汉为师，较亡国明朝有一个好的规制，那就是尊师。师傅者，一日为师，终身为父。一旦成为帝王师，近水楼台先得月，入阁拜相就是指股间事，而且子孙后代也等于拥有了"丹书铁券"，非十恶不赦、大逆不道之罪，他罪都可免死。翁同龢是两朝帝师，既教过同治穆宗，也教过光绪德宗。两帝性格迥然

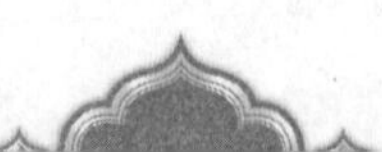

不同，同治外向，好嬉戏不爱哭，每逢同治调皮不好好读书时，反倒是师傅为之着急落泪。有一次，翁同龢为之涕零，同治以《论语·为政》篇“君子不器”一词，用手指遮住“器”字下两口，成“君子不哭”示师傅，逗得翁同龢破涕为笑。光绪与同治则截然相反，性格内向，循规蹈矩且动不动就哭，遇到不顺心的事，嗷然一声，久哭不止。这显然与两帝的基因及所处境遇有关。光绪 4 岁入宫即生活在一个冷漠凶险的环境，处境犹如童养媳，所得母爱绝少，常以眼泪发泄委屈。翁同龢日记中记载：“至前二号又长吁矣。因极论阳刚宜长，阴柔之伏可惧，上为之首肯。”“长吁”即为啼哭，所谓“阴柔之伏可惧”，指光绪郁郁寡欢，养成默默忍受的性格，令人担心成为暗弱之君。光绪 6 岁就开始由翁同龢授学，有一个小细节颇见光绪对翁同龢的依赖程度：光绪小时候害怕打雷，每逢打雷就躲在翁同龢怀里。还经常顽童般玩他的胡须，以手入怀抚其乳。

如此情同父子的关系，翁同龢简直不敢相信，怎么雨露雷霆皆君恩，说变就变？承接这么一道“开缺回籍”的朱谕，等于是官场上被判处了死刑！

翁同龢陷入云山雾罩之中。

1. 帝党后党两大板块夹缝中的生存

梁启超《戊戌政变记》一书中，这样解读翁同龢被黜：

> 自四月初十以后，皇上日与翁同龢谋改革之事，西太后日与荣禄谋废立之事。四月廿三日皇上下诏誓行改革，廿五日下诏命康有为等于廿八日觐见，而廿七日西后忽将出一朱谕强令皇上宣布……皇上见此诏，战栗变色，无可如何！

梁启超作为戊戌变法的当事人、亲历者，他的这段记载自然被认为是第一手资料，成为后人撰史的依据。蔡东藩的《清史演义》、马光复的《晚清血泪》、人民出版社出版的《近代中国史稿》等，甚至连范文澜所著《中国近代史》一书中，也这样记述翁同龢被黜事件："翁同龢最得光绪帝亲信，西太后迫令光绪帝将翁同龢开缺回籍。"戊戌变法刚刚颁布实施的第五天，作为帝党中坚的翁同龢就被褫夺去一切权力，人们普遍认为这是慈禧太后砍向戊戌变法的第一刀。

晚清年间，光绪的帝党与慈禧的后党之争，可以说是由来已久，朝野皆知。

《清朝续文献通考》载："钦奉懿旨，醇亲王奕譞之子，著承继文宗显皇帝为子，入承大统为嗣皇帝。又奉懿旨，大行皇帝龙驭上宾，不得已以醇亲王之子承继文宗显皇帝为子，入承大统。俟皇帝生有皇子，即继承大行皇帝为嗣，特谕。"同治十三年（1874）十二月，亲政不到两年的同治皇帝载淳仅活了 19 岁就暴病，撒手人寰。同治皇帝没有子嗣，按照清廷祖制，继承皇位的人应该从比他低一辈的"溥"字辈近支宗室中去挑选，当时，这一支只有一个年幼的溥伦。两宫皇太后以他"血统较疏"，不能算近支宗室为由否决了他的继承权。这样就只好从同治皇帝载淳的同辈中来选择了。"载"字辈按排行来说，要算恭亲王奕訢的长子载澂比较合适，他是咸丰皇帝的亲侄同治皇帝的叔伯兄弟，血统较近，又已 17 岁成年。当时的大臣中确也有人提及，但遭到慈禧太后的坚决反对。翁同龢的日记中记载了慈禧的话："文宗无次子，今遭此变，若承嗣年长者，实不愿，须幼者乃可教育。现在一语即定，永无更移。我二人同一心，汝等敬听。"慈禧太后一锤定音，《清史稿》载，同治十三年（1874）十二月初五日，"以醇亲王之子承继文宗为嗣皇帝"。

慈禧太后为何要违背祖制，一意孤行立醇亲王之子呢？当然有她的小九九：若是立了"溥"字辈为嗣，同治帝的皇后将尊为太后，她就成为太皇太后，地位虽尊，但绝不可能再临朝执政。若恭亲王之子承继大

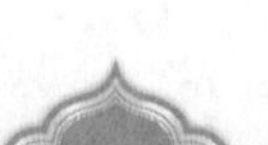

位，载澂年已 17 岁，不久即须亲政，自己也不可能继续垂帘听政，而选择醇亲王之子载湉，醇亲王的福晋即慈禧的亲妹子，两人是外甥与姨妈的关系。而且其时载湉年龄尚只有 4 岁，显然不能亲政，可做慈禧手中的一具牵线木偶，任意摆布。

据《德宗承统私记》载，众大臣在养心殿西暖阁，听到慈禧太后宣布由醇亲王之子载湉继承皇位的懿旨后，皆愕然不知所对。醇亲王大惊，“哭失声，伏地晕绝”，恭亲王奕䜣叱之，令内侍扶出。诸王不敢抗后旨，议遂定。醇亲王奕譞听闻这样天上掉下大馅饼的超好消息，不是大喜过望，而是诚惶诚恐，吓得“哭失声，伏地晕绝”，塞翁得马，是福是祸？“福之祸所伏，祸之福所依！”

光绪儿皇帝的九尊之位，原本就是慈禧太后所恩赐。

1887 年，载湉 16 岁，慈禧为了符合祖制和顾及舆论，假意主动提出光绪亲政的问题。载湉的生父醇亲王奕譞对慈禧的真实意图洞若观火，慌忙上奏请求慈禧扶上马送一程，继续“训政”。王公大臣也随声附和，最终制定了一个被史书称为《训政细则》的约法三章，将“训政”以制度的形式固定了下来。这个细则规定，光绪亲政后，慈禧对朝廷大臣的任命、对国策政务的走向，拥有最后的决定权。1889 年，载湉大婚。结婚象征皇帝已经成年，慈禧太后只得“撤帘归政”，但归政后的慈禧仍然牢牢握住大权不放。

这一切，翁同龢看在眼里，也只能怨在心中，他的日记中一句“现在国事一切照旧”，透露出了他对慈禧揽权的不满和无可奈何！这种一国两主的局面必然导致一种结果，那就是帝后两党的形成。晚清民间形象地将后党称为“老母党”，而将帝党称为“小孩党”。

杜文青在《帝国改革往事》（中国青年出版社 2009 年版）中，关于戊戌变法有这样一段描述：

> 晚清时代，帝国最高权力掌握者光绪皇帝和没有任何明确权

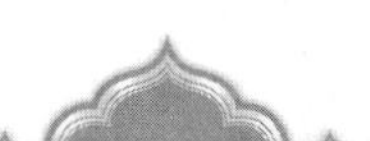

力职位的慈禧太后的关系，是世界上最微妙最奇特的国家政权关系形式。没有人知道这样一个事实：在变革开始后的每一天，无论天气如何，光绪都要亲自到慈禧那里去禀报，每次都在慈禧的门外跪着，等待慈禧恩准他进见。慈禧的太监们故意刁难皇帝，每每拖延向内传达的时间。太监们觉得看着皇帝在白玉石台阶上跪着的神态很有趣。

三朝元老的翁同龢久居宫廷，身处帝党后党两大板块冲撞挤压的夹缝中，如临深渊，如履薄冰。翁同龢当然深知光绪皇帝的一举一止都在慈禧太后的眼皮之下，所谓变法维新更是要得到慈禧太后的首肯。

《中日马关条约》刺痛了光绪，“皇上日夜忧愤，益明中国致败之故，若不变法图强，社稷难资保守”。《中日马关条约》同样也刺痛了慈禧太后。据《盛宣怀未刊信稿》载，1899 年 10 月 6 日，慈禧在召见盛宣怀时曾说：“你说得甚是，必要做到自强。但是现在外国欺我太甚，我所以十分焦急。”慈禧太后的侍卫女官德龄在回忆慈禧时曾说：“我希望我们中国将来会强大。”作为庞大帝国的实际掌门人，在希望大清江山繁荣昌盛、国富兵强上，光绪皇帝和慈禧太后是一致的。

慈禧一开始并不反对变法，苏继祖的《清廷戊戌朝变记》记载：“正月，康初上之书，上呈于太后，太后亦为之动，命总署王大臣详询补救之方，变法条理，曾有懿旨焉。”“康初上之书”指 1898 年 1 月 29 日康有为所上《请大誓臣工，开制度新政局折》。在该折中，康有为陈述埃及、土耳其、高丽（今朝鲜）、安南（今越南）、波兰、马达加斯加等国被侵略、受欺侮，以致被宰割、瓜分的惨状，警告光绪皇帝“恐自尔之后，皇上与诸臣虽欲苟安旦夕而不可得矣！”

翁同龢的日记也证实了这件事：“三月二十三日：总署代康有为条陈折（变法）……命将康折并书，及前两次折，并‘俄彼得变政记’皆是慈览。”可见，翁于 3 月 23 日将康有为的变法主张以及俄国的“变政记”

一起呈给慈禧太后过目。康有为通过各种渠道上达光绪关于变革帝国体制的奏折，慈禧太后不但读过，而且对改变国家的命运表现出极大的关心。

有这样一段颇具现场感的描述：

> 光绪皇帝在慈禧的榻前读着、讲着，慈禧斜倚在床上眯着眼听，批评着，议论着，她感叹过去朝廷也行了许多维新自强的事，但究竟都不如这些书里说得透彻。光绪看见慈禧高兴，就主张把这几本折子里的内容大量印刷，大臣小吏人手一册，以习变法。慈禧点头说，就这样办吧。（杜文青：《帝国改革往事》，中国青年出版社 2009 年版）

张謇在自订年谱中明确记载一笔："二十二日，见翁尚书所拟变法谕旨。"翁同龢即便是受光绪皇帝之委托起草的变法维新大纲《明定国是诏》，其基本框架也是在慈禧太后能够容忍的范围之内。翁同龢在 1898 年 6 月 11 日的日记中提到，光绪帝奉慈禧谕旨，指出杨深秀和徐致上奏要求变法维新，施行新政，改革旧习的要求"良是"，并指示"今宜专讲西学"。反倒是老成持重的翁同龢预留后路地认为过头，指出"西法不可不讲，圣贤义理之学尤不可忘"。

翁同龢 23 日的日记中还记有一笔："退拟旨一道。"翁同龢即便是按照慈禧太后所主张"守旧图新"的原则而定的"国是"，到底是一件至大之事，理当奏明慈禧太后。只有在得到慈禧太后的首肯，于 23 日"奉慈旨"后才能宣示。

翁同龢官场历练几十年，素持明哲保身之道，一向善于察言观色，见风使舵，可说是亦步亦趋，从不敢越雷池一步。即便是如后世所说，光绪皇帝的变法是深受师傅翁同龢的影响，他在授课中掺入了许多对急剧变化的世界大势的讲述，以及许多激进的早期启蒙思想家的思想，但

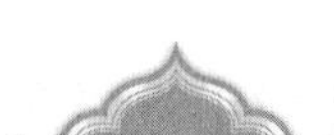

这些显然是翁同龢揣摩到了慈禧太后的脉搏。慈禧太后曾要求清廷的文武大臣学习西学，而且也要求光绪皇帝学。自 1891 年 12 月 1 日起，光绪皇帝即奉慈禧太后懿旨，每日上午在勤政殿学习英文，由同文馆的两位洋教习授读。

慈禧没有翁同龢等读书人修齐治平的理想抱负，但具有政治家天生趋利避害的本能。在其长达半个世纪的垂帘听政生涯中，并不像后世所丑化的那样顽固不化，要“带着花岗岩的脑袋去见列祖列宗”，她也能接受新事物，当然这种接受更多的是实用主义。

史载表明，慈禧太后与倭仁、徐桐、刚毅等顽固派毕竟有别。当光绪皇帝开始维新时，她持观望的态度，如果变法真能带来国富兵强，再不受西方列强的窝囊气，自然“乐观其成”，慈禧也就没有必要急于从皇帝身边赶走还算听话的翁同龢。

翁同龢很熟悉清廷规矩，清制只有皇帝才可用朱谕，谕旨通常都要经军机处票拟，皇帝亲自审定后颁布。慈禧虽贵为太后，也绝不能突破禁令，太后对皇上的建议，则用“钦奉懿旨”的方式颁布。

翁同龢跪地接旨，睁大眼睛仔细辨认，光绪皇帝罢免翁同龢的朱谕确为光绪御笔。光绪撇开翁同龢主持的军机处而亲拟谕旨，极为反常。如此看来，罢黜翁同龢的圣旨竟是出于光绪皇帝的本意？

翁同龢百思不得其解，这其中究竟发生了什么变故？也许光绪帝有什么难言之隐，一时在众目睽睽之下不便言说。

翁同龢怅然若失地离开值房回休息处。虽说是被皇帝“开缺”，也还要向皇帝磕头谢恩。翁同龢请军机章京玉坡代撰谢折：“臣感激涕零，自省罪状如此，而圣恩于全，所谓生死而肉白骨也。”翁同龢在颐和园留宿一夜，心存幻想，也许光绪帝会像往常突然间召见。翁同龢当天的日记中记下这样的文字：“晚，刚、钱、廖三公来，余衣冠诣之处辞行。”刚毅、钱应溥、廖寿恒三位军机大臣前来看望，只是一种形式上的告慰，绝字不会提日间之事。而整个夜晚，翁同龢一直整装待发，穿一身正式官服，在翘首以待地期盼着什么……当日傍晚，光绪皇帝命南书房王太监给翁送去纱葛，然而这只是端阳节的例赏，并没有任何附带说明。除此之外，光绪帝没有任何召唤，也不见任何动静。

翁同龢四月二十八日（6 月 16 日）日记中说道："午正二刻驾出，余急趋赴宫门，在道右磕头。上回顾无言，臣亦黯然如梦，遂行……"四月二十七日（6 月 15 日）晚间，翁同龢一定是个不眠之夜。直到第二天中午，听到皇上驾出，翁同龢急赴宫门，在道路的右旁跪定。这时，近旁并无闲杂人等，正是一个绝好的机会，光绪帝如果真是受到慈禧太后的胁迫，有什么话要说明或解释，此时正能畅所欲言，最起码也能够有所暗示。但是，令翁同龢黯然如梦的是，光绪帝仍然是"回顾无言"。朝夕相伴二十四载的师傅弟子间，此一去也许就是生离死别，一向依腋犹深的光绪对关乎师傅后半生命运的裁夺，竟至绝情地无言以告？

久历官场的翁同龢似乎有所领悟，颁发"开缺"上谕当天，光绪皇帝之所以让中官传"翁某勿入"，就是不想让翁同龢有和自己见面的机会。一向优柔寡断的光绪帝，避开翁当值的军机处亲拟这道朱谕，大概也是在竭力回避当面时的尴尬。看来，光绪帝除朱谕中所列"开缺"的理由外，没有其他隐情须向师傅特别表白。

梁启超是戊戌变法的亲历者，他所著《戊戌政变记》一书的史实自然容易让人相信，但细琢磨这段记载颇让人生疑：梁启超当时仅是个小小的六品卿衔，专办译书局事务，诸如"皇上日与翁同龢谋改革之事，西太后日与荣禄谋废立之事"这样头等机密的宫廷闱幕，他何以知晓？恐怕也仅是道听途说，以谬传谬。戊戌变法期间，梁启超连光绪皇帝的面都未见过，又何从知道，"西后忽将出一朱谕强令皇上宣布"，光绪皇帝"战栗变色"？也许当局者迷，梁启超对帝党后党两大营垒的大势所趋判断没错，但还是把纷繁复杂的历史简单化了。

2. 三岔口的戏剧性场面

光绪帝御笔亲书的朱谕中，罢黜翁同龢的理由开列这样一条："协办大学士户部尚书翁同龢，近来办事，多未允洽，以致众情不服，屡经有人参奏。"

清史研究者孔祥吉先生从日本外交文件中发现，与翁同龢关系密切的总理衙门大臣张荫桓在与日本驻华公使矢野文雄的秘密谈话中，透露了翁同龢被罢黜的原因：

> 翁氏免官，其原因之来甚远，先年日清战争主张开战者，即是此人。该事件以来，清国多灾多难，尔后，翁所主张之诸多政策不合时宜，又由于翁氏在清廷内部往往被视为专权骄恣。此种状态渐为积累，遂导致此次结果。

英国人戈登在《二十条箴言》中提到，"中国有不能战而好为主战之议者皆当斩首"。清朝时，每当有外交大事，总有这种"不能战而好为主战"的鹰派出现。高调爱国，动辄以对外开战标榜自己，而内心深处的判断和权衡，总是将个人的得失凌驾于国家的利害之上。

翁同龢的"以致众情不服，屡经有人参奏"，翻老账可追溯至1894年中日甲午战事。平壤失守、黄海战事爆发、北洋舰队败绩，居于清廷中枢的翁同龢意识到："鸭绿江一线可危，即渤海亦可危"，遂建议"宜调东三省兵，而急设大粮台，派大员经理，又于鸭绿江岸筑土炮台等数事"，翁同龢的建议得到光绪皇帝的采纳。但日军在花园口登陆后，所谓"固若金汤"的防线不堪一击，日军强渡鸭绿江，连陷九连城、安东（今丹东）、凤凰城数地，锦州相继失守，旅顺岌岌可危。翁同龢再度献策光绪："力陈京师阽危"，力荐唐仁廉赴旅顺增援，光绪又采纳了。但战事的进程并未如翁同龢所料，旅顺还是失陷了。翁同龢闻讯只能“愤虑填膺”，再奏请光绪帝，启用湘军刘坤一为帅，以求挽危局于狂澜。其议亦被光绪帝采纳，命刘坤一为钦差，节制关内外各军。这种临阵换将反而造成调度混乱，1895 年初日军一举攻陷盖平，直逼清王朝的祖宗陵寝之地沈阳。对于一连串的举人不当，连遭败迹，翁同龢一厢情愿地认为是“重赏之下必有勇夫”，又建议“悬破格之赏，不次之迁，以作将士之气”，但翁同龢的“锦囊妙计”仍然不见成效，威海卫城与南北炮台尽失，北洋水师全军覆没，翁同龢如热锅上的蚂蚁，“大局糜烂矣，焦灼愤懑，如入汤火”……翁同龢的纸上谈兵说起来头头是道，然而一旦付诸实施，却应了“百无一用是书生”这句老话。对于一败再败无可挽回的残局，翁同龢束手无策，徒唤奈何：“愤极愧极！寇深矣，若之何！”翁同龢在日记中记道：“覆水难收，聚铁铸错，穷天地不塞此恨也。”

《清史稿·翁同龢传》有言：“同龢善伺上意，得遇事进言。上亲政久……每事必问同龢，眷倚尤重。”光绪帝对自己的师傅翁同龢，初始可以说是言听计从，“眷倚尤重”。在甲午战前，面对日本的步步紧逼和不断挑衅，翁同龢是坚决主战的领袖人物。但翁同龢主战并不是建立在对敌我双方军事实力了解的基础上，而是他看出光绪想借此战扩张自己的权力，故主动奉迎君意。另外，当时“民众群情激愤”，认为日本咄咄逼人欺人太甚，但凡还有点血性的中国人，都退无可退，忍无可忍。轻言对日开战，高调标榜爱国，既顺应了民心，也占领了道德的制高点。在翁同龢的影响下，年轻的光绪帝也被爱国主义的激情所激荡，走上了坚决主战之路。结果甲午一战清军惨败，洋务运动多年累积的成果付诸东流，清帝国陷入空前的危机中。

谙熟官场生存哲学的翁同龢却像是一个未入段的围棋手，不是自以为是地“错用定式”，就是自己尚未“做眼”求活，就急于寻求纠缠乱战。面对走坏的一盘败棋，初始得意忘形、妄加议论的翁同龢，变作闷嘴葫芦，再不置一语。翁同龢遭罢黜后将自己的书房题名“瓶隐庐”，大概正

是有着守口如瓶、沉默是金的寓意。病从口入，祸从口出，遇事不置可否，也就保留了指手画脚批评别人的权利。

翁同龢甲午战争初败后的日记中有这样一段记载：

> （慈禧）最后谕曰："吾非欲议和也，欲暂缓兵耳。汝既不欲传此语，则径宣旨，责李某何以贻误至此？朝廷不治以罪，此后作何收束？且退衄者，淮军也，李某能置不问乎？"
>
> 敬对曰："若然，敢不承？"
>
> 则又谕曰："顷所言作为汝意，从容询之。"
>
> 臣又对曰："此节只有李某复词，臣为传述，不加论断。臣为天子近臣，不敢以和局为举世唾骂也。"

翁同龢的这段日记写得有些扑朔迷离，表露出清廷当时面临的和战两难境地。

面对甲午战败后不可收拾的烂摊子，"奏事太监传，慈体昨日肝气发，臂疼腹泻"，慈禧太后托病不起，"不能见，一切遵上旨可也"。一向专断揽权的"老佛爷"变作了甩手掌柜。割地赔款如此大事，光绪和群臣只能请示慈禧太后做主，而慈禧却摆出议和之事"大拂慈圣之意"，并斥责光绪说："任汝为之，毋以启予也。"把战败的责任一股脑儿推到一直主战的光绪皇帝身上。慈禧要规避议和的责任，而翁同龢作为帝王师则教光绪，"就使臣下知其奉懿旨议和，实非出于本心"。皮球就这样踢来踢去。

正是出于这样的背景，慈禧专门指派翁同龢前往天津，与李鸿章商议一条结束战争的路子。

慈禧太后特别强调说："吾非欲议和也，欲暂缓兵耳。"慈禧太后此地无银三百两地辩解说，不是我想议和，可如今兵临城下，总得有一条缓兵之计吧。

老谋深算的翁同龢当然清楚其中的陷阱，“臣为天子近臣，不敢以和局为举世唾骂也”，首先考虑的是维护自己的脸面比解决面临的困局更为要紧。所以当慈禧太后提出“顷所言作为汝意”，把我的意见变成你自己的主张时，马上强调“臣为传述，不加论断”，极力把自己脱身于这摊浑水。

慈禧太后把烫手的山芋再推给李鸿章：“退衂者，淮军也，李某能置不问乎？”

面对“何以贻误至此？朝廷不治以罪，此后作何收束”的责难，作为北洋大臣一直主办洋务的李鸿章，表面“若然，敢不承”，“则唯唯而已”，只能硬着头皮承担起与日本谈判求和的艰难使命。然而，李鸿章岂是等闲之辈，临死也要拉个垫背的，别有用心抑或居心叵测地提议，让翁同龢与其同行前往日本谈判。

翁同龢的日记中这样记录：“李要欲余同往议和，予曰：‘若余曾办过洋务，此行必不辞，今以生手办重事，胡可哉？’”翁同龢毕竟是官场油子，反应极快地干脆予以回绝：解铃还须系铃人，你李鸿章不是一向标榜是办洋务的行家吗？现在怎么能用一个生手去交涉有关国家命运的重事？

历史上这幕三岔口的戏剧性场面，翁同龢在日记里白纸黑字地记录在案，显然是为自己主战致败、求和无策的尴尬处境留下辩护词。

胡思敬的《国闻备乘》一文，对翁、李两人这次虽不见硝烟烽火却也充满刀光剑影的会面有记载：

同龢见鸿章，即询北洋兵舰，鸿章怒目而视，半晌无一语，徐掉头曰：“师傅总理度支，平时请款辄驳诘，临事而问兵舰，兵舰果可恃乎？”

同龢曰：“计臣以撙节为尽职，事诚急，何不复请？”

鸿章曰：“政府疑我跋扈，台谏参我贪婪，我再哓哓不已，今日

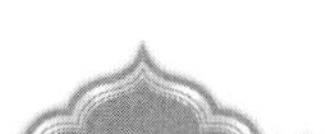

尚有李鸿章乎？”

李鸿章一句“今日尚有李鸿章乎”的质疑，深刻道出了人在官场身不由己的万般无奈。

翁同龢正是通过甲午战争期间对李鸿章的不断责难，地位得到步步提升。官场金字塔式的结构，决定了升降沉浮的此起彼伏，一个萝卜一个坑，有人占着茅坑不拉屎，你就是再急厕也无法上位。同僚的失误成为自己的机遇。

有一个细节可以作为翁、李官场关系的佐证：李鸿章签订《中日马关条约》后，“生归困谗，威脱权劫”，背上卖国贼的骂名而被边缘化。李鸿章在京都没有住处，寄居在位于东安门外冰盏胡同的贤良寺。翁同龢派袁世凯前去，劝说赋闲在家的李鸿章“以首辅空名，随班朝请，迹同旅寄，殊未免过于不合。不如暂时告归，养望林下”，以空出翁同龢觊觎已久的协办大学士位子。李鸿章对一向与自己为难的翁同龢“怨之颇切”，怒斥袁世凯说：“慰廷，尔乃来为翁叔平作说客耶？他汲汲要想得协办，我开了缺，以次推升，腾出一个协办，他即可安然顶补。你告诉他，叫他休想！旁人要是开缺，他得了协办，那是不干我事。他想补我的缺，万万不能！我一息尚存，决不无故告退，决不奏请开缺。”袁世凯走后，李鸿章余怒未消，向亲信幕僚倾吐心思：“袁世凯要我乞休开缺，为叔平作成一个协办大学士。我偏不告退，叫他想死！我老师的‘挺经’，正用得着，我是要传他衣钵的，我决计与他挺着，看他们如何摆布？我混了数十年，何事不曾经验，乃受彼等捉弄耶？”（吴永：《庚子西狩丛谈》，中华书局 2009 年版）

《清史稿·翁同龢传》记载了慈禧对翁同龢在甲午战争前后所持指责的态度：“往往巧藉事端，刺探朕意。至甲午年中（国）东（瀛）之役，信口侈陈，任意怂恿。办理诸务，种种乖谬，以致不可收拾。”

3. 夸夸其谈的清流抑或善于内斗的庸官

王伯恭是翁同龢的弟子，后任袁世凯的总统顾问。他在所著《蜷庐随笔》一书中有一段亲历的记载，披露了翁同龢在甲午战争中竭力主战的心理潜台词：

> 甲午战前，翁同龢一力主战，李鸿章言不可轻开衅端……我去见翁，向他力陈主战的错误。我想翁也是我的老师，他向来是器重我的。但翁听了我的劝说后，笑我是书生胆小。我说："临事而惧，古有明训，岂能放胆尝试？而且，我国无论兵器还是战法，都百不如人，不能轻率地开战啊！"翁说："李鸿章治军数十年，扫荡了多少坏人啊！现在，北洋有海军陆军，正如火如荼，岂能连一仗都打不了吗？"我说："知己知彼，才能百战百胜。今已知自己确实不如人，哪里有胜利的希望呢？"翁同龢说："我正想让他到战场上试一试，看他到底是骡子还是马，将来就有整顿他的余地了！"（吴策力：《晚清的极品人、极品事》，湖南文艺出版社 2011 年版）

原来翁同龢的主战，可谓老谋深算一箭双雕：若胜，翁同龢是抗倭英雄；若败，那"整顿"李鸿章的"余地"就捏到自己的手里了！

吴策力在《翁同龢：内讧之王》一文中，有这样一段记述：

> 《中国海军大事记》光绪十七年记载："四月，户部决定：南北两洋购买洋枪、炮弹、机器事，暂停两年，所以银子解部充饷"。海军提督丁汝昌据理力争，认为当前清朝海军战斗力"远逊于日本"，添船换炮刻不容缓。五月，上谕说可以拨款，但到了秋天还没见到钱。不得已，李鸿章亲自出马，上谕也只是以"饷力极拙"来敷衍。

（吴策力：《晚清的极品人、极品事》，湖南文艺出版社 2011 年版）

甲午战争时期，翁同龢兼理户部尚书主管帝国财政。翁同龢在经费上处处掣肘，让临战的北洋水师成为无米之炊。

翁同龢为何耿耿于怀、念念不忘要“整顿”李鸿章呢？

吴策力在《翁同龢：内讧之王》一文中，记述了翁同龢与李鸿章之间的历史过节：

翁同龢为何要“整顿”李鸿章？看其人生履历，于公于私，他都很难放过李鸿章。

当年围剿太平天国时，翁同龢之兄翁同书任安徽巡抚。定远之役，翁同书临阵脱逃，朝廷令其戴罪立功。咸丰十年，太平军英王陈玉成攻击寿州，当地团练竭力抵御，太平军久攻不下。等他们离开之后，城内团练首领孙家泰、蒙时中、徐立壮等与城外的团练头目苗沛霖又相互仇杀，苗因此叛变，集合队伍像太平军之前围攻寿州。小小一个寿州，居然在短时间被两股不同的武装围攻。焦头烂额的清廷发布密令，让翁同书出面解决问题。

翁同书的处理方式是劝降。他了解前任安徽按察使张学醇和苗沛霖个人关系很好，于是让张前去劝降。让他大喜过望的是，苗很快答应了归顺，只提出两个条件：一是清廷要饶恕自己的罪行，二是要求清廷杀掉孙家泰、蒙时中，并把首级交付他祭灵以雪耻。翁同书答应照办。孙家泰听后自杀，蒙时中则被翁同书抓来杀了。两人的首级被一起交给了苗沛霖。但苗深知反字大旗一起，绝无收回的道理。他大仇得报，叛逆如初。

翁同书连犯两错，曾国藩勃然大怒，认为这是不可饶恕的幼稚行为，决定上书弹劾。他知道李鸿章行文了得，于是便又将这个任务交给了李。李鸿章一挥而就，文意周密，其中一句“臣职分所

在，例应纠参，不敢因翁同书门第鼎盛，瞻顾迁就”，简直把皇帝逼到了死角，不处分翁同书不足以正朝纲。于是，在这份弹劾奏折的推波助澜下，清廷下旨将翁同书判了“斩监候”（死缓）。翁父听说此事后急火攻心，驾鹤西去。借翁父去世为由，清廷将“斩监候”改为流徙新疆。

李鸿章得理不饶人，在解释自己为何杀死苏州太平天国投降将领的奏折《骈诛八降酋片》中，又提到了这桩翁家的丑事，“若养虎遗患，苗沛霖、宋景诗皆其前鉴”。

父死兄徙这笔账，翁同龢当然要算到李鸿章头上。

翁同龢以帝师之尊而为枢府大员，“当国，尤百计龁之”，趁势借机攻讦压制李鸿章。翁、李矛盾，不仅涉及政见之争，而且还含有私怨成分。王照有诗论及：“当年炀灶坏长城，曾赖东朝恤老成。岂有臣心蓄恩怨，到头因果自分明。”电影《走向共和》中有一段台词，光绪皇帝对翁同龢说：“朕知道当年因李鸿章弹劾令兄翁同书一事，你们结下宿怨。但你们都是朝廷的股肱之臣，总要和衷共济才好，千万不可因私而废公。”

翁同龢与李鸿章两人，一是手握兵权的封疆大吏，一为执掌朝政的枢机重臣，作为朝廷的左膀右臂，本该将相合力辅佐朝廷，而实际上为了争权夺利两人相互拆台。马关议和后，兵部尚书荣禄在给陕西巡抚鹿传霖的密函中说：“常熟奸狡成性，真有令人不可思议者。其误国之处，有胜于济南，与合肥可并论也。合肥甘为小人，而常熟则仍作伪君子。”清时人，多以家乡籍贯隐喻其人。李鸿章是安徽合肥人，翁同龢是江苏常熟人，而“济南”则是指清廷另一军机大臣孙毓汶。荣禄站在自己的立场，把话已经说得十分明白，认为貌似对立的李鸿章和翁同龢两人半斤八两，都是误国害民的一丘之貉。

当年人们有一副对联嘲讽李鸿章和翁同龢二人，贬斥李鸿章的上联是：“宰相合肥天下瘦”，而揶揄翁同龢的下联是：“司农常熟世间荒”。

李鸿章的官职相当于宰相，翁同龢的官职是户部尚书，从汉朝起就有大司农之称。民间智慧巧妙地把两人的官职和籍贯嵌入联语，堪称绝对。

面对甲午惨败，尽管翁同龢一再强调“宁增赔款，必不可割地”，《中日马关条约》还是把中国的台湾岛割让给了日本。“萍野鹤踪何处寻？唯余月影空照人。”翁同龢百感交集，却又无能为力。恰逢此时翁同龢家中所畜一鹤飞失，于是借题发挥仿后汉戴良《失父零丁》帖，作《失鹤零丁》抒发胸中郁闷，其中有这样的诗句：“敬白诸君行路者，敢告我昨得奇梦。梦见东天起长虹，长虹绕屋变黑蛇。口吞我鹤甘如蔗，醒来风狂吼猛虎，鹤篱吹倒鹤飞去。失鹤应梦疑不祥，凝望辽东心惨伤！诸君如能代寻访，访着我当赠金偿。……”前方将士几生死，后方犹吟失鹤赋。在举国沮丧之际，翁同龢信手涂鸦的一篇锦绣文字，竟然是吟诗诵赋来寄托胸中的郁闷，书生迂腐之状，由此可见一斑。

时人有联嘲讽曰：“翁叔平两番访鹤，吴清卿一味吹牛。”“叔平”是翁同龢的字，“吴清卿”指时任湖南巡抚吴大澄。吴一生喜好收藏金石古玩，买到一枚“度辽将军”汉印，以为是万里封侯的征兆，“人言骨相应封侯，恨不遇时逢一战”。遂请缨出山海关与日本交战，自我吹嘘说：“自言平生习枪法，炼目炼臂十五年。目光紫电闪不动，袒臂示客如铁坚。”就是这样一个愚昧赣憨之人，翁同龢竟然认为寻到良将之才，在光绪帝前鼎力举荐。结局当然不言而喻，“两军相接战甫交，纷纷鸟散空营逃。弃冠脱剑无人惜，只幸腰间印未失”（黄遵宪《度辽将军歌》）。智慧在民间，民众把翁同龢的寻鹤与吴大澄的吹牛相提并论。无独有偶，此时赋闲在福州老家的清流前辈陈宝琛也有诗句嘲讽翁同龢：“输却玉尘三万斛，天公不语对枯棋。”

甲午战败后，面对《中日马关条约》要求 2.3 亿两白银的巨额战争赔款，翁同龢身为户部尚书，筹款还债是其职责。翁同龢宣讲起儒家的高头典章头头是道，但一到实际操作就捉襟见肘。在此后向外国借款的过程中，翁同龢毫无与洋人打交道的经验，始向俄法借，吃了大亏再转向英德

借，举棋不定，出尔反尔。一会儿主张“一次性借款一次性偿还”的方案，一会儿又别出心裁向清政府建议发行昭信股票来筹措战争赔款。昭信股票是近代中国第一次发行国内公债，结果发行昭信股票后毫无诚信，无人购买。翁同龢作为朝廷的理财大臣，却是对理财之道几乎一窍不通。

1898 年 3 月 24 日，御史徐道焜上奏指责“昭信股票流弊甚多”，建议清政府“速筹良法，亟图补救”。3 月 29 日，御史何乃莹上奏，这种“屡经有人参奏”的办事大臣不被开缺、不被免职，清王朝要开始推行新政，何以能服人？5 月 25 日，御史王鹏运再上奏折，指责翁同龢“办理洋务，偏执私见，不顾大局，既欲遇事把持，又复性成畏葸”，是“权奸误国”，在外交、财政等各方面都犯有不可饶恕的罪过，将大清王朝推到了一个危险的边缘，他请求光绪帝和慈禧太后为大清王朝未来着想，立即将翁同龢等人“声罪罢斥”，“以弥后患而恃危局”……

一连串的弹劾奏折堆积如山地呈到了光绪皇帝的龙案上，原本德高望重的二朝帝王师，名誉扫地，成了一块人人嫌弃的抹布。翁同龢不仅背上了“办事多未允协”的责任，还要面对“众论不服，屡经有人参奏”的后果。面对如此现状，翁同龢是一肚子的委屈，他在 12 月 11 日的日记中记述道：在朝堂上为自己的主张辩护时，“词多愤激，同列讶之，余实不能不倾吐也”。

吴策力在《翁同龢：内讧之王》中这样评价翁同龢：“一个夸夸其谈的清流，一个善于内斗的庸官。”

4. 守节廉明的清官抑或顽固迂腐的权臣

张荫桓与日本驻华公使矢野文雄的秘密谈话中，有这样一段记录：

> 关于近期德国亨利亲王谒见一节，翁坚拒皇帝与之进行握手之礼。而皇帝采纳其他革新派的意见，当日果然行之。于是，翁对皇帝大放怨言。另外，当外使来访之际，大臣应该陪食飨宴，而翁又拒不出席。翁对诸事之意见都被排斥，其愤怒之心显诸行迹。诸如此类，又成为被罢黜的主要原因。

这段记述从表面看，似乎是小皇帝意气用事，始而对翁同龢言听计从，继而则从一个极端走向另一个极端，对翁同龢的主张有了逆反心理，以致造成“翁对诸事之意见都被排斥，其愤怒之心显诸行迹”。其实细琢磨之，其中恐怕有更深一层的含义：随着光绪皇帝的长大成人，逐渐有了自己的主见，与师傅翁同龢的“墨守成规”发生了观念的冲突。

清王朝在被西方打开门户之后，令人不可思议的是，面临的最大危机竟然是，皇帝接见外使是否有失礼仪。从康、雍、乾，到道光、咸丰、同治，满朝大臣对此争议不休，以至到 1874 年春，主持洋务的李鸿章还得上《关于跪拜礼仪折》，予以辩驳：“圣贤持论，交邻国与驭臣下，原是截然两义。朝廷礼法严肃，中国臣庶所不容丝毫僭越者，非必概责诸数万里外向未臣服之洋人。且礼与时为变通，我朝向有待属国一定之礼，而无待与国一定之礼。……倘蒙皇上俯念各国习俗素殊，宽其小节，示以大度，而朝廷体制自在，天下后世，当亦无敢议其非者。”外国使臣见了中国皇帝下不下跪，成为满朝文武争执不下的焦点问题。为一个跪拜与否，同治皇帝亲政后，竟有 4 个月时间不能按国际惯例接见外国使臣并接受国书。

翁同龢在 1898 年 4 月 24 日的日记中记述道：“是日见起，上欲于宫内见外使，臣以为不可，颇被诘责。……语特长，不悉记，三刻退。触几

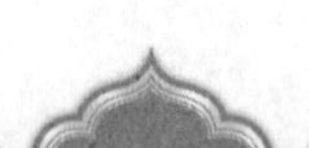

有声……”一向墨守儒家“克己复礼”的翁同龢，自然是儒学礼仪的坚定维护者。光绪皇帝久有进一步改革的愿望，但屡屡受到师傅翁同龢的“谆谆教诲”。1898 年春，光绪皇帝批准外国使臣的车马可以直入禁门，遭到翁同龢的反对。同年 2 月，德国亨利亲王访问北京，光绪皇帝准备在毓庆宫接见，同时批准其乘轿进入东华门，翁同龢仍然阻止，认为不合祖宗礼仪，以致惹得光绪皇帝盛怒，逐条驳斥翁同龢的意见。4 月初，光绪皇帝拟在乾清宫接见外国使臣，翁同龢再次反对。24 日，光绪皇帝重申自己的决定，翁仍然坚持反对。翁同龢与光绪的意见一而再再而三地因相左而发生冲突。从翁同龢的日记中可知，翁同龢与光绪皇帝在“欲于宫内见外使”的问题上，“颇被诘责”，两人冲突的激烈程度，“触几有声”四字已经说得十分清楚。

张荫桓与日本驻华公使矢野文雄的秘密谈话中提到“德国亨利亲王谒见一节”，当时清廷有一件大事正办，即筹备接待德皇王弟亨利亲王。王庆保、曹景郕合著的《驿舍探幽录》一书中，记录有张荫桓接待外国使臣的一段：

> 外国章程有出使游历各国者，各国接待与否，均听其便。此事亦当请旨定夺。嗣奉谕旨接待，著会议。我即向德使商量，据云:“此系我国亲王，与寻常使臣不同。中国既允接待，一切礼仪，当从优异。”我旋即奉明皇上。彼时闻德王至闽、粤等省，乘坐黄轿，此节是我主议不行。旋议定用绿轿黄绊。临时庆邸、礼邸迎至城外，一面电知北洋大臣迎送如仪。旋又奏明太后：太后闻奏，因欲先见德藩。我奏以外国使臣入觐，理宜先见皇上。太后谕谓:“德藩此来，并无国书，与使臣不同，皇上亦可在我处同见。见时令走廊子，不赐座。”

光绪皇帝对接见德国亨利亲王非常重视，内心已倾向于尊重西方礼

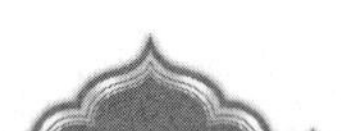

仪，因此与慈禧太后及守旧大臣发生冲突。翁同龢屡屡进言，亦遭到光绪驳斥。

3月13日，翁同龢在日记中记载了奏对此事的经过：

上又云："德亲王进见，在园不便，恐其诣见慈禧，懿旨着在宫内。"

又云："着在毓庆宫，开前星门，于东配殿赐食，准其乘轿入东华门。"

臣对："优待极矣，然有窒碍，毓庆前殿曰惇本殿，东间供孝静皇后御容，万不能辟中间为道路，一也；配殿极隘无容席地，二也；参随无别处可见，三也；前星门近百年未启，框木沉陷，四也；乘轿入门非礼，五也。"

上皆驳之。

礼仪之繁文缛节，两国的重要会见，不商议正经大事，却在细枝末节上纠缠不清，争议不休。

据张荫桓日记记载：亨利亲王入殿门后免冠鞠躬，光绪皇帝站立受礼（由跪拜到鞠躬，也曾经历过一番激烈的争论）。亨利亲王呈上紫瓶一对，在庆亲王的引导下，光绪皇帝走下来与亨利亲王握手，他指定在自己御座右侧摆放一高凳，请亨利亲王坐下。张荫桓拟定了一个谈话"口敕"，光绪皇帝照此一一询问，亨利亲王一一作答后，光绪皇帝再握手送别。

就是对这样会见时的握手，翁同龢却感到犹如受到签订《中日马关条约》一样的奇耻大辱，他对于与外国相近的礼节非但不能适应，而且特别反感。在殿廷之上，他又是大声呵斥，又是要"捆人"。翁同龢的做派，在外国使节看来，与西方的现代文明倒是大大地失礼。翁同龢却认为，光绪皇帝是背离了儒教，向野蛮无礼的夷邦"屈尊俯就"。

关于慈禧太后接见时赐不赐座，也有过一番激烈的争议。为此，庆亲王奕劻、大学士李鸿章、总理衙门大臣张荫桓等人前往车站迎接时就负有交涉、沟通的使命。翁同龢在日记中庆幸地说："彼王似有屈从口气。"张荫桓在日记中长舒一口气："似已如我意。"亨利亲王对不赐座表示理解。亨利亲王在颐和园觐见慈禧太后时，慈禧赐给了丰盛的礼物，但仍未对亨利亲王赐座，认为这关系到清朝的礼制。"失命事小，失礼事大"，王朝再衰弱，也不能"乐崩礼坏"。这是清廷满朝臣子们通过艰巨努力争取到的。翁同龢在日记中慎重地记道："不坐，此屡经辩论始定，庆邸之力。"

翁同龢在日记中对亨利亲王的到访、举止行动都有详尽的记述，特别是对御前的规矩，譬如方位的尊卑、排列之先后、走序的左右、仪仗的规模等。为此，在觐见时多次出现节外生枝的情况：

一、午初亨利到，乘轿直入东华门，有德国卫队二十四人翼护，但为翁同龢所阻。

二、亨利至南配殿后，随员自海清以下十七人，跟随入殿，翁同龢告以此处专为亲王设座，余人在两旁屋中休息，海清等不理。

三、翁同龢告德使翻译官福兰格，卫队应退出宫门，初尚应许，既而不但不退出，并带至南配殿阶下排队。

……

五、德宗坐后，命亨利坐于右首一有垫的高凳上。海清在殿中立，翁同龢等在檐下立。……承旨时，皆一膝下跪。

六、亨利的随员，皆不肯退出南配殿，迫不得已添设座位，一体招待。

……

十二、亨利请庆王、李鸿章、翁同龢题词留念，庆王写"福寿绵长"；李鸿章写"诸事吉祥、四海升平"；翁同龢写"久固邦交"。

与翁同龢并坐洋人，亦请翁题词，翁写“永敦和好”四字……

翁同龢写后自我标榜：“吾意在大局，不肯私祝。”与此类人，实在有些不好打交道。翁同龢并不知自己的迂阔庸腐、自以为是，实实在在误国。《瓶庐诗稿》记录了时人对翁同龢的嘲讽，其中有诗句：“封疆事大疑难决，帷幄谋深智若愚。”评价道：“首将刍藁责司徒。”“司徒”是翁同龢的每每自许。

翁同龢久居官场，宦门深似海，犹如出土文物，全然不觉“洞中方数日，世上已千年”。

可以想见，翁同龢由光绪帝的言听计从到万般皆拒，将会是个什么情绪？据史载，有一次翁同龢与光绪争执到“触几有声”之际，竟怒不可遏地持砚投向光绪，虽未击中，但墨汁溅在了光绪的龙袍上。这大概就是上谕中所说“每于召对时，咨询事件任意可否，喜怒见于辞色，渐露揽权狂悖情状”一段话的潜台词。有研究者把翁同龢的心理原因归根于生理原因：“翁同龢一生多病，18 岁便患严重足疾，‘肝疾’更是折磨了他大半生，甚至彻夜刺痛，寝食难安，虽经多方治疗，却未有明显效果。值得注意的是，他的父亲翁心存也患‘肝疾’，表现为耳鸣头眩，而翁同龢晚年也曾严重耳鸣。可见翁家父子都有严重的高血压病，且翁同龢出生时，翁心存已 40 多岁，翁同龢幼年时母乳不足，代以米汤，原本就有高血压家族病史，再加上先天不足，翁同龢的健康状况可想而知。”“官场压力比较大，翁同龢又有高血压，加上医治无方，常服用人参等补药，且翁同龢应酬多，曾因吃得过饱与过量饮酒而加重病情，这些因素叠加起来，所以翁同龢特别爱生气，在他的日记中，有不少和侍妾、仆人发火的记载。”（北京市统计局编纂：《北京地方志·人民生活志》，北京出版社 2007 年版）

翁同龢对自己的问题看得也很清楚，所以经常去寺庙散心，总提醒自己要静坐，可到了关键时节，还是克制不住情绪，以致发展到对自己

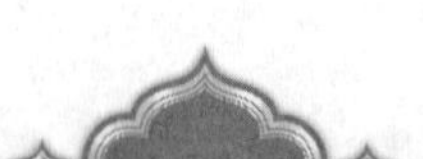

的皇上弟子颐指气使。

客观地评价，翁同龢应该说是大清官场上少见的清廉大臣，其廉洁之名朝野共闻。翁同龢主管户部时，一改过去“固本银”的使用制度。“固本银”是从各省进缴的银两中抽出来供太后私用的一部分钱。他从民生出发，将这项开销撤除了。翁同龢在主持向外国借款中，按照国外惯例有一笔酬金，而他不为所动，当下严词拒绝，在贪腐成风的清廷官场，真正可以称之为“出淤泥而不染”的清官。他的心思在“了却帝王天下事，赢得生前身后名”，因而非常爱惜自己的政治羽毛。

然而事与愿违，决定历史进程的政治场中人，已经不能用个人的人品来评判其对历史的作用，个人的清廉并不能遮掩或抵消其在民族存亡之际的失误。

光绪皇帝面对自己这样的师傅，恐怕也只能“吾爱吾师，吾更爱真理”了。

5. 矛盾的记载正是历史的诡谲之处

翁同龢与康有为在戊戌变法中的关系，史书上一直众说纷纭。我们现在依据的史料除《清史稿》外，主要是康有为、梁启超对于戊戌变法的回忆，以及翁同龢关于此一时期的日记，但三位当事者的说法却大相径庭。

康有为在戊戌变法失败流亡国外后，曾写过一首怀念翁同龢被开缺回籍的诗《怀翁常熟去国》：“胶西警近圣人居，伏阙忧危数上书。已格九关空痛哭，但思吾党赋归欤。早携书剑将行马，忽枉轩裳特执裾。深惜追亡萧相国，天心存汉果何如？”康有为在诗的附注中写道：“胶变（即德国侵占胶州湾事件）上书不达，思万木草堂学者，于 1897 年 12 月 12 日束装将归。先是常熟已力荐于上，至是闻吾决行，凌晨来南海馆，吾

卧未起，排闼入汗漫舫，留行，遂不获归。及常熟见斥，吾又决行，公谓上意拳拳，万不可行。”

康有为在诗文及附注中，记述了他与翁同龢两人的相识相交。1897年冬，眼见得日本捷足先登后来居上，通过甲午战争后的《中日马关条约》在中国获取了极大利益，德皇再也按捺不住，乃命海军远征中国，强行占据胶州湾。西方列强开始了瓜分中国的狂潮。康有为在广州听到此事后，不禁“中夜屑涕，仰天痛哭”，“伏阙忧危数上书”。康有为从1888年第一次上皇帝书，到1898年光绪皇帝宣布变法的前夕，10年间一共上了7次书。他在自己的一首诗中有言“忧时七上皇帝书”。德军强占胶州湾后，康有为赶写了上皇帝的第五书《外衅危迫，分割洊至，急宜及时发愤，革旧图新，以少存国祚呈》。书中写有这样的话语：“譬如地雷四伏，药线交通，一处火燃，四面皆应。”如果不进行改革，那就“上不能保国，下不能保身”，中国已经到了面临亡国亡族的最后关头。他在奏折中提出变法的上、中、下三策：上策是“采法、俄、日以定国是”，即“以俄国大彼得之心为心法，以日本明治之政为政法”；中策是“大集群才而谋变政”；下策是“听任疆臣各自变法”。

康有为亲赴京都将奏折呈送到工部，然而工部尚书松溎是一个顽固守旧的满人贵族，看了大为恼火，拒绝代奏。这份呼吁变法的奏折虽然没有送达光绪手中，但许多官员争相传抄，一时广为流传，天津和上海的报纸也把它刊登了出来。都察院的给事中（谏官）高燮曾看了极为激动，当即通宵不眠，连夜拟折挥就推荐康有为的《请召对康有为片》。奏折中盛赞康有为“学问淹长，才气豪迈，熟谙西法，具有肝胆”，请皇帝召见康有为“垂问国事”，并授予重任。

光绪也深为康有为的变法主张所触动，准备亲自召见，但顽固守旧的大臣们从中阻拦，恭亲王奕訢说：“本朝成例，非四品以上官不得召见，皇上若有所询问，命大臣传语可也。”光绪经过一番踌躇斟酌后，传下圣谕：“原有召见之意，只是有碍祖制而未召见。……特着总理衙门酌核办

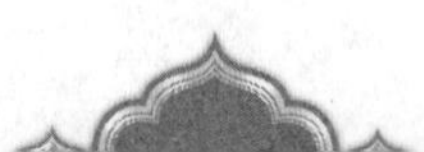

理召见事。”

康有为在《康南海自编年谱》中，有对召见场面的记录：

正月初二日，总理衙门总办来书，告初三日三下钟，王大臣约见，至时李中堂鸿章、翁中堂同龢、荣中堂禄、刑部尚书廖寿恒、户部左侍郎张荫桓相见于西花厅，待以宾礼，问变法之宜。

据康有为自记，1898年1月24日，康有为被召至总理衙门的西花厅。这次问话可以说是一次关于变法的辩论会。荣禄率先开口，谓“祖宗之法不能变”。康有为答：“祖宗之法是用来治理祖宗的领土的，今天祖宗的领土也保不住了，还谈什么祖宗之法呢？”廖寿恒发问：“如何变法？”康答：“宜变法律，官制为先。”李鸿章提出诘问：“然则六部尽撤，则例尽弃乎？”康答，今天是列强并立的时代，不再是从前关起门来做皇帝的局面了。现行的法律和官制都是过去的旧法，造成中国危亡的正是这些旧法，理应废除。康有为唯恐说得过重，大臣们一时接受不了，又策略地退一步说，即使不能尽废，也应该斟酌情形加以改变，新政才能推行。翁同龢一向谨言慎行，避开争执的焦点，只是提问了自己职责内的筹款事宜。康有为也做了回答，日本设立银行发行纸币，法国实行印花税，印度征收田税，成效都很可观。中国地广人众，只要改变制度，税收将比现在增加10倍。

然而，康有为的“伏阙忧危数上书”得到的结果却是“已格九关空痛哭”。几千年来形成的旧体制铁幕，岂是三言五语的空谈辩论可以撕扯开一角？康有为屡屡碰壁，已经心灰意冷，准备“早携书剑将行马”，出游海外。就在这时，出现了戏剧性的转机，“深惜追亡萧相国”，被后世传为佳话的“萧何月下追韩信”的一幕场景再度上演了。翁同龢求贤若渴，礼贤下士，于寒冬的某个凌晨，屈尊到米市胡同圣人居——南海会馆，登门挽留康有为。

《中国近代史丛书》编写组的《戊戌变法》(上海人民出版社 1972 年版)一书，介绍了这次富有历史性意义的一幕：

这时，康有为却得到了另一条门路。光绪帝的师傅翁同龢是户部尚书，并任军机大臣，居于很重要的地位。本来他是一个毫无改革要求的大官僚，在中国被日本战败后，眼看清朝的统治朝不保夕，在西太后的牵制下，又不能有所作为，很想为光绪帝，也为自己，寻找支持力量。他看到康有为的上书，大为触动。这个当朝的一品大员，便降低身份去访问小小的六品主事康有为，没有遇到。康有为受宠若惊，马上回拜了他。会晤中，两人进行了长时间的谈话，康有为详述了维新变法的道理，翁频频点头，并向康有为透露了光绪帝受制于西太后的宫廷内幕。梁启超在《戊戌政变记》一书中，说自翁、康谈话以后，翁同龢“议论专主变法，比前若两人焉”。那是因为，翁同龢懂得了康有为的维新变法主张，大有利于对西太后的夺权斗争。

当然，这段对历史的记述，有着当年褒贬色彩的时代印痕。

康有为在《康南海自编年谱》中，也有对两人相会时翁同龢对他说的一番话：

与君虽新见，然相知十年，实如故人。姑为子言，宜密之。上实无权，太后极猜忌，上有点心赏近支王公大臣，太后亦剖看，视有密诏否？自经文艺阁台见后，即不许上见小臣，即吾之见客，亦有人窥门三巡数之者，故吾不敢见客，盖有难言也。

从康有为的记述看，翁同龢把康有为引为同道知己，颇有一见如故、相见恨晚之叹。

然而，康有为所记述两人间的重要交往，在翁同龢的日记中全无记载，而对于两人的关系，翁同龢的日记里完全变成了另一番面目。

翁同龢在1898年10月13日的日记中记一笔："南海布衣康祖诒上书于我，意欲一见，拒之。"康有为笔下的翁同龢求贤若渴地"萧何月下追韩信"，执意挽留共商变法大计，变成了翁同龢日记中的"意欲一见，拒之"，连见面也遭到拒绝。同一段史实，却是两段截然不同的记载。

历史有时真让人读得一头雾水。

翁同龢在遭到罢黜前20天的日记中还写道：

> 四月初七日（光绪二十四年），上命臣索康有为所进书，会再写一份递进。臣对："与康不往来。"上问："何也？"对以"此人居心叵测"。

高燮曾向光绪呈上奏折后，翁同龢以其老到的官场经验察言观色，看出康有为的奏折打动了光绪皇帝，也顺水推舟地奏请光绪帝破例传旨召见康有为，并在递上奏折时，在光绪皇帝面前为康有为美言了几句，谦恭地说："康才胜臣十倍。"然而在此篇日记的记录中，当光绪"命臣索康有为所进书"，希望看到康有为更多关于变法的文章时，翁同龢却回答："与康不往来。"这倒让光绪颇为诧异：前不久，不正是你翁同龢口吐莲花，把康有为夸成了"一枝独秀"，才几天的时间，竟然自相矛盾，又说康有为"此人居心叵测"。这一前一后，对同一个人的评价判若两人。从翁同龢对康有为看法的变化中，光绪对翁同龢为人的看法也发生了变化。

翁同龢在1898年四月初八的日记中，还有一段记载：

> 上又问康书，臣对如昨。上发怒诘责，臣对："传总署令进。"上不允，必欲臣诣张荫桓传知。臣曰："张某日日进见，何不面谕？"上仍不允。退仍传知张君，张正在园寓也。

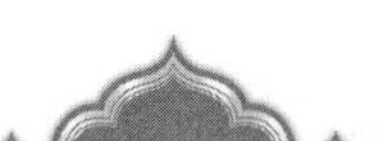

第二天，光绪旧话重提，再次向翁索要康的文章，翁同龢仍然坚持己见，引得光绪“发怒诘责”，翁同龢虚与委蛇地将此事推给总理各国事务衙门“传总署令进”，但光绪仍然寸步不让，必要翁同龢亲自传知张荫桓。翁同龢奇怪地反问皇帝：“张某日日进见，何不面谕？”说来确也有些奇怪，光绪明明可以直接交给张荫桓办的事情，为什么非要多此一举，让翁同龢代为“传知”？

翁同龢在 1898 年 4 月 24 日的日记中有这样一句记述：“又以张荫桓被劾，疑臣与彼有隙，欲臣推重力保之，臣据理力陈，不敢阿附也。”

张荫桓是康有为同乡，长期在总理各国事务衙门任职，曾出使美、日、秘鲁三国，也是一个擅长办洋务的大臣。光绪支持变法维新，张荫桓是光绪准备重用的人物之一，但张荫桓受到一些顽固派大臣的参劾，光绪希望翁同龢能出面“推重力保”，为下一步重用张荫桓扫除障碍。一向唯命是从的翁同龢，这一次却“据理力陈，不敢阿附”，不愿意秉承光绪的意见了。

康有为在《康南海自编年谱》(《近代中国史料丛刊第二辑》，文海出版社 1966 年版）中对戊戌变法所记，在翁同龢日记中都没有体现。史学家考证认为，因为对戊戌变法的态度关乎生命，所以翁同龢在戊戌变法失败后，对这段时期的日记多有删改，而所有保留部分，都是极力要洗清与康有为之间的关系。记述到与康有为的交往，只留初三日众人皆知的会见一事：“传康有为到署，高谈时局，以变法为主，立制度局、新政局、练民兵、开铁路、广借洋债数大端，狂甚。”

翁同龢极力回避康有为是他向光绪所荐，而康有为的记载是：“翁以吾言入奏，上命召见。”翁同龢越是回避，越是给人越抹越黑、欲盖弥彰的印象。《清史稿 · 翁同龢传》里对翁同龢罪状有这样一条认定：“今春力陈变法，滥保非人，罪无可逭。事后追维，深堪痛恨！”戊戌变法失败后，从慈禧太后对翁同龢“滥保非人”的指责中，大概也可坐实翁同龢对康有为的推荐。另外，从档案馆中，翁同龢摘抄康有为上光绪皇帝

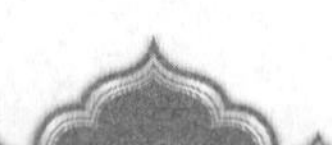

第一书的影印件，也可作为一个佐证。

也有历史学家质疑《康南海自编年谱》中的记载。尽管康有为把与翁同龢会面的场面描述得绘声绘色，似乎让人身临其境，但除了康有为自己的讲述，史书上没有留下任何痕迹。而康有为流亡海外后，出于其政治目的和经济利益，以奉有皇帝的"衣带诏"炫耀，有着造假的前科，所以后世对其所述多存问号。例如，高阳的《翁同龢传》一书中，就对康有为所述翁同龢与他说的那番"贴心话"提出质疑：

> 康有为在后来名气甚大，当时不过一正途出身的工部主事而已，对朝中、宫中情形固甚隔膜；上引杜撰的一段话，至少有两点绝不可能出诸"常熟"之口：
>
> 第一，所谓"上有点心赏近支王公大臣，太后亦剖看，视有密诏否？"此点心即为"克食"，一种用酥油面粉所制的甜点心。在民间谓之"大八件""小八件"。克食为宫中经常祭神之物，故余以分赐王公大臣，此物中可藏密诏，真奇谈之尤。且克食为御膳房所制，莫非膳夫能由德宗指挥，在调制时即将密诏贮于其中？
>
> 第二，德宗如有密诏，必先诏翁，而翁同龢每日或书房，或养心殿辄先有独对之时，德宗如有密诏，何不当面交付？即令诏其他臣工，亦可付翁转交，何必藏于"点心"之中。

久居官场的翁同龢深知伴君如伴虎，言行一向谨饬稳慎，稍有失言失态，在日记中辄自咎责。若如康有为所言，即或曾经接见，岂可能与素昧平生的"狂士"谈论讳莫如深的宫闱秘事？所以有不少史学家认为，翁同龢在光绪皇帝面前保奏康有为一说，一方面是荣禄等反对派在慈禧面前进的谗言，另一方面也是康有为拉大旗做虎皮，自己吹嘘。

扑朔迷离，云山雾罩，这些矛盾的记载，大概正是历史的诡谲之处。

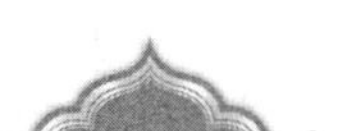

6. 慈禧和光绪对翁同龢的双重误读

《中国近代史丛书》编写组的《戊戌变法》(上海人民出版社 1972 年版)一书，对翁同龢在戊戌变法前后截然不同的态度做了这样的记述：

> 翁同龢接受了康有为的大部分建议。那时有个户部主事陈炽，是翁同龢的僚属，此人在甲午战争前就写过《庸书》《续富国策》等书。宣传维新变法……翁同龢叫他起草了十二道新政诏书，准备请皇帝陆续颁行。老于世故的翁同龢，怕因此触怒西太后，想怂恿在皇族中有很高威望的恭亲王奕訢出来挡风，请他向皇帝面陈。这个曾经主持洋务活动的恭亲王，却断然予以拒绝，翁同龢就更不敢去进行这桩冒险的事了。

一向善于察言观色、见风使舵的翁同龢，游刃于光绪皇帝和慈禧太后的激烈对峙中，他之所以敢冒顶撞光绪皇帝这样的天下之大不韪，一定是经过了反复掂量，只能是两害相权取其轻了。

1898 年即将来临之际，承受过《中日马关条约》的耻辱，谈革新变法成为一种时代的时髦。据梁启超的《戊戌政变记》载，3 年内，在全国设立的学会、学堂、报馆如雨后春笋般冒出来，达 300 多个。康有为也应运办起了京师的强学会。让我们看看强学会成立当年的“豪华阵容”：工部主事康有为是实际发起人，梁启超是书记员，会长是户部郎中、军机处章京陈炽，会员包括文廷式、沈曾植、丁立均等帝国朝廷命官，其中还有后来成为中国近代史上著名人物的徐世昌和袁世凯。给予强学会以丰厚物质资助的有湖广总督张之洞、两江总督刘坤一、直隶总督王文韶等封疆大吏。甚至连李鸿章也表示要捐款，反倒是强学会认为李鸿章是甲午战败的罪人，怎能与这样的奸臣卖国贼同流合污？于是予以坚拒。强学会还得到了西方列强的支持，有的外国驻华使节竟然是强学会的成

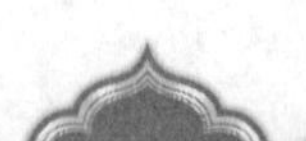

员，比如英国驻华公使欧格纳就是强学会的会员。

在这场风起云涌的改革大势下，翁同龢审时度势，把康有为看作新崛起的潜力股，自然就将赌注押在了康有为的身上。翁同龢也慷慨解囊，捐出 5000 两白银作为政治投资。

然而，此一时彼一时，翁同龢很快就嗅到了风向的转变。

就在翁同龢接过军机处匣钥的 4 月 12 日，帝国的京都再次发生学子上街请愿的游行。事情的起因是入侵山东的德国兵闯入即墨县的孔庙，不知庙中供奉的为何不是耶稣基督，而是这么个白发长胡的老头，于是开玩笑似的弄断了孔子的一条胳膊，又把圣人的眼睛戳成两个黑窟窿。这下可捅了中国读书人的心窝。于是，康有为鼓动，梁启超执笔，写出《圣像被毁，圣教可忧，乞饬驻使责问德廷，严办以保圣教呈》，呈文中写道："若达教即亡，纲常绝纽，则教即亡而国亦从之。"德国人"灭我圣教"的举动是对我民心的一个试探，如果中国人没有反抗，信仰坍塌，国也随之亡了。对于深受儒教熏陶的国情而言，这份呈文有着极大的煽情性。一时在京应试的学子们，热血沸腾，群情激愤，纷纷走上街头向政府请愿示威。

面对莘莘学子的改革呼吁，帝国官员的思维逻辑是：攘外必先安内，防民如防川，如不遏制住这股潮流趋势，小洞不补，大洞尺五，那就是岸坝决堤后的洪水滔天。清王朝的大臣们认为，迂腐文人总是小题大做、大惊小怪，社会出现些问题，仅仅是局部的失误，是时弊而不涉及政体问题，不能因为出现了某些问题就否定国家的体制。"我朝成法，尽善尽美"，帝国的体制是世界上最先进的体制，有着无比的制度优越性。对企图改变国家政治体制的潮流，必须予以坚决的制止乃至不惜流血镇压。

慈禧太后敏感地问李鸿章："这一潮流是否受到了洋人的怂恿和鼓动？"

李鸿章答："不达华情，误以其国士拟之，故容其驻足，然终当悉阙行藏，屏之且恐不及。"洋人们不了解中国的国情，把中国的文人士大夫

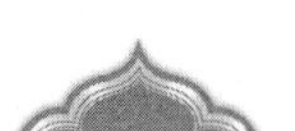

误认为是与他们国家的知识分子一样的角色。等洋人们看清了中国士林之人的本来面目，别说支持，就是躲避都唯恐不及。

苏继祖《清廷戊戌朝变记》有载，那个深得慈禧太后宠爱的荣禄大骂："康有为立保国会，现在许多大臣未死，即使亡国尚不劳他保也。其僭越妄为，非杀不可。你们如有相识入会者，令其小心首领可也。"荣禄一放出恫吓之风，许多追随者便闻之色变，纷纷声明退会。

御史李盛铎原是保国会发起人，此刻摇身一变，上奏参劾保国会，企图免祸。礼部尚书许应骙攻击康有为："逞厥横议，广通声气，袭西报之陈说，轻中朝之典章，其建言既不可行，其居心尤不可问。"（《明白回奏并请斥逐工部主事康有为折》），许应骙的"其居心尤不可问"与翁同龢的"此人居心叵测"何其相似乃尔。

张謇是被后世尊为变革家的风云人物，他在戊戌变法前期，把康、梁、谭引为同道，书信往来，诗词唱和，但当变法形势变得错综复杂之时，话便马上说得模棱两可、含糊其词："在京，闻康有为与梁启超诸人图变政，曾一再劝勿轻举，亦不知其用何法变也。至是张甚，事固必不成，祸之所届亦不可测。"慈禧太后政变发生，光绪皇帝被软禁，张謇马上变脸，与维新派划清界限："余与康、梁是群非党，康、梁计划举动无一毫相干者。"（张謇:《啬翁自订年谱·二卷》，铅印本，1925年）

强学会被查封了。查封强学会的谕旨是以光绪名义下传，有史学家认为此举是慈禧太后强令光绪所下。同情并试图变法的光绪采用了一种比较温和的做法，他把查封变通为改组。强学会改称官书局，强学会主办的《中外纪闻》改头换面为《官书局汇报》。把自生自灭的民间团体偷梁换柱为吃皇粮的官办机构，这是帝国政府收服文人士大夫的一种一用再用并且屡试不爽的绝招。

康有为在《康南海自编年谱》中写道："谤言塞途，宾客至交，皆不敢来，门可罗雀，与三月时成两世界矣。"康有为的记载，印证了时势的风云突变。

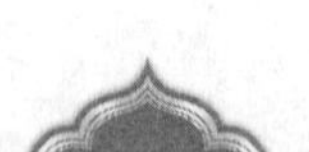

翁同龢在3月24日的日记中记道："饭后忽欲出游，乘肩舆历青龙桥而西，过健锐营，至碧云寺，直登寺后高堂，松声萧然，默坐良久。……未正归，夜卧屡醒。"这段记载，凸显出翁同龢坐卧不安、心神不宁。"默坐良久""夜卧屡醒"的词句，道破了翁同龢内心对改革维新之事充满徘徊、彷徨的矛盾，有着翻江倒海般的激烈思想斗争。

首鼠两端，瞻前顾后，久历官场的经验教训，融化渗透陶冶了翁同龢的性格。类似的记述，在翁同龢的日记中屡有体现：

> 正月十一日，因专索沂州一路，推论及余种种与之为难，候李中堂病痊再商云云，余于召对时奏之，上意仍欲派臣往彼馆论说，臣言此举无益乃罢。
>
> 正月十二日，入对语极多，仍饬余赴海使今日之会，臣未敢奉诏也……
>
> 正月十五日，早晨，上又催赴德馆，臣顿首力辞，邸不谓然，无以难余，乃派李鸿章、张荫桓，令庆邸传旨……

"臣言此举无益乃罢""臣未敢奉诏""臣顿首力辞"……翁同龢兔子兜圈、黄花鱼溜边，见了矛盾绕道走，对光绪的重托，找各种借口一推六二五。君王用臣，养兵千日，就是让你关键时刻去扛炸药包堵枪眼，即便粉身碎骨你也得奋不顾身地去捐躯，岂能容你推三阻四、拈轻怕重？翁同龢依仗自己帝王师的身份，一而再再而三地违旨抗命，这大概正是光绪在上谕中所说"多不恰"之语的由来。

李鸿章对变法维新阵营的组成，曾说过一句一针见血的话："此曹皆书院经生，市井讼师之流，不足畏也。"秀才造反，十年不成。被后世赞誉为戊戌变法中坚的翁同龢的态度，已经昭示了晚清这场变法维新必然失败的结局。

正是在这一大背景下，翁同龢面对光绪的质问，回答说："人之心术，

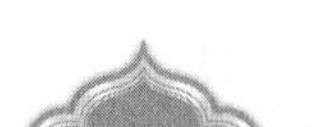

能否初终易辙，臣异未敢深知。”当光绪质问翁同龢为什么“前此何以不说？”翁同龢的回答是：“臣近见其《孔子改制考》知之。”

康有为的《孔子改制考》否认传统所称孔子“述而不作”的说法，认为《春秋》及其他儒家经典都是孔子“托古改制”编造出来的社会政治思想。把自己设想要建立的制度，托为古代曾经实施过，借此争取人们的信服。康有为说孔子是布衣，“布衣改制，事大骇人，故不如与之先王，既不惊人，自可避祸”。言下之意，他康某也可以托古改制。军机大臣孙家鼐评价康有为：“才华甚富，学术不端，所著《孔子改制考》最为悖逆。”

翁同龢早在1894年第一次读到康有为的著作。翁同龢在5月2日的日记中有记：“看康长素（祖诒，广东举人、名士）《新学伪经考》，以为刘歆古文，无一不伪窜乱王经，而郑康成以下皆为所惑云云，真说经家一野狼也，惊诧不已。”

《新学伪经考》与《孔子改制考》一样，是康有为的两大根本学说。《新学伪经考》认为，东汉以来的经学系刘歆所伪造，刘歆篡改经学以服务于王莽新朝，故称新学。所以后人所称汉学为新学，即伪经，非孔子之典籍，从而产生了今文经和古文经两派。康有为引用经传，编造变法理论，来开展他的政治活动，为变法维新扫清障碍，并起到思想解放的作用。正因为康有为公然把历代奉为神圣的孔子经典说成是假货，引导读书人去怀疑现实，在客观上打击了死守祖宗家法的顽固势力，因此，这两部书一再遭到清政府的禁毁。

翁同龢虽然也是公羊学的研究者和宣讲者，但他并不赞同康有为的“孔子改制”与“新学伪经”。翁同龢在1898年10月27日的日记中写道：“盛伯羲以康祖诒封事一件来，欲成均代递，然语太讦直，无益只生衅耳，决计复谢之。”翁同龢敏锐地感觉到康有为的书中，“语太讦直”，代奏给朝廷只恐“生衅”，所以断然拒绝了为康有为代奏。

康有为的门人张伯祯在《南海康先生传》一书中，记载了康有为的

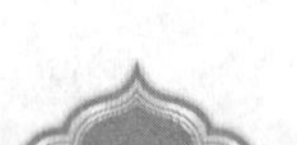

讦直之语：

> 兵弱财穷，节颓俗败，纪纲紊乱，人情惰偷，上兴土木之工，下习宴游之乐，晏安欢娱，若贺太平。
>
> 上下内外，咸知天时人事，危乱将至，而畏惮忌讳，箝口结舌，坐视莫敢发。
>
> 事无大小，无一能举，有心者叹息而无所为计；无心耻嗜利而藉以营私，大厦将倾而处堂为安；积火将燃而寝薪为乐。
>
> 顷奇灾异变，大告警厉，不闻有怵惕修省之事，而徒见万寿山、昆明湖土木不息，凌寒戒旦，驰驱乐游；电灯火轮，奇技淫巧，输入大内而已。天下将以为皇太后、皇上拂天变而不畏，蓄大乱而不知，忘祖宗艰大之托，国家神器之重矣。

对于任何腐朽败落的王朝而言，说出现状的真实，必然被视为讦直之语，如那个戳穿皇帝新衣的童言无忌。

一向被认为是讲究西学、支持变法维新的湖南巡抚陈宝箴，也做如是评价：“《孔子改制考》伤理而害道，其徒和之，持之愈坚，失之愈远，嚣然自命，曾为康学。而民权平等之谈炽矣，甚或逞其横议，几若不知有君臣父子。”儒家奉为至理的是君君臣臣的“三纲五常”，争取的只是恢复皇帝的亲政权力，并不赞同当时变法派提倡的民权。帝党的另一中坚孙家鼐说得更为明确，他反对召开国会，认为“若开国会，则民有权而君无权矣”。（康有为：《戊戌奏稿》，文海出版社 1982 年版）

其实，参照翁同龢起草的《明定国是诏》和之后光绪颁布的一系列涉及帝国经济、文教、军事，以及政体各个方面的变革令，就会发现其中发生了许多激进的变化。同为改革派也有程度深浅之分：戊戌年间的政治改革，或名之“变法”，或谓之“定国是”，或叫作“维新”，所蕴含的意义不同。“变法”为康梁的主张，改革的幅度大，属激进派改革；“定国是”是为“守旧图新”，改革的幅度较小，属于小修小补，当时大臣们

多持这一看法；而“维新”则是“周虽旧邦，其命维新”，有着除旧布新，新旧两个阵营对垒的意味。要效仿商周时期的周文王，直同鼎革，矛头是直指慈禧太后了。

改革从某种意义上而言，是一场权力格局的再分配，是一次你沉我浮、你死我活的大变局，自然不能是一盆温吞水，“破字当头”，“立”字才能寓于其中。但在改革的方式、步骤上，改革派阵营却大相径庭。翁主张缓进，且不以西化为然，而光绪皇帝在康有为、张荫桓等的鼓动下，恨不能毕其功于一役。这大概是任何年轻而希图有所作为的少主都存在的理想主义情结。“一万年太久，只争朝夕”，却不明白“企者不立，跨者不行”“欲速则不达”的悖逆逻辑。

光绪犯了一个低级错误，他想在垂帘听政的大框架下，我是皇帝我做主，能由他决定什么人来管理帝国的改革。

康有为《康南海自编年谱》中有一段记录：“上时决意变法，使庆邸告西太后曰：‘我不能为亡国之君，如不与我权，我宁逊位。’西太后乃听上。……吾乃上书常熟，促其亟变法。”

光绪竟然幼稚地委托性格懦弱的庆亲王奕劻转告慈禧，奕劻是慈禧太后的心腹，他转告光绪帝的话时，随加贬斥，使慈禧太后当即暴跳如雷，说：“他不愿坐此位，我早不愿他坐了！”她想到光绪帝才 4 岁时，自己就扶他登基，你这皇帝是如何当的？现在这不知天高地厚的外甥，倒想要从自己手上夺权了。慈禧太后不禁悲怒难抑，当着庆亲王的面失声痛哭起来。（苏继祖：《清廷戊戌朝变记》《戊戌变法》第一册，广西师范大学出版社 2008 年版）

慈禧太后支持变法有一条底线，光绪在下决心变法之前，曾到颐和园叩见慈禧太后请旨，慈禧对光绪说：“凡所施行之新政，但不违背祖宗大法，无损满洲权势，即不阻止。”还曾明确表示：“苟可致富强者，儿自为之，吾不内制也。”慈禧太后有一条铁的准则是必须严守的，即“师夷之长技”可以，但“祖宗之法不可变”。

明明是一个被人扶上台的牵线木偶，却要挣脱绳索，获得特立独行的生命，得意忘形之际，忘却了牵动命脉的那根线是操纵在谁的手里！在帝党后党这场争权夺利的较量中，谁胜谁负昭然若揭。

帝党支持变法的大臣们一见形势有变，顿作鸟兽散。

顽固派是铁板一块，改革派却是一盘散沙。这就注定了在一个专制独裁的封建王朝，任何改革维新的尝试终将举步维艰乃至中途流产。

“城门失火，殃及池鱼”；“倾巢之下，岂有完卵”。翁同龢成为戊戌变法的第一个牺牲品。

慈禧太后误读了翁同龢，认为是他带坏了光绪，只有清君侧，才能制止光绪的激进行为，而光绪皇帝也误读了翁同龢，认为他成为变法维新的阻力，只有拿掉他才能使变法维新顺利进行。在这种双重误解之下，光绪与慈禧太后在看待翁同龢的问题上，阴差阳错地达成了一致。

生存于两大板块的夹缝之中，想着两面讨好，左右逢源，结果却落得姥姥不亲，舅舅不爱，光绪和慈禧太后都抛弃了翁同龢。

尾声：破山中贼易，破心中贼难

《红楼梦》中有句话：“机关算尽太聪明，反误了卿卿性命。”

金梁在《四朝佚闻》中对翁同龢评价说：“翁好延揽而必求为己用，广结纳而不能容异己。”费行简的《名人小传》中评价翁同龢：“临事喜纳群言，而不能别其是非，持论不免两歧。”当局者迷，旁观者清，两人把翁同龢的短处说得很透彻。

翁同龢自 1889 年被“开缺回籍”，本应万念俱灰了，谁知不然，他还心存随时可能复起的念头。他在 1900 年 5 月 16 日的日记中记道：“昨梦益奇，盖神驰魏阙也。”翁同龢身在江湖，“神驰魏阙”，“处江湖之远则思其君”，至死也放不下他心中的从政情结。

翁同龢七月十七日日记载："五更月上，静思三十七年前滦阳事，不禁魂断。" 37 年前，正是文宗咸丰帝热河驾崩之年。翁同龢回忆起当年辛酉政变之事，37 年来家门盛衰，宦海风波，自不免有无穷感慨。

此一时期，翁同龢的日记中多见"竟日烦懑不可当""触目悽然，终日昏昏""闷坐无聊"等字样。翁同龢一直翘首以待，盼着慈禧太后的一声召唤。

然而从 1889 年罢黜到 1904 年去世，翁同龢等待中的"戈多"始终没有出现。

盼星星盼月亮，有一天，翁同龢偶然阅报时得悉一恩谕："以今年庆典，凡戊戌案内革职人员皆开复原官，监禁交地方官管束者，概释。"翁同龢心中又升起一丝希望。

然而还是没有，还是泥牛入海，杳无音讯。

翁同龢晚年定居的地方叫白鸽峰，他亲撰的春联是："老骥思千里，鷦鹩足一枝。"幽郁困顿之中，他仍思奋蹄展翅之时。

翁同龢临终前，口占绝笔诗一首："六十年中事，伤心到盖棺。不将两行泪，轻向汝曹弹。"

翁同龢壮志未酬，死不瞑目。

1904 年，翁同龢去世。消息传到北京，庆王循例请示丧葬典礼规格，光绪竟至盛怒，"历数翁误国之罪，首举甲午主战，次举割青岛。太后不语，庆王不敢再言，故翁无恤典"。翁同龢身后连一个风光的葬礼也未能获得。

翁同龢可能至死也想不明白，自己谨小慎微、瞻前顾后地侍候清王室，最后怎么竟落了个如此凄凄惨惨戚戚的结局。

和珅
还魂时空『叠加态』的

引子：从薛定谔的猫说起

和珅的形象已经通过多部电视连续剧让人们得以认识。《宰相刘罗锅》和《铁齿铜牙纪晓岚》中，把一个贪婪、奸佞、油滑，善于察言观色、见风使舵、溜须拍马的和珅形象，植入了亿万观众的记忆屏幕。而此后，在电视连续剧《乾隆王朝》中，和珅的这一形象被颠覆了。和珅变身为一个正面角色：编撰《四库全书》，发掘解禁《红楼梦》，对中华文化的传承起过举足轻重的作用。他作为钦差大臣，数次巡视地方，高举反腐倡廉之旗号，是一个忧国忧民、铁腕无私的正义者化身……

乾隆皇帝把和珅引为股肱，须臾不离左右，称赞其："承训书谕，兼通清汉。旁午军书，唯明切断""赐爵励忠，竟成国干"（《平定台湾二十功臣图赞》）；还说"臣工中通晓西番字者殊难其人，唯和珅承旨书谕，俱能办理秩如，勤劳书旨，见称能事"（《平定廓尔十五功臣图赞》）。把和珅夸赞成是精通数种文字、办事干练的国才能臣，而当嘉庆皇帝接班后，圣颜大变，谴责"和珅种种悖妄专擅，罪大恶极，于法实无丝毫可贷”，并罗列出二十大罪状，双倍的“十恶不赦”。真可谓，一朝天子一朝臣，两代帝王两重天。

与和珅同朝为官的军机大臣于敏中评价他：“此人奸险古来稀，吾欲除之而后快。惟其善测上意，宠冠诸臣，难以除之。”薛福成评价他：“性贪黩无厌，征求货财，皇皇如不及。督抚司道畏其倾陷，不得不辇货权门，结为奥援。”

而另一位老资格的军机大臣、户部尚书冯英廉评价和珅：“机敏且善察言观色”，“相貌白杳而英俊，少有大志，他日前途不可估量”。并把自己视如掌上明珠的孙女倒贴了嫁妆许给和珅。当时名冠朝野的大文豪袁枚评价和珅用了“擎天兼捧日”一语，还有诗赞曰：“少小闻诗礼，通侯及冠军。弯弓朱雁落，健笔李摩云。”英国使臣马戛尔尼在回忆录中则称和珅为“中国首相”“成熟的政治家”。

同一个历史人物，“横看成岭侧成峰”，换一个视角，就完全换了一张面孔。由于和珅是被嘉庆皇帝一条白绫赐死的，所以《清史稿》中，如何盖棺定论撰写《和珅传》，给史官们出了个难题。“仁宗以事迹疏略，高宗数加谴责，阙而未载，无以信今传后，褫编修席煜职，特诏申戒焉。”史官们殚精竭虑、呕心沥血，仍摆脱不了落入两难境地：如果颂扬了嘉庆皇帝“英明决策”，一举解决了和珅问题，就难免顾此失彼，把宠用和珅长达 20 多年的乾隆皇帝推到昏君的境地。尽管下笔踌躇，有着诸多忌惮与避讳，写得吞吞吐吐、前后矛盾、云山雾罩、语焉不详，但仍受到了嘉庆皇帝的怒斥，甚至连起草的翰林都被罢了职，险些要了命。

清廉与贪婪、干练与庸碌、真诚与虚伪、挚爱与花心……和珅究竟是一个潇洒俊美的小生形象，还是一副贪婪奸佞的丑角嘴脸？这些极其矛盾对立的概念在同一人身上奇妙地交织共融。无论哪一种形象的和珅，其实都有着正史或野史作为依据（其实未必正史就准确，野史就一定是戏说，当历史由胜利者书写时，野史往往真实地反映了民间记忆）。

当把某个特定历史长河中的人物剪裁为生存空间的三维立体图像

时，由于缺失了时间的维度，也就缺失了历史的真实。只有展现人物意识流在不同时段诸多简单平面印象的叠影和组合，才会使我们对人物的认识，超越对立概念的狭隘框架。时间展示的是生命的流动状。

量子力学的创始人薛定谔曾做过一个实验：把一只猫放进一个封闭的盒子里，盒子接到一个装置上，这个装置包含一个原子核和一个毒气阀。原子核有 50% 的可能性发生衰变，衰变的时候就会发射出一个粒子来，这个粒子一发出来就会触发毒气阀，于是毒气就会杀死这只猫。这就是被称为薛定谔的猫，猫是处于一种既死又活的叠加状态。

薛定谔的猫究竟是死是活？处于不确定状态。就是说，一个生命在某个节点上是确定的，但生命是一个过程，往往处于不同的叠加状态。自然界原本是浑然天成处于混沌鸿蒙之中，是人的意识一旦参与到量子力学的系统中，它的波函数就坍缩了，猫就由亦死亦活的模糊状态，变成为非此即彼的确定状态。

《楞严经》有言："性觉必明，妄为明觉，本觉明妙，觉明为咎。"《楞严经》的智慧，扑朔迷离却又清晰准确地把意识和测量的关系说了出来。丹麦哲学家克尔恺郭尔也英雄所见略同，以他缜密而充满辩证的亦此亦彼的哲学思维，把叠加状态的量子物理现象用哲学概念予以表达。哲学家的思维总会超越他的时代。

现代科学家们已经开始认识到，意识是一种量子力学现象：大脑中有海量电子，它们处于复杂的纠缠状态。意识就是大脑中这些处于纠缠状态的电子在周期性的坍缩中间产生出来的。这些电子不断坍缩又不断被大脑以某种方式使之重新处于纠缠状态。这就是现代量子意识的一种基本观念。意识是一种量子力学现象。

唐代张拙有诗句描绘了这种境界："一念不生全体现，六根才动被云遮。"

当我们试图用某种固定模式的观念去衡量一个具有复杂思维的人时，我们就落入了被海森伯称为测不准原理的陷阱。当你越是精确地描

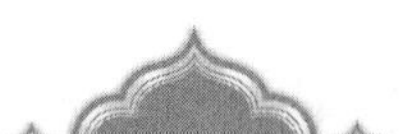

绘了某人某一面特性的时候，同时也面临抹杀他另一面特性的危机，而正是两重性的对立和矛盾，才构成一个活灵活现、有血有肉的人。

雨果有一句被人们频繁使用的名言：“有一种景象比海洋更壮观，那就是天空；有一种景象比天空更壮观，那就是人的内心世界。”每个人的灵魂都是一座迷宫，一个司芬克斯之谜，一道哥德巴赫猜想。

伏尔泰有言：“写出灵魂的历史。”

1. 机会只赐予有准备的人

清朝的正史和野史中，留下了许多和珅阿谀谄媚的劣迹。

电视剧《宰相刘罗锅》中有一个情节：为了讨乾隆欢心，和珅竟然像条狗一样趴在地上，绕着书案团团转，并吠吠地学着狗叫，逗得皇上放声大笑。

《和珅秘传》中记载：十公主是在 1775 年正月出生，这一年乾隆已经 65 岁。任何一个晚年得子的老人都会把这迟来的爱视若珍宝。和珅清楚十公主成为乾隆的掌上明珠，于是刻意讨乾隆开心，经常像个菲佣一样引逗小公主发笑，教她学走路，趴在地下给她当马骑。每逢外出归来，总记得给十公主带几样“好”东西，诸如会说话的鹦鹉、温顺地摇着尾巴的金巴狗等。

和珅知道乾隆是个孝子，所以总会想尽一切办法让皇太后高兴。每逢皇太后寿诞之日，和珅虽然已经是朝廷重臣，仍会一如昔日当轿夫时，与侍卫们一起，亲自抬皇太后的凤辇。

《和珅秘传》中还记载：“乾隆极讲养生之道，每到冬天都要学白居易，脊背向日，叩齿生津。乾隆已显老态，嗑着瓜子，嘴角流出涎水来，和珅不时为他擦着，并随时接着乾隆吐出的瓜子皮。”还有一处细节：“乾隆口谕完毕，使劲地朝地上啐了一口，和珅眼明手快，急忙起身掏出手

绢，不等唾沫落地，就在半空中牢牢接住，动作之迅猛，接法之高超，令在座的几位大臣都看得目瞪口呆。”

传记中的这些描绘，也许在文字上有所修饰夸张，但显然都有史实依据。《清实录》中就有这样的记载：“皇帝每有咳唾，和珅则以溺器进之。”而从朝鲜《李朝实录》的描述中也可作为佐证：“和珅虽贵为大学士、军机大臣，但每当皇帝咳嗽吐痰的时候，他就马上端个痰盂去接。”

和珅的如此做派，当然令满朝大臣所不屑。《和珅秘传》中就描述了内阁大学士阿桂对和珅做派的反胃：“只觉得心中阵阵恶心，上午吃下的美味佳肴在肚里翻滚都快要呕吐出来了。”礼亲王昭梿在《啸亭杂录》的回忆中也不屑地称和珅：“虽极人臣，然殊乏大臣体度，好言市井谑语，以为嬉笑。尝于乾清宫演礼，诸王大臣多有俊雅者，和相笑曰：‘今日如孙武子教演女儿兵矣。’”有一次，安南国王向乾隆进贡一座金狮象，和珅先接过来准备转交给乾隆，他发现底座是空的，故意很认真地说：“惜其中空虚，不然可得黄金无算也。”和珅在乾隆身边常常会脱口而出一些粗俗然而不失风趣的市井幽默之语，逗得乾隆和在场的人都哈哈大笑。

一般位高权重的大臣，深受儒家礼仪教诲，自然是道貌岸然，正襟危坐，老成持重，不苟言笑，即使向皇帝呈递奏章，也是既有颂扬的一面，也有诤谏的一面，时时刻刻注重维护臣子的尊严，掌握诸事的分寸，从来是不出格、不逾矩。因此对和珅如此失却体统地逢迎君王，实在有些看不惯。和珅俨然成为东方朔笔下的一个俳优弄臣的形象，甚至更有甚者认为和珅是乾隆的面首。

众口铄金，于是后世产生一个错觉，认为像和珅这样只会溜须拍马之辈，之所以获得皇帝的信任，一定是皇帝被蒙蔽了眼睛。这样对历史人物的描绘，也带来了顾此失彼的问题：乾隆不是个昏愦庸碌之君，而是号称有“绝世文才，十全武功”的一代名君，可不是那么好糊弄的。爱听好话是人性的普遍弱点，所谓的真龙天子也不过凡夫俗子。但乾隆

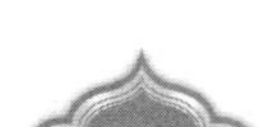

皇帝心机深重，敏感睿智，若做大臣的天天在皇帝面前溜须拍马、阿谀奉承，甚至说一些一听就让人肉麻的虚妄不实的谀辞，很有可能被爱面子的乾隆斥责一顿，甚至引起反感和警觉。《清史稿》《清实录》中就有不少因在乾隆面前耍小聪明，马屁拍到了马蹄子上，招致“圣颜大怒”而几乎丢了性命的大臣。再说，乾隆朝可谓人才济济，朝中大臣各个身怀绝世本领，名垂千古的就有好几个。大学士阿桂几朝元老，战功赫赫，在朝中不怒自威；才高八斗的刘罗锅刘墉更是出身名门，智慧超群；还有才华出众，满腹经纶，主编《四库全书》的纪晓岚……可以说与和珅同朝为官的大臣是群星闪耀，和珅要在这样的豪华阵容里出类拔萃，没有些真才实学还真不行。

王辉《和珅全传》记载：1770 年，和珅初入朝廷，担任的只是一个銮仪校卫。銮仪校卫是个什么职位？负责皇帝仪卫排列及承应诸事，说穿了就是给皇帝抬御轿的轿夫。经过两年的努力，因为和珅的机灵、有眼色，得到了总管查旭栋的赏识，被破格录用到尚虞备用处任柏唐阿。当时皇宫的侍卫处共有一等侍卫 60 人，二等侍卫 150 人，三等侍卫 260 人，蓝翎侍卫 90 人。这些侍卫的官职都很高，分别为正三品、正四品和正五品。能够担任这些侍卫的都是清一色上三旗子弟。和珅隶属正红旗，只属于满洲八旗的下五旗。按清朝的规定，皇帝身边的侍卫都要从上三旗选拔，而下五旗的子弟只配去王府当护卫。当年和珅可以进入皇室侍卫队，已经是得到了夫人爷爷冯英廉的鼎力推荐，而现在升任的尚虞备用处柏唐阿，比蓝翎侍卫还要低一等，可以说是替上三等侍卫跑腿的人。但是因为可以随侍皇帝身边，最为贴近皇上，所以被认为“近水楼台先得月，向阳花木早逢春”，是最容易承受皇上春风雨露的职位。

和珅升任尚虞备用处柏唐阿后，有题诗言志：“纵马凌云去，弯弓向月看。莫嗟行役苦，时接圣人欢。”和珅清楚，这是一个再好不过的平台，可以有着众多被皇上发现的机会。和珅饱读史书，尤其关心本朝历史，

知道康熙朝的索额图就是从侍卫开始腾飞；乾隆朝前期的傅恒，也是从蓝翎侍卫而一步步登上内阁大学士……和珅未雨绸缪，犹如一艘蓄势待发的火轮，随时准备驶向心中期盼已久的目标。

清人陈康祺在《郎潜纪闻》中记述了和珅机遇偶得的一个细节：

> 一日警跸出宫，弘历在舆中阅边报，有人奏报一要犯逃脱，弘历大怒，口诵《论语》中“虎兕（sì）出于柙，龟玉毁于椟中，是谁之过与？”扈从的校尉官员均不知所云，独和珅说：“爷（内臣称皇帝皆谓爷或佛爷），谓典守者不能辞其责耳。”弘历听到后，顿时解怒，问：“汝读《论语》乎？”和珅答读过。

《郎潜纪闻》中所记，是指乾隆在颐和园坐着车舆游赏春光时，忽听得一名侍卫急匆匆走到驾前，奏道：“云南急呈奏本，缅甸要犯逃脱。”乾隆接过奏章，脱口而出《论语》中的这句话。“兕”指雌性犀牛。“老虎和犀牛从笼子里跑出，（占卜用的）龟甲和（祭祀用的）玉器在匣子里被毁坏，这是谁的过错呢？”乾隆发问得突然，一时周围的侍卫们都目瞪口呆，不知道皇帝说的是什么意思。他们只见龙颜大怒，一个个噤若寒蝉，谁还敢多置一喙。这时，和珅说了：“当然是守卫者难逃其责。”

乾隆闻声望去，看到发出清亮声音的侍卫是一个风流倜傥的英俊小生，乾隆眼前一亮。英国使臣马嘎尔尼在《乾隆·英使觐见记》中有一段对和珅的描述：“相貌白皙而英俊，举止潇洒，谈笑风生，樽俎之间，交接从容自若，事无巨细，一言而办，真具有大国宰相风度。”乾隆是颇有些以貌取人。邓之诚在《骨董琐记》卷三《乾隆时侍从之臣》的记载可以佐证：“于是大臣向用，颇以貌取，文达貌寝短视，且江北人，故不为纯皇所喜。”纪晓岚字文达，相貌丑陋且近视，长得有些对不住乾隆盛世。所以乾隆皇帝看着不顺眼，只打发他坐冷板凳去修史，也算发挥了他的一技所长。

在一帮看似四肢发达、头脑简单的御前侍卫中，竟然还有人读过《论语》，而且能应对自如，乾隆自然刮目相看。他不由得进一步问和珅："想你一个仪卫差役，却也知道《论语》，你念过书吗？"和珅恭恭敬敬地回复皇上，说自己曾经是咸安宫官学的学生。

薛福成在《庸盦笔记》中提供了另一版本：

> 一日大驾将去，仓卒求黄盖不得，高宗云："是谁之过与？"各员瞠目相向，不知所措，和珅应声曰："典守者不得辞其责。"高宗见其仪度俊雅，声音清亮，乃曰："若辈中安得此解人？"问其出身则官学生也……

在这一版本中，罪犯逃脱变成了乾隆帝准备出外巡视，侍从官员准备仪仗，匆促间找不到仪仗用的伞盖，急得不知道怎么办才好。乾隆帝非常生气，吐出了《论语》中的这句话，内容大同小异。《秦鬟楼谈录》一书中也有类似的情节记述，"三言成虎"，可见历史上发生过这样的事情。

为了这一刻，应该说和珅是经过了 16 年的等待。和珅 9 岁进入咸安宫官学读书，这是一所京城的贵族学校。吴振（嘉庆、道光年间的云贵总督和翰林院编修）在其所著的《养吉斋丛录》中，对这所贵族学校有介绍："咸安宫官学，在大内西华门内，为八旗官员子弟读书处。总裁以满汉翰林各二员充。其后由掌院派充，满二员，汉四员。按日稽课，西配殿读满洲书者，则满总裁稽之。"在该校担任讲课的教师主要由翰林充任，至少也得是进士、举人出身者。咸安宫官学的学生，一个个背景都绝非等闲之辈，必得是八旗贵族子弟。

和珅在诸同学中更是鹤立鸡群。按照清朝规制，八旗子弟因为可以世袭父职，用不着"学而优则仕"，所以大多数无心读书求学，终日沉浸在花天酒地、纸醉金迷之中。他们养尊处优、醉生梦死，整日提笼遛鸟、狩猎放鹰，进出于酒楼戏院、花街柳巷之地，彻底沦为纨绔子弟。和珅与这

些终日游手好闲的八旗子弟截然不同，他是少有的有志向之人。

由于和珅的博闻强记，在咸安宫学习期间，他不仅把传统汉学的典籍背诵得滚瓜烂熟，而且还精通满汉文字。此外，他还掌握了蒙古文和藏文以及西域秘密咒语。和珅还是个有心计之人，他除了钻研学校规定的课程，还特别给自己加了不在咸安宫官学授课内容之列的两门“必修课”：乾隆的诗联文章和乾隆的书法字体。和珅心想：我将来万一要遇到当今皇上，万一能攀谈两句的时候，我和珅得有话可说，我得让皇上觉得，普天之下，只有我对皇上最为了解，唯有我是知音！

乾隆大喜过望，眼见和珅不仅长得一表人才，而且还是咸安宫官学出身，有心进一步考察他一番，问道：“你知道‘虎兕出于柙，龟玉毁于椟中’语出何处吗？”和珅答道：“《季氏将伐颛臾》。”乾隆饶有兴致：“你且说说，《季氏将伐颛臾》是个什么意思？”

和珅出口成诵：“丘也闻有国有家者，不患寡而患不均，不患贫而患不安。盖均无贫，和无寡，安无倾。夫如是，故远人不服，则修文德以来之。既来之，则安之。……邦分崩离析，而不能守也，而谋动干戈于邦内。吾恐季孙之忧，不在颛臾，而在萧墙之内也。”孔圣人教诲说，士大夫都有自己的封地，他们不怕得到的少而担忧分配不公平，不怕守清贫而担忧不安定。财物分配公平合理，就没有贫穷；上下和睦，就不必担心人少；社会安定，国家就没有倾覆的危险。依照这个道理，远方的人不归服，就发扬文治教化来使他归服；吸引天下之民归顺，就要使他们安居乐业。……国家四分五裂而不能保持它的稳定统一，反而只图谋同室操戈。我恐怕季孙氏的忧虑，不在颛臾，而是在鲁国内部。和珅从容不迫地背诵完原文说：“这是一篇强调修文德、重教化的文章。内忧危于外患。”说着连忙跪拜在地，不迭声地说“奴才浅薄”“奴才罪该万死”。

和珅千年等一回，学那个在河边垂无钩之钓的姜子牙，守株待兔，终于等来了上钩的皇帝。

机会只留给有准备的人。

乾隆喜欢上了这个机敏而且有眼色的和珅，当即升和珅为御前侍卫（贴身保镖），以便随时可以看到这个赏心悦目、讨人欢心的年轻人。

王辉所著《和珅全传》中，讲述了和珅又一次让乾隆惊叹之举：

乾隆四十年（1775）十一月，这天，乾隆正在圆明园的水榭上读书，和珅随侍在侧，不知不觉中天色暗了下来。乾隆看不清手中的《孟子》上朱熹的注解了。朱熹的注解是用小字排在《孟子》的原文之下。乾隆吩咐："来人，拿灯来，这行字朕看不清了。"

"不知皇上看的是哪一句？"和珅躬身道。

"人之道也，饮食暖衣，逸居而无教，则近了禽兽。圣人有忧之使契为司徒，教以人伦。"乾隆说道。

"吉水土平，然后得以教稼穑；衣食足，然后得以施教化。后稷。树，亦种也。艺，殖也。契，音薛，亦舜臣名也。司徒，官名也。人之有道，言其皆有秉彝之性也，然无教，则亦放逸怠惰而失之。故圣人设官而教以人伦，亦因其固有者而道之耳。《书》曰：'天叙有典，敕我王典到哉！'世之谓也。"和珅不假思索，一口气将朱子的注疏背了下来。

和珅又一次让乾隆刮目相看。没想到一个年轻人熟悉四书五经，竟有如此的功底。

《清稗类钞·异禀类》中有记载："和记性绝佳，每日谕旨，一见辄能默记，乃至中外章奏连篇累牍，仓猝批阅，皆能提纲挈领，批却导款，以故与闻密勿，奏对咸能称旨。此所谓才足济奸，聪明误用者矣。"清人《随园诗话补遗》卷十中也有记载："和珅聪明绝顶，口才便利……虽是小人，却有本领。"可见和珅过目成诵，博闻强记，有着非同凡响的记忆力。

《归云室见闻杂记》中有这样一段记载：

1775年，乾隆皇帝巡幸山东，和珅扈从。乾隆喜欢乘坐一种骡子驾

驭的小车，“行十里，一更换，其快如飞”。有一天，碰巧和珅跟这种小车随从侍卫，于是有了君臣二人下面的一段对话：

> 上问：是何出身？
>
> 对曰：文员。
>
> 问：汝下场乎？
>
> 对曰：庚寅曾赴举。
>
> 问：何题？
>
> 对曰：孟公绰一节。
>
> 上曰：能背汝文乎？
>
> 随行随背，矫捷异常。
>
> 上曰：汝文亦可中得也。

和珅曾经参加庚寅年（1768 年）的科举考试，遗憾的是，和珅虽然学习刻苦用心，饱读四书五经，但考试的结果是名落孙山，没有考中举人。清朝科举制度仿照明制，一般科举考试必考两种文体——八股文和试帖诗：八股文为科举考试必用。它是明成化年间形成的一种考试文体。格式死板，由破题、承题、起讲、入手、起股、出题、中股、后股、束股、收结等部分组成。破题要说明题意，承题进一步说明题意和文章主旨，起讲是议论开始，入手是引入正题的话，起股是总论，出题是点出题目的散句，中股与后股发挥题意至文章重心，束股说完意犹未尽的话收束全文。起股、中股、后股、束股都有两股对偶句，因而称八股文。八股文多取四书语命题，例如 1645 年，第一题用《论语》，第二题用《中庸》，第三题用《孟子》。因为以四书语命题，因此八股文又叫四书文。作八股文，考生要用儒家思想论述，“代圣贤立言”。以书中一句话命题叫小题，如“子曰：学而时习之，不亦说乎？”如果以整篇为题就是大题。

和珅回复乾隆考的题目是《论语·孟公绰》，可见是一个大题，其优

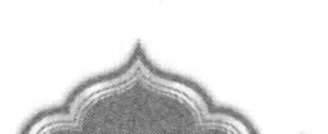

点是可以让考生有着更大的发挥余地，但也有一个弊端，如果不合考官的思路，就会被认为是跑题。

当年，项羽要考武生，教习他十八般兵器，他学什么均无兴趣。叔父项梁问他，你到底要学什么？项羽答："学万人敌。"和珅志向不在科举，学非所用，用非所学，何曾见哪朝的科举考试考过和珅所学的蒙古文、藏文？即便在乾隆朝，试题又何尝出过乾隆的书法笔迹怎样，乾隆的诗赋文章如何？

撰文立说原本是"三千白云任剪裁"的天马行空，八股文硬要人为地用八根绊马索把汪洋恣肆的想象僵化为削足适履。按照这种科举考试的衡量标准，那些写出传世经典的曹雪芹、吴敬梓、蒲松龄等大文豪，一个个在科举的考场上充其量也只落个范进中举，和珅何能独免？和珅也是栽倒在科举考试制度上的牺牲品。

乾隆问和珅："还能记得当年所答的试卷吗？"和珅记忆犹新，"随行随背，矫捷异常"，出口成章。乾隆听完，感慨一声："你的文章是应该高中的，可见考官误人。"

从各种史料中，我们已经看不到和珅当年试卷的原貌了。但我觉得，和珅是用一生的实践，生动且形象地答出了一份精彩的试卷。

孔子在《论语·孟公绰》中说："孟公绰为赵魏老则优，不可以为滕薛大夫。"孟公绰是春秋时期一个以清廉而著称于世的人，是孔子心目中的完人形象，但是孔子认为像孟公绰这样的人，只能适合做一些世家大族的家臣，而不可能是担负起国家的栋梁大夫。因为清廉只不过是"独善其身"，而做一个国家的栋梁之臣，更需要"兼济天下"的担当能力。因为做家臣与做大夫，需要的才能和表现的做派是完全不同的。

和珅是真正读懂了《论语·孟公绰》：家臣就是家臣，大夫就是大夫。在"普天之下莫非王土，率土之滨莫非王臣"的皇权家天下的体制中，你官做得再大，也只不过是个家奴。奴才就要有奴才样，别扯那个虾球蛋说什么做臣子的尊严。和珅在朝中大臣们的冷嘲热讽中磨厚了脸皮，

对他人的嘲笑和不屑能够淡然面对，还要背负“寡廉鲜耻”的名声！和珅既然已经为自己准确定位要当乾隆的奴才，就要有敬业精神，尽心尽力地把奴才做好，抛开那些世俗的清规戒律，把自己打造成一个皇帝面前彻底的奴才。和珅最清楚不过，那些所谓的框框永远都是为别人准备的，至于别人如何看待自己则无足轻重，只要能够得到主子的赏识就行。为了达到一己目的，要敢为人所不齿，什么伦理纲常、社会道德都是虚的；为了能让主子高兴，没有什么不可以逾越的框框。和珅的事君理念得到了丰厚回报，跨越了旁人难以逾越的心理障碍，从而得到别人无法企及的恩宠和荣耀，成为“一人之下，万人之上”权倾天下的“二皇帝”。

人的思维逻辑就是这样，“己为奴者必视人亦为奴”，和珅把自己当成奴才，自然就认为众大臣也应该像他对乾隆一样对待自己。《清史稿》中有这样的记载：和珅对于“不附己者，伺隙激上怒陷之，纳贿者则为周旋，加以开脱或者是故意地拖延其事，等到皇帝怒气已过，才若无其事地提出来，以求不了了之”。和珅以其一生实践，演绎了狐假虎威的成语典故。

在别人看来伴君如伴虎，到和珅这里升华为侍君如侍父，形象地实践了孔夫子“君君臣臣、父父子子”的“三纲五常”。

2. 贪官和珅的满腹锦绣

正史把和珅钉到了天下第一大贪的耻辱柱上，因而“因人废言”，后人很难看到和珅当年所写的诗篇。1811 年，和珅死后 12 年，曾著《枣窗闲笔》的裕瑞，刊刻出版了《英额和氏诗集》，其中《嘉乐堂诗集》为和珅诗，《芸香堂诗集》为和珅弟弟和琳的诗，《延禧堂诗钞》为和珅儿子丰绅殷德的诗。裕瑞刊刻的和珅家族诗集当时印数很少，市面上难得一见，但它毕竟为后世认识和珅、认识乾隆朝提供了一个难得的文本。

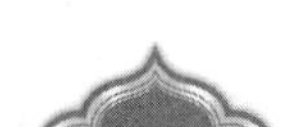

原北京古籍出版社总编辑杨璐先生，从尘封已久的《嘉乐堂诗集》中钩沉出《和珅诗集》，由北京线装书局于2009年10月出版，这是嘉庆年裕瑞刻版之后近200年来的第一次出版，使世人可以一睹尘封已久的大贪官、大奸佞的另一面。

古人云："诗言志。"诗作往往是"晴空一鹤排云上，便引诗情到碧霄"，记录着人生中突发的感触或真情的流露。研究和珅的诗歌，由诗可以窥探人物的心路轨迹，了解此人的经历、个性、情趣好恶及文化修养等。这是研究历史人物的第一手资料，是任何其他资料无法取代的。梁启超、陈寅恪、沈从文等都提倡与实践了"以诗证史""以诗论史"的研究方法。历史上反面人物的诗作留存极少，这大概与千百年来人们爱憎分明的心态有关，所以从和珅这些珍稀的诗作中，可以揭示和还原一个真实的和珅。

和珅被嘉庆赐死后，世人皆不敢收藏他的诗，其诗作大部分散佚了，流传下来的很少，只有120余首。清人王芑孙恨屋及乌，鄙视地贬言和珅诗"实无一句押韵，用典纰缪处亦甚多"。其实，我们看到的《和珅诗集》并非如此，杨璐在前言中称和珅的诗"风格典雅，对仗工稳"，还说"和珅的诗作没有酸腐文人的无病呻吟，多有立意，或寓以哲理"。而另一位清人钱泳则在《履园丛话》中认为，和珅的诗中屡有佳句可录，他举例"人从绝巘如鱼贯，马入塞林列雁行"，认为前人虽有类似诗句，但和珅的词语表达还是独有新意。钱泳是一个有独立风骨之文人，当乾隆皇帝骂钱谦益"丧心无耻"时，他却为钱墓立碑，所以钱泳对和珅诗的评价还是比较客观的。

从《和珅诗集》的摘章断句中，读者可做出自己的判断：

"寺犬不惊知旧客，山僧相喜有前缘。"（《秘魔岩》）

"鹤穿青嶂去，人带白云归。"（《登翠微绝顶》）

"坐久半窗严雨过，睡酣一枕白云深。"（《游山归以诗谢同人》）

"有云皆作雨，无岭不凌空。鞭影千盘上，人声绝壑中。……才疏惭刻烛，技痒慕雕虫。"（《席间承孙中丞嘱和鄂尹两节相诗》）

“漫夸得句千山里，争似鸣弓万骑前。”(《步司农梁阶平用米老元韵》)

乾隆一生性喜吟诗作赋，自认文采风骚不输唐宗宋祖。乾隆的诗作流传后世的有4万余首，可谓是个多产诗人。和珅早在咸安宫官学念书时，就四处搜罗乾隆的御诗加以研究。对乾隆皇帝所作诗赋的风格、语词、用典的偏爱，研究得了然于胸。为了迎合乾隆皇帝，和珅学诗、写诗曾下过一番苦功夫，可以说达到了很高的造诣。和珅偶尔会在乾隆面前表现一下自己对诗文的偏爱，甚至闲暇的时候以骚人自居。和珅所写的诗作往往很符合乾隆的审美情趣，乾隆御览后喜不自胜。很多时候常常命和珅即景赋诗，在和珅的《嘉乐堂诗集》中，有很多首就是奉乾隆的命令所为。清廷档案中，至今也还保存着一些当年和珅与乾隆和诗的文档。

《和珅诗集》中有一组《奉敕敬题》。乾隆经常给臣下出题让其作诗或和诗，这些奉敕应景之作并不好写，既要呈现才情，又要引典得体，更为重要的是要体察乾隆彼时彼刻的情绪和心理，才会博得“圣颜大悦”。其创作之难度，恐怕堪比曹植的七步诗。然而，和珅颇有这方面的急才，向来能从容应对。

在乾隆的命题诗中，有一首《奉敕恭题萧照瑞应图》。南宋萧照的《中兴瑞应图》是一幅传世名作，取宋高宗赵构即位前的种种瑞应传说为内容，根据曹勋辑“瑞应诸事”所写赞文描绘成12帧画面，是一幅歌颂赵构战乱后重建南宋王朝的作品。

奉乾隆之命后，和珅诗兴大发，竟然一口气写下四首：“南渡争传说靖康，江山半壁守余杭。贞符漫诩中兴谶，北狩谁嗟禾黍伤。”“瑞应图成十二帧，题词绘事两兼精。为憐卷尾余缄素，不补霜天五国城。”“应图协瑞溯生初，又见临安胜汴居。欲借丹青好手笔，写成二帝奉迎书。”“荣辱分明睿制标，画书双绝表曹萧。解嘲徒骛铺张美，任宋贻讥事小朝。”

和珅揣摩透了乾隆的心理，是想借题发挥，欲歌功颂德自己一统四海的文治武功。所以他辛辣地嘲讽了南宋朝廷忘却靖康之耻、沉醉于虚

幻的“瑞应传说”，偏安一隅却当作华庭盛世。真可与南宋林升的名句“暖风熏得游人醉，直把杭州作汴州”相媲美。

和珅许多奉敕而作的诗，难度都很大，是对学识、思维、揣摩心理和急中生智的严峻考验。例如，和珅的《应制题元搨石鼓文》，石鼓文刻于秦襄公时期，是我国最早的石刻文字，因石刻形状似鼓而得名。鼓有十面，大小不一。书体就是常说的大篆，体态浑朴庄重，笔画如屈铁，以后历代都不乏书法名家临摹。望题生义，乾隆所出大概是元代的拓印。这么一个偏门冷科的命题，和珅却洋洋洒洒写了约50言长诗：“粤自上古开鸿蒙，羲文苍画垂鱼虫。夏殷而还变蝌蚪，史籀作篆参天工。伟哉宣王岐阳猎，镌石作颂昭膚功。字画奇古石似鼓，文义严密宗雅风。舫舟鲀鲂贯之柳，我车既攻马既同。依稀数字尚可辨，三百五十六字之内读鲜通。溯昔移置凤翔庙，神鬼呵护吾道东。况今已逾二千载，中唐完拓不可逢。吾皇不贵异物重法物，己巳拓本勤磨砻。元时旧拓幸复睹，墨花玉版光熊熊。韩韦苏赵诸名手，题识印记如陈红。文字较多四十六，仿佛岣嵝古色丰。秦碑汉碣未足贵，明堂清庙同昭融。乃知神物不恒有，间世一出当圣躬。摛词岂为擅风雅，勒之贞珉垂无穷。作人寿考迈先圣，心源一贯千古隆。伏读璇题后先句，为间云汉倬天中。石鼓何幸际此遇，浑坚质朴非玲珑。诸家考证如聚讼，不求甚解诚启蒙。音训墨薮虽可辨，天章一扫群言空。今值仲春在丁卯，诹吉释奠临辟宫。叨陪侍从睹石鼓，摩挲指画思霜蓬。仰观河鼓焜煌相映处，拜手雒诵：尧文与奎壁，光芒相比崇。”

和珅把一首应命之诗写得旁征博引，博古通今，纵横捭阖，才情横溢，知识之渊博令人赞叹不已。尤其难能可贵之处，在锦言妙句中把对乾隆的颂扬，不动声色、了无痕迹地浑然天成。这样的马屁，听了是何等的受用。

这类的杰作不在少数，如《奉敕敬题陈书山窗读易图》：“女史奋老笔，图之却近沈。布置雅澹姿，皴染烟云沈。一溪岩石流，数椽山麓枕。

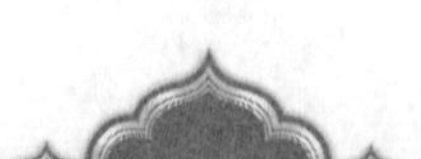

写景自书识，字画如错锦。而何幅留余，其旨别有凭？意尽或当止，落想非未审。读易易理含，默契不为甚。先后仰宸题，石渠标上品。”陈书是清代著名的女画家，她积极从古代男画家的作品中汲取营养，山水画仿元代王蒙、明代唐寅，花鸟画仿明代陈淳等，是中国画史上一个出类拔萃的女画家。乾隆对她画作的评价：“构图总无巾帼气。”清人秦祖永《桐阴论画》给予她的评价：“用笔用墨深得古人三味，颇无脂粉之习。”都是赞陈书的画脱尽了一般女性画家纤柔的脂粉味。和珅奉敕为陈书的《山窗读易图》题诗，深谙乾隆对女画家的评价，肯定了其画作的“丈夫气概”，随之引申出乾隆“读易易理含，默契不为甚”的圣谕，吹捧乾隆独具慧眼，通过画卷读出“画有尽而意无穷”的意境。

又如《奉敕题尤通刻犀角乘槎杯》，清代雕刻巨匠尤通所制犀角槎杯，是收藏于北京故宫博物院的一件珍品。尤通根据犀角的形状，采用圆雕、浮雕等多种技法，因材制宜，巧做成仙人乘槎形杯。以汉使臣张骞通西域的故事为题材，槎首如同灵芝花瓣，槎中后部以梅花、牡丹、荷花相拥，似为舟篷。花间篷下坐一老人，手持如意，架腿跷足，昂首向天。在船上刻出树干，沿船边轻轻刻出浪花，并雕出人物悠然、自信、冲波迎浪的形象。1783 年，乾隆在古物箱中发现这件稀世珍宝，对尤通的雕刻技术十分推崇，多次亲笔御题诗句赞誉尤通的技能并做注。杯腹中镌刻楷体乾隆御题诗及“比德”“朗润”两方印。一日，乾隆兴之所至，令众大臣为犀角乘槎杯题诗以助兴。和珅的题诗，提笔下言又是汪洋恣肆的 50 多行的七律。诗作首先描绘了对尤通所刻犀角乘槎杯的观感：“长洲巧匠得灵犀，不为束带不制笄。刻作槎形范杯式，数行小篆留标题。仙根盘出云霞榦，中肖张骞资伴奂。何须荡桨挂风帆，直拟乘流上霄汉。黄河源在天际头，九曲遥遥何处求？仙槎一去不复返，汉家岂非识归舟……”然后嵌入了对乾隆皇帝的歌功颂德：“即今德被四海宁，东西南朔如户庭。使臣一骑溯源去，山祇河伯皆效灵。归来覆奏看图式，天池更出蒲昌泽。昆仑星宿名不讹，水作金黄下千尺。……”借题发挥把汉

武帝做了乾隆的陪衬，然后引出了“功夫在诗外”的主旨：“尽信不如无书语，因讹沿伪失其真。茂陵往迹徒传古，惟存逸事在策府。何如此杯寿且康，不必燃犀照牛渚。小臣拜手瞻宸章，敢辞簪笔歌赓扬？宝篋玉笥荣渺句，愿进千秋万寿觞。”

再如《奉敕题顾恺之洛神赋画卷》：乾隆有一次让和珅为东晋顾恺之所绘《洛神赋》画卷题诗，乾隆对书法绘画颇有造诣，和珅在题诗中，敢于班门弄斧地分析了顾恺之绘画用笔特点：“兹复得一仍恺之，题词鉴跋相标榜。旧弃非真见睿题，新图一手如出两。”并对名家顾恺之的画提出质疑：“白描亦非顾所长，梁陈时日多霄壤。笔墨古雅楮素佳，临摹应在隋唐上。”从诗中可以看出，和珅对书画、拓片、犀角、印章、古墨、古玉、汉瓦等，几乎无所不通。和珅如若没有对书画文玩深入的研究、对历史知识的纯熟掌握、对诗歌创作的深厚造诣和纯熟功力、对自己鉴赏水平的高度自信，何敢放此等狂言，把质疑皇家藏品的诗篇呈送给堪称大玩家的乾隆？

此外，还有《奉敕敬题射鹿图御宝匣》（戊申）、《奉敕题赵孟坚落水兰亭》、《奉敕敬题射鹿图御宝匣》、《奉敕敬题三星赞玉印匣》、《奉敕题苏轼御书颂卷》（丁未）等，此类应景诗作原本只是附庸风雅，和珅却能够独具慧眼、独辟蹊径、独出心裁、独领风骚地写出佳作。类似诗作在《和珅诗集》中俯拾皆是，不胜枚举。

乾隆年间朝廷每年中元节过后三日，皇帝必设宴于重华宫，请大臣中能诗会赋者欢聚一堂，演戏赐茶。茶宴上出题联句，触景赋诗，并在当席御制诗二章，命诸臣和之，或涉国事，或崇文化，歌舞升平，岁以为常。据晚清陈康祺《郎潜纪闻》记述，在1796年的重华宫茶宴上，太上皇乾隆令廷臣接其字韵吁嗟作和诗，许多人作的诗殊不得体，唯有和珅的“帝典王谟三日若，驺虞麟趾五吁嗟”，深得太上皇的喜爱和嘉庆皇帝的夸奖。

乾隆是个多才多艺的皇帝，纵横古今海阔天空，他神思八极，做大臣的就要跟上皇帝的思路。虽然这些和诗及奉敕之作无疑都是诗中的游

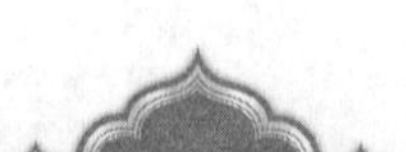

戏之作，但和珅在其中所表现出的纯熟音律和工稳对仗以及摹写景物的细腻生动，都不是平庸诗人所能写出。

从《和珅诗集》中，我们还可以看到和珅情感世界的另一面。

清人陈悼在《归云室见闻杂记》中记载：和珅“后方姬妾无数”。贪财与贪色，原本就是人的一种本能。和珅这样权倾一时的大贪官，有权有势又有钱，自然是姬妾众多、花天酒地。据《清朝野史大观》等书记载，和珅曾有多位侍妾，如原为曹司员小妾的长二姑、原苏州知府王亶望的侍妾吴卿怜、扬州名商汪如龙进献的扬州美人豆蔻、江宁织造送的小莺和紫嫣，还有苏凌阿把自己的女儿过继给和珅当干女儿的纳兰等。《清史稿·和珅传》中曾经记载，和珅临死之前嘉庆宣布他的二十大罪状，其中的一条是“将出宫女子娶为次妻，罔顾廉耻，其大罪四”。乾隆在南巡时，沿途各地进贡不少美女，其中一个从江宁府进贡的女子名叫黑玫瑰，深得乾隆喜爱被带回宫中。和珅也看中了这朵黑玫瑰，连皇上的女人也要想方设法搞到手。由于乾隆年事已高，每年春季都会遣散一批宫女，和珅略施小计，吩咐太监总管借机把黑玫瑰也遣散出宫，黑玫瑰就顺理成章地从皇宫转移到和珅的别墅淑春园。清人的《谭瀛室笔记》甚至称“和珅秉政时，内宠甚多，自妻以下，内嬖如夫人者二十四人，即《红楼梦》所指正副十二金钗是也”。为了讨众小妾的欢心，和珅动用皇室土地，建了一座小楼，名曰“迷楼”。迷楼装修得金碧辉煌，极尽奢华，成为和珅金屋藏娇之处。

据史书记载，和珅不仅可称有史以来第一大贪官，而且无疑可夺迪士尼“花魁之最”。然而令人不可思议的是，从和珅留存的诗中，我们看到和珅对自己的结发妻子冯霁雯却是一往情深，至死不离不弃。

冯霁雯死于 1798 年春。对于冯霁雯的死，和珅极度悲痛，曾作《悼亡六首》。6 首诗均为五古，第一首 18 句，其余 5 首 16 句。如第一首：

结褵三十载，所愿白头老。

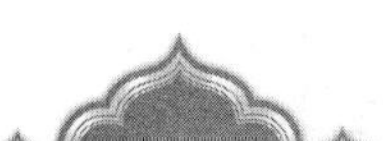

何期中道别，入室音容杳。
屏帏尚仿佛，经卷徒潦倒。
泪枯挽莫从，共穴伤怀抱。
游川分比鳞，归林叹只鸟。
追思病时言，尚祝余足好。
犹忆含殓时，不瞑心未了。
自此退食余，谁与伴昏晓。
抚棺一长痛，嗤彼蒙庄娇。

和珅诗集中有一原注："尚祝余足好"，"时余足疾复作"。怀念夫人在自己已经病入膏肓，惦念的还是夫君的足疾。为了给夫人祈福，和珅在七夕这天安排了一个盛大的祈祷活动。在他的指挥下，豪华的和府中搭起了彩棚，青案供着"牛郎""织女"两个天上星君的牌位，和珅与病中的冯霁雯一起虔诚祈祷。冯霁雯病逝后，和珅吩咐：冯霁雯所居寿椿楼中一切摆设照旧，永不再让其他人居住，保留着对结发妻子的永久念想。

和珅给冯霁雯写的悼亡诗情真意切，全然没有作秀的感觉。更为难得的是，六首悼亡诗各有侧重，如"夫妻辅车倚，唇亡则齿寒。春来一齿落，便知非吉端。哀哉亡子逝，可怜形影单。记得去春时，携手凭栏杆"。又如"修短各有期，生死同别离。均此一抔土，泉壤会相随。今日我笑伊，他年谁送我？凄凉寿椿楼，证得涅槃果"。再如"玉蕊花正好，海棠秀可餐。今春花依旧，寂寞无人看。折取三两枝，供作灵前观。如何风雨妒，红紫同摧残"。……将妻子的逝去与个人的身世之叹结合起来，倍增其哀伤也。和珅的《悼亡六首》写得质朴无华，其情其境直指人心，落地有声，欲哭无泪，将其悼亡之悲刻画得淋漓尽致，在古往今来的悼亡诗中堪称一流，这样的诗句绝不是无病呻吟可以写出来的。

古人向有"诗品出于人品"的定论，另一表达是"文如其人"。刘

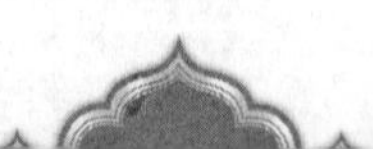

勰在《文心雕龙·体性》篇有言："夫情动而言行，理发而文现，盖沿隐以至显，因内而符外者也。"从创作论的角度阐述了一个人的精神品质对于其笔下作品潜移默化的作用。元代傅若金的《诗法正论》也持此说："诗源于德性，发于才性，心声不同，有如其面。"即诗人的道德品性对诗歌风格深有影响。清代薛雪在《一瓢诗话》中把这一观点阐述得更为直截了当："畅快人诗必潇洒，敦厚人诗必庄重，倜傥人诗必飘逸，疏爽人诗必流丽，寒涩人诗必枯瘠，丰腴人诗必华赡，拂郁人诗必凄怨，磊落人诗必悲壮，豪迈人诗必不羁，清修人诗必峻洁，谨敕人诗必严整，猥鄙人诗必萎靡。此天之所赋，气之所禀，非学之所至也。"薛雪认为，诗人之性格与诗歌之风格有一种必然的对应关系，这是"天之所赋，气之所禀"。

然而，后人在和珅的诗作中却多见二律背反，作者与作品多呈现双重人格，"一个分成两半的子爵"。和珅无疑可以盖棺定论，是一个大贪官、大奸佞，通过和珅的诗，后世人看到的却是，在他贪腐的躯壳里，也裹着一颗充满睿智、充满深情的灵魂；在他阿谀奸诈的表象下，也有着一身博学与诗意的情怀。人的灵魂真是一个复杂的迷宫，读着和珅的诗句，穿透岁月蒙在他身上的风尘，也许我们接近了一个更为真实的和珅。

北京故宫博物院重华宫内屏风上的诗文是乾隆御笔亲书，而挂在故宫崇敬殿的御制诗匾，据考证却是由和珅代笔。在清皇室的木兰围场东入口处，照壁巨石上镌刻的乾隆《入崖口诗》，却是和珅的笔迹。

乾隆酷爱题字，和珅就刻意模仿乾隆的书法，他写的字酷似乾隆的御笔。乾隆后期有些诗匾题字，干脆交由和珅代笔。两者间的相像，几乎可以达到真假难辨、以假乱真的程度。

还有两个细节也颇能验证，和珅为何在长达 20 多年的时间里，能够得到乾隆的恩宠。

在王辉著的《和珅全传》中，记述了这样一个细节：

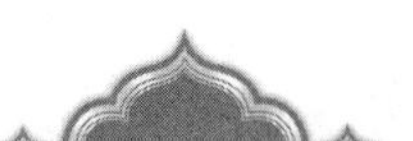

乾隆四十五年（1780），六世班禅飞马急送一封书信给朝廷。信是用藏文写成的，朝中无人能识。和珅趁机向乾隆表明自己的能力，他拿起书信朗声念道：“小僧自幼仰承文殊菩萨大皇帝豢养之恩，不胜尽数，非他人所能比。小僧乃一出家之人，无以极称，虽然每日祝祷文殊菩萨大皇帝金莲座亿万年牢固，并让众喇嘛等诵经祈祷，但仍时时企望觐见文殊菩萨大皇帝。庚子年为大皇帝七旬万万寿，欲往称祝，特致书大皇帝膝前，以达敝意。”

听了和珅的翻译，乾隆才知道原来六世班禅准备亲自带领几百名喇嘛、僧人前来北京给自己（藏人称乾隆是文殊菩萨现世）祝寿。乾隆向来喜欢摆排场，六世班禅的来信引得“圣颜大悦”，当即命和珅拟诏，和珅用满、藏、汉三种文字拟订诏书：“班禅额尔德尼因庚子年为大皇帝七十万寿，欲来称祝，朕本欲见班禅额尔德尼，因道路遥远，或身子尚生，不便令活佛远涉。今活佛亲自修书，致达尊愿，实属吉祥之事，特允所请，是年朕万寿月，即驰热河，外藩毕集，班禅额尔德尼及若于彼时到热河，最为便宜。”

过去只听说有诗仙李白“醉酒嚇蛮书”的传奇，原来和珅竟然也有此等本事。乾隆对和珅表现出的语言天赋和处理对外事务的能力大为赞赏，在谕旨中说：“承训书谕，兼通满汉”，“清文、汉文、蒙古、西番，颇通大意”。因而被乾隆任命为理藩院尚书，管理蒙、疆、藏事务及外交上的一切事宜。理藩院尚书历来由满族王公担任，实际地位高于吏、户、礼、兵、刑、工六部尚书。

不少清人笔记中，记载有关于和珅同乾隆一起“修持密宗”的事。

乾隆崇奉佛教中的喇嘛教，对喇嘛教的经典颇有研究。乾隆还曾主持翻译并刻印了《满文大藏经》。和珅知道乾隆崇奉喇嘛教，于是自己也认真研习喇嘛教的经典。和珅与乾隆一起“修持密宗”，达到了心意相通的程度。

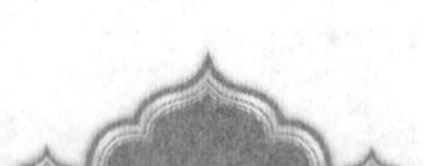

相传乾隆禅位之后，忽然有一天，单独传召，命和珅入大内进见。等到和珅进入后宫，发现乾隆面南而坐，而当时已登基称帝的嘉庆，则只坐在乾隆身边的一个小凳上。和珅跪在地上，过了很久也不见乾隆说话，乾隆闭着眼睛好像睡着了一样，只是口中念念有词，好像在说什么。嘉庆侧耳，努力想听清楚，却终究无济于事，不明所以。过了一会儿，乾隆忽然睁开眼睛大喝道："那人叫什么名字？"跪在地下的和珅不假思索回答道："徐天德、苟文明。"乾隆不再言语，继续闭起眼睛默默念诵着什么。过了大约一个时辰，才打发和珅出来，其间没有同和珅说一句话。嘉庆大为惊愕，过了几天，秘密地传见和珅，问他说："上一次，父皇召你进宫，他说的是些什么，而你回答的那六个字又是什么意思？"和珅颇有些得意地说："太上皇背诵的是喇嘛教中的一种秘密咒语，默诵这种咒语，被诅咒的人虽然远在几千里之外的地方也会突然死去。所以当时太上皇问及的时候，我用白莲教匪首徐天德和苟文明的名字来应对，他自然非常满意。"

一个人弥留之际，首先丧失的是语言功能，心里的话喃喃不停，旁人却听不清楚。乾隆临终时，他的话就连亲生儿子嘉庆也难以分辨，而和珅竟然能够心有灵犀一点通，揣摩到乾隆此时此刻的心中所思所想，由此可见，和珅对乾隆的了解已经到了"心思一动，无所不知"的程度。

和珅正是凭借自己的真才实学和见风使舵的本事，在仕途上犹如坐上了火箭，仅仅一年多，和珅就从三等侍卫被提升为乾清门侍卫、御前侍卫兼副都统。第二年正月，刚刚27岁的他，又被乾隆任命为户部右侍郎，协助户部尚书管理全国的户口、田亩、赋税以及财政收支等各种事宜（尚书是和珅的泰山大人冯英廉）。不到两个月，在众人惊讶的目光中，他又被升任军机大臣，和珅得以进入中央核心集团，成为皇帝的心腹，开始管理中枢政务。该年4月，又兼任内务府总管。8月，兼任镶黄旗副都统。过了3个月，到该年11月，又被任命为国史馆副总裁，赏戴一品朝冠。12月，乾隆帝又让他管理内务府三旗官兵事务，并拥有在紫禁城内骑马的特

权。真可谓一步一个新起点，一年一个新景象。

3. 诛殛愈众而贪风愈甚

1781 年，清朝发生了一起惊天贪污大案。这个案子牵涉前后两任布政使（清代省级官职名，又称藩司或藩台，主管一省的民政、田赋与户籍等），全省各县地方官员 100 多人都裹挟其中，可以说甘肃省府县两级官员发生了塌方式腐败。在长达 7 年的时间里，这些享用着国家俸禄的朝廷命官，由于荣辱共享、利益均沾，竟然里勾外连、上下串通，把一件贪腐大案捂得严严实实、密不透风。

和珅正是在查处这起贪腐大案中，明察秋毫、洞若观火，赢得了铁腕惩治腐败的好名声。

甘肃人苏四十三率回族起义，乾隆派兵进剿，和珅作为钦差大臣奉命在甘肃督军。讨伐旷日持久，官兵军饷难以为继，负责筹措粮草的甘肃布政使王廷赞有贻误战机之嫌。为了摆脱困境，王廷赞主动向乾隆上奏："臣甘愿将历年积存廉俸银四万两，缴贮甘肃藩库，以资兵饷。"

王廷赞万万没想到聪明反被聪明误，他的这道奏折被精明的乾隆皇帝看出了破绽。乾隆疑惑："王廷赞仅任甘肃藩司，何以家计充裕？"

甘肃是个穷省，1774 年 4 月，王亶望任甘肃布政使任内，以甘肃灾荒连年、仓储不足，向朝廷申请依旧例用捐监粮米赈灾。清初，曾经施行过一项政策：遇到灾荒年，为了向灾民放粮赈济，规定凡是想取得国子监监生资格的读书人，须按规定数目向当地官仓捐交豆麦谷粮，取得资格就可以应试入官，时称"捐监"，类似于我们今天的花钱买文凭。

其实，所谓捐监补充仓储只是个幌子，只是假借赈济的名目，大发国难财。王亶望雁过拔毛，为了更为便当地吃过水面，让监生把应捐的谷粮折为银子，改"原令只收本色粮米"为"私收折色银两"。把清廷

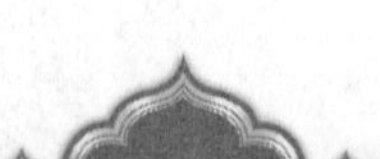

规定的每名监生捐粮43石擅自改为收银子47两，另外加收办公银、杂费银8两，合计向每名监生收银55两。这样，捐监的谷粮一下子变成了白花花的银子，承兑汇票变作支付现金。数年之间，就筹集了上百万两白银。这笔钱王亶望一分也没有用来救灾，而是示意下属在编造假账报销后，与各级官吏私分掉了。

1777年5月，被蒙在鼓里的乾隆还因王亶望办理捐监有功，一道谕旨将其升任浙江巡抚。

王廷赞接任甘肃布政使后，发现监粮折银不符合捐监的规定，曾与总督勒尔谨商议，欲请停捐。但如此一来，必然触动了众人的既得利益，在已经形成一种潜规则的官场，岂能容你众人皆浊你独清？最终王廷赞还是承受不了来自上下的压力，抵御不住利益的诱惑，也开始违规折收白银。从1777年6月至1781年初，在王廷赞的任上，又办理监粮500多万石，与王亶望如出一辙，复蹈泥潭。

乾隆向来对贪污之风深恶痛绝，这次见一个布政使竟然一次能捐出4万两白银，真是看傻了眼。清朝官员的俸禄，官居一品的大学士，年薪也只有180两白银左右，你一个布政使即便不吃不喝，不需要养家糊口，终其一生也不可能积攒下这么多银两。乾隆并非昏庸之君，敏锐地察觉到其中必定有猫腻。

于是，查处这起惊天大案的使命，乾隆就交给了自己信得过的和珅。

有清一代，放赈过程有着严格而细致的规定。发放粮米时，官员必须亲自到场，每日发放后，官员要亲自签字画押，以为凭证。全部发放完毕之日，还要在发放册首尾签上总名，通册加骑缝印记，以备上司检查。同时，还要将发放数目、具体领取人名字、数额张榜公布，让百姓监督。

乾隆始终关注监粮的办理情况。1777年初，乾隆派刑部尚书袁守侗前往甘肃开仓查粮。甘肃各州县官员串通作弊，在粮仓的下面铺架木板，木板上面撒上谷物，给袁守侗以粮仓满囤的假象。袁守侗回京复命，奏称“仓粮系属实贮”，乾隆信以为真。

大概越是贪腐高手，越是明了其中的门头夹道。和珅知甘肃并非富庶之地，况且王廷赞一再上报甘肃连续大旱，请求朝廷拨款救灾，从突击核查粮仓入手，经过几个回合的较量，果然不负乾隆重托，一举把这桩盘根错节、云遮雾罩的贪腐大案查了个水落石出。

从 1774 年始，至 1781 年止，甘肃共有 27 万多人报捐监生，收取白银 1500 多万两，甘肃官员借赈灾之名，侵吞赈灾钱粮折合白银将近 300 万两。所谓监粮有名无实，各县粮库不仅没有贮存监粮，而且平时国库应贮存的正项存粮也有亏空。参与其中的甘肃官员达 112 名，贪污数量在 1000 两银子以上的县官 63 人、知州 5 人、同知 3 人、通判 5 人、县丞 2 人。全省官员自行捏报灾情，所有报灾、勘灾、监放规定均视为一纸虚文，无一执行。数年之间，不但从来没有人检查核实，也没有人举报揭发过。和珅上奏的查处结果，乾隆看得目瞪口呆，大为震怒，下旨道："甘肃此案，上下勾通，侵帑剥民，盈千累万，为从来未有之奇贪异事。案内各犯，俱属法无可贷。"

乾隆向来标榜清廉，如今发生这样群体性的贪污案，可谓旷古未有。乾隆帝当即下旨："主犯王亶望、蒋全迪主管其事，罪大恶极，立即处死；勒尔谨听任下属王亶望犯罪，且参与其中，念其曾经有功，赐其自尽；王廷赞发现前任官员的问题后，不但不弹劾，反而效仿贪污，判决绞监候，其他涉案官员，刑部根据大清律，拟定判决。"乾隆这次下定决心大开杀戒，以遏制贪腐成风的官场。

刑部尚书德福十分为难。他上奏说："按照大清律，贪污千两以上就要判处死刑，总不能把这 60 多位官员都杀了吧？"虽然法不责众，但乾隆也铁了心要惩治一番："受牵连的 112 名官员，抄没家产。其中，贪污白银 2 万两以上者，情节严重，斩立决；贪污白银 2 万两以下者，斩监候；贪污白银 1 万两以下者，刑部视情况酌情处理。"最终，涉案的官员中：贪污 2 万两以上被处死 22 人，贪污 1 万两以上处斩监候 15 人，贪污万两以下、千两以上的 26 人，共 63 名省、道、府、州、县主官被送上断头

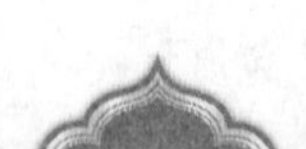

台或入狱，100 多名贪官家产被抄。

据《清史稿》《清实录》记载，王廷赞任甘肃布政使之前，曾做过安定县知县，廉洁奉公，政绩卓著，名声很好，为一方百姓做过不少好事。至今在甘肃定西市还有一座残留的王公桥，就是安定县老百姓对其架桥修路、造福一方的赞誉。乾隆有些想不明白了："别人贪污，朕还可以相信，但这个王廷赞，朕一向知道他为官清廉，怎么会做出这等事情？"

清入关到乾隆时期，历经数十年的休养生息，民生经济得到极大改观，社会呈现出一片繁华景象，被后世称为康雍乾盛世。太平官好做，官员的升迁不是靠军功政绩，这就为行贿受贿创造了条件。到乾隆晚年，各省官吏监守自盗，贪污成风，尤以湖北、福建为最。湖北"吏治阘茸，地方大吏于监务厘费任意染指，滥觞已极"，福建则"吏治亦复松弛，营伍毫无整饬"，此二省"通省官吏贪黩懈弛，相习成风，日甚一日"，官场呈全局性腐败。贪腐大案一起接着一起，层出不穷，尽管乾隆铁腕治吏，但仍是压下葫芦浮起瓢。光和珅承旨查处的大案要案，就有云南李侍尧案、山东国泰案等多起。

据《清实录》记载，官员索贿的手段名目繁多："出巡则有站规、门包，常时则有节礼、生日礼，按年则有帮费。升迁调补之私相馈谢者，尚未在此数也。以上诸项，无不取之于州县，州县则无不取之于民。钱粮漕米，前数年尚不过加倍，近者加倍不止，督、抚、藩（布政使）、臬（按察使）以及所属之道、府，无不明知故纵，否则门包、站规、节礼、生日礼、帮费无所出也。州县明言于人曰：'我之所以加倍，加数倍者，实属层层衙门用度，日甚一日，年甚一年。'究之州县，亦恃督、抚、藩、臬之威势以取于民，上司得其半，州县三人已者亦半。初行者有畏忌，要一年，二年，则成为旧例，牢不可破矣。"层层进贡，官员之间的交往应酬，那点微薄的薪俸简直是杯水车薪，哪够应付！

为了禁绝贪腐，雍正朝对固有薪给制度做了大幅度的改革，给地方

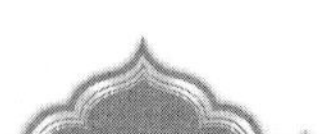

官员增加了“养廉银”：就是从各省布政司库的耗羡银中抽出绝大部分，按官级和政务的繁简程度，分配给各级地方官，以补充他们衙门公务的开支，也就是高薪养廉的意思。实行这一改革的目的是遏制当时上级衙门对下属的苛取勒索以及州县官对民间的私征加派的现象，从而缓和社会矛盾。然而这样一来，其实就是将灰色收入合法化。即便如此，雍正用心良苦的“养廉银”这点微薄的补偿并不能满足贪官们的贪欲，各级官员靠山吃山，靠水吃水，挖空心思，生财有道。甘肃这样的贫困地区，照样也能想出捐监的妙法，以致“养廉银”变得徒有虚名，成为“养廉者其名，而养不廉者其实也”。所以这项制度实施之初就有人提出异议：“禄薄则廉者不能自润，而贪者以削小民；秩卑则高才无用表见，而污者苟且流竟以矜侥幸，安望其养廉耻、建功名乎？”

薛福成对乾隆朝的反贪有一个说法：“诛殛愈众而贪风愈甚，或且惴惴焉惧罹法网，惟益图攘夺刻剥，多行贿赂，隐为自全之地。非其时人性独贪也，盖有在内隐为驱迫，使不得不贪者也。”一面高调反贪腐，一面却是屡禁不止前“腐”后继。薛福成所谓的“内隐为驱迫”，一针见血地点明了人性。正如马克思《资本论》中的名言：“资本惧怕没有利润或利润过于微小的情况。一有适当的利润，资本就会胆壮起来。……有 50%，就会引起积极的冒险；有 100%，就会使人不顾一些法律；有 300%，就会使人不怕犯罪，甚至不怕绞首的危险。”

和珅不愧绝顶聪明，从王廷赞“缴贮甘肃藩库”的捐银之举，体察到那些贪腐官吏作案后惶惶不可终日的纠结心理，吃进去消化不了，想把骨头吐出来，何尝不是“身后有余忘缩手，眼前无路思回头”的一种赎罪方式？和珅审时度势设立了“议罪银”制度，其初衷也许为一种权宜之计。因贪腐官员日益增多，官场整体性腐败，杀一儆百演变成法不治众，真要彻底整肃，只怕会造成官场的毁灭性大地震，整个封建官场运行体制面临瘫痪。于是和珅想出这样一个办法，贪腐犯案的官员只要上交一定数量的白银就可赎罪。面对积重难返的乱局，任何救急措施必然

是有利必有弊，有火难免灰。随着这一制度的实施，许多官员任职之初就交上“议罪银”，提前为自己的贪腐买一份保险。于是有人认为，这是变相将贪腐合法化，甚至是鼓励贪腐，为大肆贪污腐化开了绿灯。发展到后来，乾隆的反贪也逐渐改变了性质，变成了一种敛财的手段。有意纵容官员贪腐，等到一定程度再用“议罪银”、抄没家财打击，起到了不加赋而敛财的目的。这既保持了自己仁君的形象，又因反贪而深得民心。

当一种固有制度模式已经形成强大的历史惯性，任何初始的锦囊妙计都会演变成始料未及的黔驴技穷。

“人之初，性本善。”当一个人开始走上仕途，大概没有自甘堕落，就是要做一个万世留下骂名的贪官污吏，但是做个清官能吏不容易，在其喜逢众多机遇之时，也面临着严峻的考验。

朱元璋是明朝开国皇帝，他出身贫贱，对世态人性有着相当透彻的了解。他明白自己给官员定的工资不高，所以在地方官走马上任之前，他要找他们谈一次话，讲讲如何保持清贫廉洁，如何抵御贪污受贿的诱惑。朱元璋说，老老实实地守着自己的薪俸过日子，就好像守着井底之泉。井水虽然不满，却可以每天汲取，泉不会干。受贿来的外财真那么好用吗？你搜刮民财，闹得民怨鼎沸，再高明的密谋也隐瞒不住。一旦事发，首先关在监狱里受刑，判决后再服苦役，这时候你的那些赃款在什么地方？东藏西匿，在数千里之外。你的妻子儿女可能收存了，也可能根本没有拿到。那些赃物多数藏在外人手里，这时候你想用钱，能到手吗？你家破人亡了，赃物也成了别人的东西。所以说，不干净的钱毫无益处。（吴思：《潜规律：中国历史中的真实游戏》，中国工人出版社2004年版）

这样的利害分析也算是透彻了，但实际上并没有起到多大作用。尽管朱元璋惩治贪官的手段堪称严酷，甚至剥皮制成标本以示惩戒，但派下去的官员，如同冒着枪林弹雨冲锋的战士，一排排被糖衣炮弹击中，仍然前“腐”后继，一茬接着一茬，乐不思返。后来，朱元璋当皇帝当

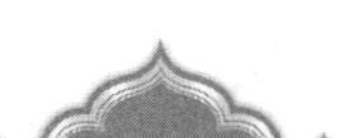

到第十八个年头，这种现象见得多了，便总结出一条规律。《明朝小史》卷二中记载了朱元璋的话："朕自即位以来，法古命官，布列华夷，岂期擢用之时，并效忠贞，任用既久，俱系奸贪。朕乃明以惠章，而弄责有不可恕。以至内外官僚，守职维艰，善能终是者寡，身家诛戮者多。"我效法古人任命官员，将他们派往全国各地去，没想到刚刚提拔任用的时候，这些人既忠诚又坚持原则，可让他当官久了，全是又奸又贪。我严格执法，决不轻饶，结果，能善始善终干到底的人很少，身死家破的很多。

朱元璋揭示出一条"新官堕落定律"。

一条鱼死了，可以说是偶然事件，是个体发生了病变，然而如果一池子的鱼都翻了白肚皮，那只能说明满池子的水已经受到了污染。

4. 权力资源很容易转化为财富资源

兴华著《和珅秘传》中记述有这样一个情节：

> 乾隆："朕知你俊秀可人善解人意，照你说来，朕与皇考皇祖有何同异之处？"
>
> 和珅："奴才怎敢冒犯天威！"
>
> 乾隆："别人想说朕还不让他说，你既是朕的知心，无话不谈，对朕，难道你不能推心置腹吗？"
>
> 和珅："奴才斗胆，说错了，请皇上恕罪。"

和珅知道乾隆喜欢把自己与祖父康熙、父亲雍正相比。乾隆评价自己说："更慎思之，三代以上弗论矣，三代以下，为天子而寿登古稀者，才得六人，已见之近作矣。至乎得国之正，扩土之广，臣服之普，民庶之安，虽非大富，可谓小康。且前代所以亡国者，曰强藩，曰外患，曰权臣，

曰外域，曰女谒，曰宦寺，曰奸臣，曰佞幸，今皆无一仿佛者，即所谓古稀之六帝，元明二祖，为创业之君，礼乐政刑有未遑焉。其余四帝，予所不足为法，而其时其政，亦岂有若今日哉，是诚古稀而已矣。”回溯整个中华民族的历史，自尧、舜、禹三代以后，年纪超过古稀之年的皇帝，一共只有 6 人。然而，说到国家的强盛、领土的辽阔、四邦的臣服、百姓的安居乐业，虽然还不能夸耀尽善尽美，但总可以称得上是小康社会了。而且，以前历朝历代亡国的原因，诸如国中有强大藩国存在、外有蠢蠢欲动的强敌、朝中有僭越掌权的大臣，还有诸如外戚掌权、女优祸国、宦官专政、奸臣当道等，这些弊端在当朝无一存在。即使那 6 位年届古稀的皇帝中，元世祖和明太祖都是开国创业的君主，他们治下的礼、乐、政、刑都有不够完善的地方，其他的就更不用提了。相比较而言，自古以来真的是没有如今日这样的太平盛世。乾隆言外之意，颇有“俱往矣，数风流人物，还看今朝”的豪迈和自我陶醉。

在《和珅秘传》中，和珅这样回答乾隆的提问：

> 康熙帝乃亘古未有的英明之主，文功武略，前无古人，后启来者。康熙帝与民休息，使天下物财茂盛，人丁繁衍，此安国之根本也，但总觉失于宽，于朝纲亦有松弛之处。至雍正帝，文功武略自不比康熙帝，但摊了人亩，亦重民生，至整顿朝纲，上下整肃，却是更胜于前。奴才说句不知进退的话，雍正帝为巩固国家而摒除异心，却又时失之不察，而实是过严。以上皆臣之肺腑，不敢隐瞒，万岁明察。
>
> 乾隆心道：祖父与民休息，厚待臣下，甚好，只是过宽；皇考清除异己，又过严，我正要恩威并重，刚柔相济，集父祖所长。

和珅揣摸透了乾隆的心理，有的放矢，自然说到了乾隆的心坎上。引得“圣颜大悦”，当即说道：“你所说甚合朕意，看来，你很有见地，不

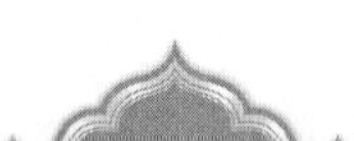

要荒废了你满腹的经国理邦之才，朕当委以重任，即擢升你为军机大臣，诏谕天下。”

1776年正月，和珅升为户部右侍郎；3月，和珅又被加封为军机处行走。

清代的行走是指凡以原官在不设专官的机构供职、入值或当差，称某处行走。军机处即是如此，军机处没有正式成员，只有皇帝临时任命的行走，即俗称的军机大臣。为了杜绝泄密，军机处的底层听差都由不识字的少年担任，王公大臣没有军机处行走头衔的不得擅入。其他人员不得靠近军机处，皇帝与军机大臣议事时无关人员不得在旁。宫内人路过军机处时，都是快步走过，违者立斩不赦，无须请命。

由于军机大臣权力地位特殊，往往成为内外大臣争相巴结攀附的对象。清代军机处人员为了避嫌，处世都非常低调，尽量避免与内外大臣有超越工作关系的私下交往。如乾隆年间深受皇帝器重的军机大臣张廷玉被称为“门无竿牍，馈礼有过百金者辄却之”。讷亲则更是“虽苛刻而门庭峻绝，无有能干以私者”。另外，汪由敦“凡书牍多为作答”，“馈节不过葛纱而已”。傅恒虽然看上去挺随和，而且平易近人，“然外吏莫能登其门”。就连普通办事员军机章京也是“即在京部院官亦少往还”。

和珅年仅27岁，就能入值军机处，自然成为众官眼中的潜力股，一时间众星捧月，趋之若鹜。严峻的考验摆在了和珅的面前。

和珅毕竟是个聪明人，加上资历尚浅，办事十分小心。有官员求他办事，他必事先摸清对方的底细，对于交往不深、不可靠的官员，他必定公事公办，对其贿赂更是严词拒绝，给人一个廉洁奉公的形象。一时间，京城到处流传着新任军机大臣和珅拒绝多位官员行贿的故事。渐渐地和珅的名声反馈到乾隆的耳朵里，乾隆听多位大臣赞扬和珅是一个刚正不阿、洁身自好、为官清廉的人。乾隆一高兴，又赏赐这位新任军机大臣白银5000两，并恩赐和珅在什刹海北岸筹建豪华的府宅——这就是没收和珅资产后赐给奕䜣的恭王府。

然而，常在河边走，哪有不湿鞋。朝鲜来华使臣曾这样记载：“阁老和珅用事将二十年，威福由己，贪黩日甚，内而卿，外而藩阃，皆出其门。纳赂谄附者，多得清要，立不倚着，如非抵罪，亦必潦倒。”

王辉著《和珅全传》中，记述了和珅被攻破金刚不坏之身的第一次受贿：

> 官场里的事，总是瞒上不瞒下的。不管你和珅表现得多么铁面无私，只要你真想受贿，总会有人想办法把钱送上门来。第一个送来的是户部笔帖式安明。和珅是户部右侍郎，算是安明的直接领导。
>
> 安明原是户部司务，不思进取，只求保住职位，多捞油水。户部新尚书到任，左右侍郎不把新来的尚书放在眼里，想架空他，安明也加入其中。
>
> 谁知新任尚书早已心知肚明，他暗地里缜密调查，收买人心，得到了两位侍郎在职期间的罪证，然后奏明皇上，成功把两位侍郎调走，安明也被降职为笔帖式。笔帖式只是个闲职，安明只好满脸堆笑，拼命巴结新尚书。可惜尚书对安明这样的人厌恶之至，根本不理他。
>
> 户部侍郎空缺，于是和珅被提升为户部右侍郎，不久又提拔为军机大臣。安明暗自思忖：这和珅年纪轻轻，背景不深，又无军功，鲜有政绩，凭什么升官那么快？三十不到就任户部右侍郎，跻身军机大臣之列，这不合常理，肯定受到了皇帝的特别眷顾。
>
> 安明是个嗅觉灵敏的人，他连忙把目标对准了和珅。他每见到和珅都十分恭敬。和珅初到户部，工作稍有不明之处，他就过去解释、帮忙。一听说和珅要在什刹海北岸筹建新宅子，安明立刻嗅出其中的机会，就急不可待地前去拜会，想趁机巴结和珅。
>
> 和珅承认确有此事，安明连忙表示自己有个亲戚专营建材生

意，一来可以把质量关，二来可以避免奸商敲竹杠，并大包大揽要负责此事。和珅假意推托一番，也就答应了。为了掩人耳目，免得被别人抓住把柄，和珅还假惺惺地让安明最后如实报价。

其实，安明并无什么亲戚经营建材生意，他只不过找个机会巴结和珅而已。得到了和珅的默许，安明自己出钱出力，假托亲戚的名义，把所有材料的事情无声息地办妥了，出了力也不张扬。事成之后，安明还做了一个账单，详细地列出了花费——事实上，这个账单只是掩人耳目。和珅这么精明的人，岂能不知安明的好心？

从此以后，二人的关系也就逐渐熟悉起来。安明也经常到和府走动，时不时带一些礼物，却绝口不提任何要求。因为安明心里清楚，和珅是在考察他，火候未到，他不好贸然开口。经过长期观察，和珅对安明的表现十分满意，已经把安明当作自己人看待。

有一天，安明又带重礼拜访和珅。和珅假装不经意地问道："你办事利落，能力强，怎么只做了个小小的笔帖式？"

安明知道机会来了，连忙跪倒在和珅面前说："原来的两位户部侍郎与新来的尚书不和，相互斗法，自己受到牵连才被降职为笔帖式。这是小人与尚书大人之间的误会，望和大人明察。"

和珅知道安明原来的职位是户部司务，不是什么高级职位，官复原职还是很容易办到的，于是就让安明耐心等待，待寻得机会就向尚书大人举荐他。其实，和珅在这里有所保留，以现在和珅户部侍郎的身份以及人尽皆知的皇帝宠幸，只要跟尚书开了口，就没有被回绝的道理。只不过和珅心机颇深，不能表现得太爽快。安明自然千恩万谢。不久，和珅向户部尚书保举安明出任司务的职务。尚书不愿得罪和珅，便做个顺水人情，答应了下来。安明终于成功复职。

贪污受贿犹如吸毒，你只要沾上一次就会上瘾，欲罢不能。贪污受

贿又是一种自由落体运动，只要起动了，你就会身不由己地听任惯性的摆布。

随着圣眷日隆，和珅几乎把持过朝廷所有的重要部门，往往同时身兼数职。担任吏部尚书，掌管着众多官吏的升降，谁不争先恐后地巴结进贡？身兼户部尚书，每天看着大把大把的钱从自己的手中流进流出，顺藤摸瓜顺手牵羊的事情，如果缺乏了监督机制，谁能管住自己的手？

万依、王树卿、刘潞著《清代宫廷史》一书中，在《和珅的贪污黩货》一节有这样的记述：

> 和珅一贯利用职权，借内外大臣进贡珍奇物品之机中饱私囊，而且贪得无厌。颙琰在一道禁止内外大臣呈进贡物的谕旨中曾说："我皇考颁谕禁至再至三，只因和珅揽权纳贿，凡遇外省督抚等呈进物件，准递与否，必须并向和珅关白，伊即擅自准驳，明示有权。而督抚所进贡物，在皇考不过赏收一二件，其余尽入和珅私宅，是以我皇考屡经禁止仍未杜绝。"同时，弘历每次赏收一二件，也是一个漏洞，因为大臣每次进贡时，要考虑弘历选择的余地，不知哪件称心，便不得不多送数件。

在嘉庆皇帝眼中，皇考圣明，向来禁绝臣下进贡，只是和珅狐假虎威"挟天子以令诸侯"，打着乾隆的旗号而中饱私囊。

然而，苍蝇不叮无缝的蛋。在查处甘肃贪腐大案中，有一个细节值得关注。

在王辉著《和珅全传》一书中有这样的记载："甘肃冒赈大案的确伤了乾隆这位老人的心。不过随即查抄出来的金银财宝、绫罗绸缎也稍稍抚慰了他。乾隆历来对贪官家产十分在意，对于珍宝文物又十分在行，所以每有珍宝进献来，他都要认真品味一番。……各个官员查抄的赃物陆续运到京城，唯独查抄王亶望的赃物一直没有见到进呈。"于是，乾隆

问和珅："当年，王亶望进贡给朕许多珍品。按规矩，各督抚凡上贡物品均应进三退一，有许多宝贝无奈之下都给退回去了。那些被退回的绝世珍宝，如今想来朕还记忆犹新。……王亶望平时最喜收藏古玩字画……其中就有一幅唐伯虎的真迹，退还以后，朕就后悔了，整日里想着那幅真迹，只是，哪里还好开口向他要？"乾隆说着，还点出记忆中有唐伯虎《麻姑图》一幅、《华岩牡丹》一幅、米芾墨迹一卷、苏轼佛经一卷等珍品。

和珅知道乾隆是一位附庸风雅的君主，性喜收藏古董，见了稀有的画册、墨迹，比见到多少金银都更令他高兴。和珅为此利用各种机会四处搜罗，将各地官员和富商珍藏的珍稀古玩，历朝历代的古董字画、名人佳作，进行挑拣后进贡给乾隆。史书记载：1780 年，"京城内有佛铺子，互相买卖，朝臣用此作为贡献，皇帝亦以赏赐贵臣，千秋节晨朝，有进贡覆黄帕架子，盛以金佛一座，长可数尺许，舁入阙中，闻户部尚书和珅所献"。

和珅查处李侍尧贪腐案的最后结局也颇令人深思。和珅的奏章呈到乾隆手上时，将李侍尧的贪腐事实一桩一件都陈列得清清楚楚。很显然，李侍尧的罪状按大清律可以死上几次了。满朝六部九卿都要求将李侍尧斩立决。然而，乾隆皇帝犹豫了，与和珅商量处理办法。机敏过人的和珅马上明白了乾隆的苦衷。和珅回放电影般地仔细回想了查处此案的前前后后：当初海宁在乾隆皇帝面前弹劾李侍尧时，乾隆曾有意袒护李侍尧，迟迟不想立案；李侍尧在公堂之上，也曾一副信心百倍的样子直言，皇上定会宽恕他；在查抄李侍尧家产时，和珅看到一张 1771 年十一月初八李侍尧进献给乾隆的贡品礼单：有白玉长春壶、白玉蟠桃、宋瓷霁红花囊、成窑五彩瓶、定窑福禄尊、定窑宝月瓶、明黄缎绣万福万寿龙袍……竟多达 90 多种。和珅想，这些贡品清单说明了乾隆与李侍尧的君臣关系非同一般。在朝廷官员中，像李侍尧这样用心，为了给乾隆的七十大寿祝贺，不仅自己花钱置办，还动员下辖的洋行商人帮贡，进贡的物品件件精美绝伦。更何况，李侍尧查出来贪腐的银两不过三四万，皇上完全可以相比较，李侍尧是贡得多而贪得少。和珅洞察了乾隆的心思，于是善解人意地为乾隆出主意：现在朝野上下众怒难违，不如先行把“斩立决”改为“斩监候”，拖过一段时间，就好大事化小小事化了了。和珅的用意十分明显，这是为皇上排忧解难。事实也正如和珅所料，乾隆用和珅的建议堵住了众臣的嘴，李侍尧不仅没有被处死，而且很快东山再起。1781 年，撒拉尔回民造反，李侍尧被特旨从刑部大牢里请出来，“赏给三品顶戴，并戴花翎，赴甘肃总办军务”。再后来又转升甘陕总督，加太子太保。

中国几千年的封建君主家天下体制，朕就是国家，皇家就是放大化的家。“普天之下莫非王土”，所有的国土资源都是皇家私产。中国古语云：“上有好者，下必有甚焉者矣。”越王好勇而民多轻死，楚灵王好细腰而宫娥多饿毙。和珅只是揣摩透了乾隆的心思。表面看，乾隆朝吏治的极度腐败是和珅专权之后，其实根源还是在乾隆。乾隆好大喜功，既要四方征战“开疆拓宇”，又注重生活享受，国库在乾隆晚期几乎消耗殆尽。此时，他需要一个人去努力为他筹钱，以满足他的各种欲望。他把国家财政（户部）和用人（吏部）大权全部交给和珅，却没有人对和珅进行有效监督，而权力如果没有了制衡，腐败的产生就不可避免了。掌握着各省地方官员向皇上进贡特产和其他礼物收退的大权，和珅利用一切机会中饱私囊。嘉庆在数说和珅的罪行时说：“只因和珅揽权纳贿，凡遇外省督抚等呈进物件，准递与否必先问和珅，伊即擅自准驳明示有权。而督抚等所进贡物，在皇考不过赏收一二件，其余尽入和珅私宅。”

和珅在获得乾隆的专宠和信赖后，行为就更加肆无忌惮了。例如，多少钱才能见到他的家人，多少钱才能进他的家门，多少钱才能最终见到他，这都是明码标价的，而且那些趋炎附势的贪官们也无不乐于向其多做贡献。他们知道有和珅作为后台，就相当于抱住了皇帝的半条粗腿，于是贪赃枉法的贼胆更大了。他们会细心揣摩，迎合皇帝的喜好与需要，

及时献上各种珍奇异物和稀世之宝，而且同时还要把大量金钱呈献给和珅用于保证这条渠道的畅通，这样一来，和珅就可以坐享其成，等着金银财宝、珍珠玛瑙源源不断地涌向他家了。

给和珅送礼还得讲技巧，你如果是明目张胆地跑官要官，送上再多的金银，他也会不屑一顾。所以很多时候送古玩字画比钱财更令他开心。官员汪如龙知道他这个喜好，所以时常送些玉如意、黑玉蝴蝶、玉马等古玩奇珍给和珅。为了傍牢和珅这棵大树，他还给和珅送了北宋著名画家赵昌的写生《蛱蝶图》，而且还在图内塞进银票，讨得和珅的欢心。很快，汪如龙就顶替征瑞做了两淮监政。虽然征瑞也每年向和珅贡献 10 万两白银，可毕竟不如汪如龙送的礼更合和珅的心。想谋某个肥差也需要视礼的分量而“竞争上岗”。

晚清红顶商人胡雪岩讲述了谋求高官的“曲线行贿”手段：古董字画是行贿送礼的好载体。清朝从乾隆年间和珅起始，什么官都明码标价。比方想谋上海道，买一部 12 万两银子的《玉枕兰亭》送给和中堂，礼品直接从和珅办的寄卖行去进货。和珅一见这部《玉枕兰亭》，就知道有 12 万两白银已经进账。然后这部《玉枕兰亭》再次回流寄卖行，等待下一个买主。这样的生财之道有时一年可以转好几个来回。你根据自己所要行贿的数额，都可找到相应的礼品：比如你要送上 1 万两白银，那么买上一方岳少保砚 2000、一部阁帖 3000，再加一部宋版菱形诗 5000，正好凑足 1 万之数。如此这般，既掩人耳目，又显得高雅得体。

下级官员想方设法送礼结交和珅，寿辰送贺礼无疑是最好的机会。一次过寿辰，和珅收到一方端砚，砚边、砚座都用厚厚的一块整金嵌定，金子足足有五六斤。另有 10 余张 1 万两见票即兑的龙头银票，拼出一个“喜”字。还有一张纸却是官契，赠的一座庄园并庄丁牛羊场院等一应财物，和珅迅速合计了一下，一单贺礼竟不下 80 万两银子。

权力就是一只看不见的手，只要是能过一道手，假其手即可把权力资源转化为财富资源。

《春冰室野乘》里有这样一段记载："孙文靖士毅归自安南，待漏宫门外，与珅相直。"有个名字叫孙士毅的总督，从安南回到京城觐见皇上。乾隆年间，一般每隔几年就会召各地的大臣回京述职，以了解地方上的治理情况。地方上的大臣进京时，一般都会携带一些珍稀之物，作为贡品进献给皇上。在宫门外，孙士毅与和珅相遇。"珅问曰：'公所持何物？'文靖曰：'一鼻烟壶耳。'索视之，则明珠一粒，大如雀卵，雕成者也。"和珅一见这个珍稀的鼻烟壶，便爱不释手，接过手来把玩了一会儿，口中连连称赞地对孙士毅说："以此相惠可乎？"孙士毅见和珅竟然当面索要，一时不知所措，只得委婉地推托说："昨已奏闻矣，少选即当呈进，奈何！"此物原为进献皇上，而且下官已经向皇上奏明了，承蒙和大人喜爱，本当赠给和大人，不过下官不好向皇上交代了，望和大人见谅。和珅给自己找台阶说："相戏耳，公何见小如是。"我只是与你开个玩笑。过了几天，孙士毅在军机处又见到和珅，"和语文靖：'昨亦得一珠壶，不知视公所进奉者若何'"。孙士毅一见大惊，和珅手中所拿的鼻烟壶正是他进献给皇上的那个。和珅望着诧异的孙士毅得意地笑道："孙大人不必惊讶，此物乃是皇上所赐。"孙士毅恍然大悟："乃知珅出入禁庭，遇所喜之物，径携之以出，不复关白也。其权势之恣横如此。"和珅正是以这样的方式向官员们发出了暗示。

还有一件事情也可以说明和珅收受贿赂的情况。

据说，江苏吴县有一个大珠宝商，将特大珍珠藏在金制的圆盒里面，外面配有精致的小木箱，一个要卖 2 万金。尽管价格不菲，但是一些官员还是争相购买，还唯恐买不到。有的人问这些官员："你们买如此昂贵的珠子，有什么用途啊？"这些官员回答说："献给和中堂。"所以在嘉庆所开列的和珅二十大罪状中有一条："家内所藏珍珠手串竟有二百串，较之大内多至数倍，并有大珠，较御用冠顶尤大。"在薛福堂《庸庵笔记》的查抄清单所列，那真是琳琅满目，看得人眼花缭乱。

《春冰室野乘》里，有一段嘉庆派人审讯和珅时他的交代笔录：

又家中银子，有吏部郎中和精额，于奴才女人死时，送过五百两，此外寅著、伊龄阿都送过，不记数目，其余送银的人甚多，自数百两至千余两不等，实在不能记忆。

人们谓今日之贪官，送礼之人多到谁送无法尽记，而谁不送倒“刻骨铭心”。

据昭梿（后来袭礼亲王）《啸亭杂录》记载，和珅之妻冯氏死于1798年春，“发殡于朝阳门外，一时王公大臣无不往送，余亦从众而行。比至，车马壅阻因饭于农家……”由此可见，当时权贵们对和珅趋之若鹜。如此“盛况”，真可谓“太太死了压塌轿，官人死了静悄悄”。人情世态炎凉，以至于此。

据《国朝耆献类征》载：1799年9月，正当乾隆梓宫下葬，途中嘉庆皇帝曾面询两淮盐政征瑞，征瑞自己承认，曾以“银二十万两，因为和珅妻故送致。彼时和珅意存见少，伊欲增至四十万，是以未收，而从前曾送过和珅二十万，当经收受。此外和珅交办缎匹物件等项并奇巧之物，不可胜计”。张杰、汪虹在《和珅传奇》一书中记载，向和珅主动行贿的封疆大吏和朝廷高官也大有人在，如闽浙总督福长安、领侍卫内大臣海兰察、云贵总督李侍尧、吏部郎中和精额、宗室寅著、浙江巡抚伊龄阿等。甚至连皇太极长子豪格爵位的世袭，传到曾孙辈时，应由何子承袭，都要把两处铺面送给和珅，以求他在乾隆面前美言几句。

嘉庆在处死和珅后的谕旨中说：“试问天下为属员者，馈送上司，有银至数十万两者乎？其意下不过欲以交结取悦，冀图和珅常为庇护，可久留两淮盐政之任，不复更换，藉以便其私图，自肥囊橐。”

圣谕一言九鼎，倒真是说出了和珅之所以能聚敛巨额财富的根源。

尾声：灵魂的前生后世

据清史所载，曹雪芹的《石头记》在写出后就一直被列为禁书，是当年充任文渊阁提举阁事、国史馆正总裁的和珅，说服了乾隆而得以重见天日。在王辉著《和珅全传》中有这样的描述：

“和珅，这《石头记》的确是本好书！”乾隆皇帝微笑着对和珅说道。

“皇上喜欢奴才就心安了，那曹雪芹泉下终于也可以瞑目了。”和珅终于松了口气。

“我之所以修《四库全书》，查禁大批书籍，就是为了端正学术，有益世道人心，有些文人愤世嫉俗，诋毁朕的列祖列宗，如此大逆不道，煽动民变，朕自然要严惩严办。可是，这《石头记》果然如你所说，不过是家事。江南书局实在有点杯弓蛇影疑神疑鬼，本不该列入禁书范畴的。所以朕答应你的请求，将这本书刊印发行吧！”乾隆道。

“刊印的事就交给你办了，不过朕一直觉得这书的名字不太合适，还是给它换个名字吧。”乾隆皇帝提出了自己的要求。

“皇上，奴才也正想着换个名字的事情呢！奴才曾召集诸多文人商讨确定了一个名字，只是不知道合适不合适。”原来和珅早有准备。

“什么名字，说来听听。”乾隆连忙问。

“所谓‘好知青冢骷髅骨，便是红楼掩面人’，这‘红楼’就是‘朱门’，指的就是王侯贵族的住宅，‘红楼掩面人’则是官宦人家的小姐。依奴才看，整部小说写得就是红楼一梦。奴才认为可将该书定名为《红楼梦》。不知皇上意下如何？”和珅试探性地问道。

“《红楼梦》，红楼贵族的南柯一梦，这个名字不错，我看就用

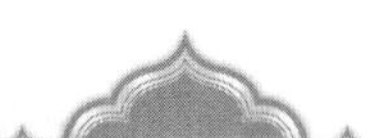

这个名字了！”乾隆一锤定音。

你能想到吗？和珅这样一个为了扳倒政敌，不惜鸡蛋里挑骨头，在《字贯》一书上大做文章，为乾隆朝的文字狱推波助澜的人，却会鬼使神差、歪打正着地为中国古典文学经典名著之一的《红楼梦》开了绿灯。说来有些让人不可思议。后世的研究者分析，和珅的身世与贾家十分相似。他少年贫寒，3 岁丧母，10 岁丧父，靠借贷读书。从小看惯了继母的白眼，历经贫困坎坷，尝尽了世态炎凉。曹雪芹的祖父也是包衣奴出身，后来竟然成为江宁织造，是康熙年间外放的高官。曹家的败落正如《红楼梦》中语：“机关算尽太聪明，反误了卿卿性命。生前心已碎，死后性空灵。家富人宁，终有个家亡人散各奔腾……”“为官的，家业凋零，富贵的，金银散尽……”《好了歌》中唱道：“世人都晓神仙好，唯有功名忘不了。古今将相今何在，荒冢一堆草没了。世人都晓神仙好，只有金银忘不了，终朝只恨聚无多，及可多时眼闭了。……”还有《红楼梦》结局中所描绘：“忽喇喇似大厦倾，昏惨惨似灯将尽，好一似食尽鸟投林，落了片白茫茫大地真干净。”

正是曹雪芹笔下荣宁二府的兴衰沧桑，触动了和珅并使他产生了强烈共鸣。

阅读《和珅诗集》，从中也可读懂和珅蓦然一现的心理潜台词。

和珅在《即事有感》一诗中写道：“独有风尘客，忙中学闭关。长年余案牍，片晷猎溪山。何药能医俗？无钱可买闲！醉来慵睡里，又梦鬓毛斑。”状写着自己梦中不知身为风尘客，空叹白了少年头。在《偶书》中有这样的诗句：“既道无愁却有愁，诗云良士自休休。人情变幻同飘絮，世事沉浮等泛舟。邻我东西皆一律，后先真妄总宜收。成仙成佛由成己，始信庄生悟解牛。”和珅在春风得意之际，也有慨叹“人情薄，世情恶”的清醒，只是自己已经骑虎难下。

《庚子二月中浣奉使过黔闻飞云岩胜境》有云：“坦夷心地自清幽，

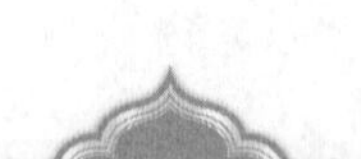

世间处处皆仙境。”写了对处世的态度和自我心理的调适。

《哨内醉中咏怀》曰：“不是蓬莱人倒少，只缘尘妄众魔多。”《乞巧》中有：“寄语儿女辈，守拙可年长。”《偶题盘谷寓斋瓶中红杏二首》曰：“爱此数枝消寂寞，满山桃李漫相猜。”流露出对朝中群僚尔虞我诈的隐喻及对世态百相的感叹。

和珅在《济南差次石庵（刘墉）总宪见惠金刚经端砚题谢二绝》中写道：“就中得失君知未，现在即为过去因。……水在澄潭月在天，此境可悟不可说。”在《奉使济南馈石庵总宪荷包人葠戏赠二绝》中写道：“脱颖会须由未见，中含妙义尽包藏。”以和珅之聪明，即使在春风得意之际，内心也深藏着对伴君如伴虎、“朝秦暮楚底事无”的恐惧和讳莫如深。

《红楼梦》成为和珅府兴衰的预兆。

1799年，乾隆正月初三驾崩，嘉庆初八就把和珅投入了大牢。正月十八，嘉庆下诏，判处和珅自尽。

纪连海在《历史上的和珅》一书中，描绘了和珅的最后时刻：

> 和珅用一条白练了结了自己的性命。上吊前，他口占一诀，为我们留下了下面的一首诗：
>
> 五十年来梦幻真，今朝撒手谢红尘。
>
> 他日水泛含龙日，认取香烟是后身。
>
> 数百年来，这首诗耗尽了无数史家的心血，也为附会者提供了活生生的素材……
>
> 先说诗的前两句“五十年来梦幻真，今朝撒手谢红尘”的解释：
>
> 和珅为什么会受乾隆宠爱呢？有野史记载，在乾隆未登基时，宝亲王与父皇雍正王妃马佳氏暗生情愫，但他们的“故事”被皇后钮祜禄氏撞破了。皇后恼怒万分，赐马佳氏于月华门自尽。乾隆闻讯，赶往月华门，可此时乾隆尚幼，雍正不会容许他救下马佳氏的，只好眼睁睁看着爱人死去。出于留恋，乾隆咬破手指，滴血在马佳

氏额头，两人相约如马佳氏能投胎，来世凭此印记与乾隆相认。后来，宝亲王当了皇帝，是为乾隆，可他依然想念马佳氏。苦等二十年，且南巡好几次，始终没遇见额头有红记之人。就在乾隆快忘了这事之际，乾隆四十年（1775），乾隆在侍卫中无意看见和珅，当时和珅不过是世袭之轻车都尉，但乾隆凭和珅额上的红记认定他乃马佳氏投生而成，于是擢升和珅为御前侍卫，值乾清门，并兼任正蓝旗副都统。正因有这一段渊源，在野史中才会传出和珅与乾隆关系不正常，两人是同性恋，不知是哪位史家率先“编撰”了这一故事。总之，这个故事影响极广，后世史家，尤其是民间野史都承袭了这种说法，这就是和珅亡命诗前两句的最佳解释。

再说诗的后两句“他日水泛含龙日，认取香烟是后身”的解释：

和珅诗中“水泛含龙”用的是夏后龙漦（即龙的唾液）的典故。大意是说夏朝末年，夏帝从两条龙那求得龙漦，锁在一个椟盒子里，日后代代相传没人敢打开，此椟似像西方传说中的潘多拉魔盒。可周厉王偏不信邪，他打开盒子，里面的龙漦流出化为玄鼋，玄鼋进入一童女体中，此女无夫受孕，产有一女，是为褒姒，也就是后来周幽王为了博其一笑而烽火戏诸侯的女子，也是导致西周灭亡的那个褒姒，而“香烟”在古文中是传宗接代的意思，于是乎，有人把两者串联起来，说和珅死后也会化身为褒姒似的女子来祸害大清帝国，这个女人当然就是慈禧了！

这段玄乎其神的描述显然带有演绎的成分，宿命论地讲了一个灵魂的前生后世。

栽倒在官二代的严嵩

引子：千秋青史谁裁定

清初张廷玉所撰《明史》，把严嵩描述为“窃弄威柄，构结祸乱，动摇宗祏，屠害忠良，心迹俱恶。终生阴贼者，始加以恶名而不敢辞”，“窃政二十年，溺信恶子，流毒天下，人咸指目为奸臣”，说严嵩父子狼狈为奸祸害天下，将严嵩列为明代6个奸臣之一。

《明史纪事本末·严嵩用事》一书中，历历在目记述了严嵩的劣迹：“二十七年杀曾铣，是年杀夏言。三十四年杀杨继盛。三十六年杀沈炼。三十七年杀王忬……”杀杀杀，杀无赦，只要你敢于太岁头上动土，就是捅了马蜂窝，众多弹劾严嵩的谏臣，“嵩虽不能显祸之于正言直指之时”，但总会睚眦必报，被严嵩网织罪名而遭到罢黜、流放，置于死地而后快，弄得家破人亡，最终的结局都很悲惨，以致“今士大夫语嵩父子，无不叹愤，而莫有一人敢抵牾者，诚以内外盘结，上下比周，积久而势成也”。嘉靖朝严嵩执掌权柄的20年，满朝文武敢怒而不敢言。

在“吾皇圣明”的封建王朝，皇帝的好恶取向就是臣子的选择标准。

在统治者编撰的所谓正史的舆论导向下，民间话语也呈现一边倒。

冯梦龙所著《喻世明言》(或名《今古奇观》)中有一篇《沈小霞初会出师表》，就是据《明史·沈炼传》所载，描述了锦衣卫经历沈炼，因上疏弹劾严嵩"贪婪愚鄙"，历数其"受将帅之贿，边防弛备""受诸王馈赠，干预宗室事务""揽御史之权，败坏政纪""嫉贤妒能"等罪状。嘉靖不但没将严嵩治罪，反而认为是沈炼诋毁大臣，下诏将沈炼廷杖、并贬谪到宣府保安州削职为民。即便这样，严氏父子仍不罢休，几年后，指使党羽寻机陷害，沈炼被斩，他的三个儿子，两个被打死，一个被发配到边疆。

明末清初戏剧家李玉所著《一捧雪》，也是抨击严嵩专宠弄权的一出戏：戏中演绎了严嵩为了获得北宋画家张择端的那幅传世之宝——《清明上河图》，可谓挖空心思，绞尽脑汁。严嵩得知此画收藏在员外郎王振斋手中，便派蓟门总督王忏去求购。王振斋惧怕严嵩的权势，又舍不得交出这幅名画，于是便找名家临摹了一幅赝品送给严嵩。严嵩不知是假，公开炫耀时被曾经装裱过此画的装裱师看破。严嵩怒不可遏，随即以"欺相"之罪缉拿了王振斋。王振斋招出真迹在其舅舅陆治手中，严嵩又利用权势从陆治手中获得真迹。可怜王振斋因了一幅画最后死在狱中。严嵩仍不罢手，因为严嵩以权势掠取真迹的内幕王忏最清楚。1559 年，严嵩以"治军失机"的罪名将他杀掉灭口。

此外还有记述严嵩迫害"浩气还太虚，丹心照千古"的忠愍公杨继盛的八幕戏剧《鸣凤记》，指名道姓将严嵩、严世蕃父子骂为"朱蛇""贪狼"的长诗《袁江流铃山冈》，以及揭露严嵩、严世蕃恶行的文艺作品《丹心昭》《狂鼓吏》《出师表》等，在历史的舞台上，严嵩被刻画成了一个典型的白脸奸臣。庙堂与民间在对严嵩的评价上，难得达成高度一致，就此严嵩被盖棺定论为一个千夫所指的大奸臣，被钉上了历史的耻辱柱。

读《明史》，似乎只能得出这样的结论："嘉靖是个大昏君，严嵩是

个大奸臣，嘉靖年间是明代政治最黑暗、最腐败的年代。”然而，颇具权威的英国剑桥《中国明代史》中，却称嘉靖年间“是一个经济非常活跃的、农业技术和生产发展的、纺织品和手工业大规模发展的时代”，认为嘉靖当朝、严嵩辅政期间，中国出现了资本主义的萌芽，随后社会又倒退了回去。苦乡在《嘉靖与严嵩》一书中写下这样一段话：“嘉靖年间实行了一条鞭法税收制度。这是我国税收史上一个划时代的转折点。一条鞭法不仅减轻了贫苦人民的沉重负担，还由于给了人民相对的自由，大家可以自由经商、贸易、开作坊、办工厂，所以有力地促进了市场经济的发展。尤其是嘉靖年间大力推广棉花，为国家稳定、经济繁荣起到了决定性的作用。”

明朝自朱元璋开国以来，一直把爱发议论的文人视作不稳定因素，所以实行的国策是能为我所用则用之，不能为我所用就杀之。然而，嘉靖朝的文人却享有最宽松的言说空间和最充分的创作自由，是明朝文化艺术的一个巅峰时期。中国古典文学四大名著之《三国演义》和《水浒传》就诞生于嘉靖年间，《西游记》虽然面世于万历年间，成稿却也在嘉靖朝。仅嘉靖年间出版的图书就超过了此前100多年出版物的总和。在出版印刷方面，除继承了原有的活字印刷外，还创新了石印、水印、彩印，使图书文字的传播发生了质的飞跃。一时间，杂剧、传奇、志异、医药、文选等出版物如雨后春笋。在严嵩执政期间，朝廷户部还拨专款，扩建维修了白鹿、嵩阳、睢阳、岳阳四大书院。各府州县都开设了藏书院……文化的繁荣与否是一个朝代政治开明程度的试金石。

对于严嵩的“奸臣”论，自始就有不少人为之申辩抱不平。明末著名的文学家、政论家艾南英，就指斥王世贞是“撰史以泄愤”。王世贞的父亲王忬时任兵部右侍郎兼蓟辽总督。王忬是位精通军事、很有责任心的将领，1557年春，因一时不察让入侵的数万北虏进至三屯营，使不少中贵和宫人的家产遭受损失。这些天子身边的人就向嘉靖弹劾王忬。在调查此事时，又牵扯出王忬疏于练兵等情况。于是嘉靖震怒，圣谕：“诸

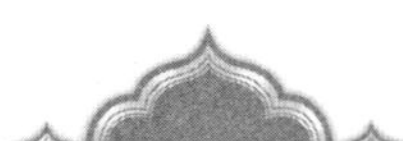

将皆斩。”严嵩曾经上奏保过，但嘉靖皇帝执意要杀。王世贞兄弟上门求救，严嵩表示爱莫能助，最后王忬还是被杀掉了。王世贞就把这笔账记到了严嵩头上，发誓要报这个杀父之仇。严嵩死后不久，王世贞就出版了《嘉靖以来的宰相：严嵩传》。王世贞的《严嵩传》是有关严嵩记载的最早版本，以当事人的身份，又以正史的面孔出现，给人们以真实历史记载的感觉。100年后，清朝修《明史》，就是以这个传记为蓝本，将严氏父子列入《奸臣传》。《世庙识余录》对王忬的被杀如是说："王中丞坐疆事死，非死严氏也。"还说："蓟州边备久弛，整顿良艰，屡至失律，遂于极典。……华亭（徐阶）乃予罪严嵩，至方秦桧之杀武穆。是以君子恶居下流。"艾南英在看完《严嵩传》后，曾一针见血地指出："呜呼，信史果如是哉"，"世贞罪状相嵩，独可信乎？"并对王世贞的歪曲历史指斥说："近代文士以修怨无君者，太仓王世贞也！"

雍正丁卯年撰修《明史》时，史学家对该不该把严嵩列入《奸臣传》发生了激烈的争论。近代胡适也认为有必要对严嵩重新予以评价。近代以来，不少学者开始提出不同看法，他们认为严嵩不算是一个贪官奸臣，不少有关史实值得商榷，如美国学者苏均炜的《大学士严嵩新论》与《夏言与严嵩》、澳洲学者李焯然的《从〈鸣凤记〉谈到严嵩的评价问题》、中国香港地区学者马楚坚的《严嵩文集序》、中国台湾地区学者周启志（网名村学究）的《"奸相"严嵩质疑》《黑白严嵩》等。

要了解一个真实的严嵩，光看最早成文的王世贞的《嘉靖以来的宰相：严嵩传》不行，当代人的撰史，掺杂了更多的集团政治利害和个人情感色彩。而此后清人所撰《明史·严嵩传》《明史纪事本末·严嵩用事》等正史，沿袭了王世贞的版本，"史笔千年失直道"，把严嵩描绘成了"大奸大贪"。其实，我们只要细心研读，就能从钱谦益所编著的《列朝诗集·严少师嵩》《列朝诗集·胡瓒宗传》等嘉靖、隆庆年间的大臣传记中，从何良俊编选的《四友斋丛说摘抄》，黄尊素所著《时略》所记的嘉靖、隆庆年间的时事及诸臣奏疏，王联案所著《明皇大事记》，查继佐所著《罪

惟录》等著述中，蛛丝马迹地捕捉到一些严嵩当年的真实信息。

对成王败寇、朝真暮伪的正史记载，几十年的人生经验已经失去了信任感。赵朴初有言：“听话听反话，不会当傻瓜。”我们读史应该学习鲁迅从史书的字里行间读出“吃人”二字，还严嵩以历史真面目。

1. 天下有道则显，无道则隐

看史书产生一个疑团：严嵩活到 87 岁高龄，但他罄竹难书的所有罪恶都发生在他 60 岁执掌朝政之后，那么他前半生一个花甲的岁月都干什么去了，难道官场就是个大染缸，五彩缤纷进去，都要染成污秽黑不溜秋？

严嵩于 1480 年正月二十二日出生在江西袁州府分宜县介桥村。祖父严骥、父亲严淮虽然都是布衣百姓，但明代江西习儒之风颇为盛行，严嵩又是长房长孙，所以自出生起，就被严家寄予光宗耀祖的厚望。严嵩 4 岁启蒙，8 岁已能把四书五经里的文章倒背如流，“于书过目不忘”（唐龙《历官表奏序》）。后到私塾读书，他的聪明颖慧、思维敏捷，常使私塾老先生感到吃惊。一些晦涩难懂的古文，别人要讲多遍也难明其意，而严嵩听一遍就能知其主旨。对联更是反应敏捷，“属对辄有奇语”（唐龙《历官表奏序》），出语奇异。《严氏族谱》记载，严嵩读私塾时，与其老师及叔父的对联：“手抱屋柱团团转，脚踏云梯步步高。”“一湾秀水足陶情，流珠溅玉；四顾好山皆入望，削碧攒青。”“七岁儿童未老先称阁老，三旬叔父无才却作秀才。”李诩在《戒庵老人漫笔》卷五《严分宜》中也有记载，地方父母官口占一联：“关山千里，乡心一夜，雨丝丝。”严嵩随口应对：“帝阙九重，圣寿万年，天荡荡。”

严嵩神童的名声渐渐地传扬开来。分宜县知县爱惜人才，听说介桥村有个神童，就把他召入县学，着意培养。于是，年方 8 岁的严嵩以博

士弟子的身份进入了分宜县学。按常规，年满 12 岁的童生需经过两次考试才能进入县学。后来江西提学使来校视察，经测试，对严嵩大为赞赏，当即决定将其补为廪膳生员，免除他的膳食费用。

经过多年苦读，严嵩 19 岁中举人，26 岁中进士，为二甲第二名。以严嵩此后显露的才华，也许本应独占鳌头，但因为出身贫寒，官场没有任何关系，仅列第五。当时的阅卷官张泾川曾作诗为严嵩扼腕叹惜："回首玉堂天上游，惊看玉树过南州。登科岂必传三唱，受卷曾知让一筹。馆阁栽培他日地，文章经济古人流。湘山夜雨皇华驿，倾倒能令老病瘳。"

严嵩中进士后，又以一首《雨后观芍药诗》入选翰林院，为庶吉士（明制，选新进士中擅长文学与书法者担任庶吉士）。1507 年，严嵩庶吉士结业，被授为翰林院编修。他终于实现了父祖的夙愿，跻身于翰林之列，踏上了晋升的阶梯。

正当命运向严嵩闪现希望之光时，他的祖父和母亲相继病逝，严嵩按制丁忧回乡。从小孝顺的他，痛不欲生，结果大病一场。此后病魔缠身，身体状况时好时坏。严嵩一边养病，一边潜心于诗书经史，精进学养。在故乡期间，严嵩受邀为袁州纂修《袁州府志》，经过两个寒暑对袁州一府四县的疆域、建置、物产、食货、兵防、政教、名哲、文化、风情等详细的考察，严嵩完成了长达 14 卷的《袁州府志》。

严嵩修《袁州府志》，给予他一个深入底层体察民情的机会。正是这段经历使严嵩执政后特别关心民瘼，体察民情。据《明世宗实录》卷四〇三记载，1553 年，他与嘉靖讨论赈济问题，谈道："请以太仓米数万石平价发粜，或可稍纾日前之急。其山东、河南等处当多发临、德二仓米给赈。"后还说："发米出粜，虽米价稍平，但四处饥民有身无一钱者，未免仍坐毙道路。请于十万石内以八万石出粜，济在京军民，二万石敕户部委官运赴城门外各厂，每早召集饥民，人给一升，庶得并沾实惠。"《历官表奏》卷十三《请立桥建名额》记载，1545 年，分宜等县旱荒，民众乏食，严嵩还将嘉靖所赐银 2000 余两买稻谷 5000 余石陆续赈济饥民。

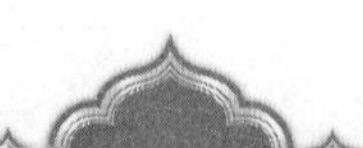

严嵩说，这样做是为了“以广圣泽”。

1544—1556年的10多年时间内，严嵩先后捐银三四万两，在宜春、分宜两县修建了4座石拱桥：宜春秀江上的广泽桥、下浦的广润桥（上浦、下浦各一座的总称）、分宜清源河上的万年桥。严嵩还主持修筑了一条分宜至安福县的官道，全长60公里。“要致富，先修路”，分宜与邻县的交通便利，为家乡带来了福祉。严嵩还两次捐助分宜县学堂，在分宜兴建钤麓书院，捐资重建县城城郭。这些善举使严嵩在分宜人民心中树立了良好的口碑。尽管《明史》把严嵩列为奸臣，但家乡的父老乡亲从来就不认为严嵩是一个奸臣，如果在县里演丑化严嵩形象的戏剧，戏台都会被人掀翻。分宜人还在村里为严嵩建了一座纪念建筑——严氏宗祠，500年来香火不绝。宗祠牌楼的牌匾上写着：“春风先到藩侯楼，瑞色平分宰相家。”村中人至今还在传扬严嵩的才干和善举，把他看作读书人的榜样、介桥村的骄傲。

3年丁忧期满，又经过几年的修身养性，严嵩的身体逐渐好转，完全可以返朝任职。但严嵩审时度势，分析了当前的政治态势：

1505年，明孝宗朱祐樘驾崩，独子朱厚照继位，即正德皇帝。朱厚照是历史上有名的昏君，他不理朝政，而是一味地自己花天酒地，在宫外建了豹房和镇国府，无耻地称镇国府为“家里”。在大街上闲逛，看中了哪个女子，就弄回豹房奸淫。他广收干儿子，其中有的竟然比他还大十几岁。大小事情都任由身边几个溜须拍马的太监说了算，在朝中形成了“太监八虎”。为首的就是那个历史上臭名昭著的刘瑾，号称“九千岁”。正德年间实行的税收政策尤其荒唐，不管你是逃荒还是乞讨，只要活着就要缴纳人头税，弄得天下“饥殍载路”，“人相残食”，“市易饼饵则为人所攫取，子女鬻卖得钱不及一饱，孩稚至弃野中而去”。（白寿彝总编：《中国通史》，上海人民出版社1999年版）

朱厚照的昏庸荒唐，举一斑即见全豹。1519年7月，宁王朱宸濠趁乱反叛，起兵由江西南昌出发，直取明朝第二都应天府（今江苏南京），

意欲以此为基地，称帝后推翻朱厚照。江西巡抚王守仁是一个杰出的军事家，他一面用反间计迟滞叛军，一面调兵遣将，仅仅用了43天的时间，就全歼叛军，生擒朱宸濠。按说王守仁是立下了天大的功劳，可朱厚照却听信太监的谗言，认为王守仁是别有用心，拥兵自重，图谋不轨。太监们匪夷所思地声称，本来这件事应该由皇帝御驾亲征，却让王守仁“贪天功为己有”。这样的荒唐之言，朱厚照竟然听信了，传旨将王守仁下狱，放了朱宸濠，让他整兵与自己再战。

据《明史・阉党・焦芳》记载，其时当权的宦官刘瑾是陕西人，阁臣焦芳是河南人，因此他们提拔、重用的大批官员都是北方人。朝廷中是北人的天下，南人大多受到打击和排挤。尤其是阁臣焦芳出于个人成见，对江西人格外排挤。焦芳曾为侍讲，“满九年考，当迁学士”时，江西人詹事彭华嘲讽地对大学士万安发牢骚说：“焦芳也做得了学士？”焦芳听说后差点气得背过气去，恨得咬牙切齿，公然宣称：“他日毋得滥用江西人。”焦芳还引经据典地说“王安石祸宋，吴澄仕元，宜榜其罪”，把江西人眉毛胡子一把抓，认为江西人都不值得信任，不能予以重任。身为江西人的严嵩，面对这样一个结党营私、排斥南人的权臣，如果返朝出仕，必将面临进退维谷之地：如与阉党抗衡，无异于自惹其祸；如果卖身投靠阉党，则就此毁了读书人的一世清名。

严嵩进入仕途之初，摊上的就是这样一个无道昏君，这样一帮奸相阉臣。

《论语・泰伯》篇记载了孔子的一句名言：“危邦不入，乱邦不居，天下有道则现，无道则隐。”《庄子・外物》篇也有劝告：“外物不可必，故龙逄诛，比干戮，箕子狂……人主莫不欲其臣之忠，而忠未必信，故伍员流于江，苌弘死于蜀，藏其血三年而化为碧。”自古伴君如伴虎，历史留下多少前车之鉴：龙逄被诛，比干被戮，箕子佯狂……官场无比险恶的现状，破灭了多少文人士大夫精忠报国的梦幻，“达则兼济天下，穷则独善其身”，严嵩只能退守钤山居，以观时变。

王世贞的《嘉靖以来的宰相：严嵩传》中记载，“数移疾告归读书钤山中”，严嵩自己有诗句：“卧痾钤山阅八稔。”严嵩在分宜县城南的钤山之麓，学宫旁搭建了几间房舍，命名钤山堂，过起了8年之久的隐居生活。

钤山隐居的8年，对严嵩的宦海生涯具有重要的意义：一方面，严嵩能够明哲保身，远离凶险的政治斗争；另一方面，严嵩得益于这段时间的潜心苦修，其文学素养大为长进，这对他复出后能够以诗文奏对得到嘉靖皇帝的欢心大有裨益。在归隐期间，严嵩“锐意名山大川，览胜寻幽，著述日富”。严嵩又广结名流，跟李梦阳、王守仁、何景明、王廷相等人都有交往。这些人不仅学问渊博，而且都是敢与阉党做斗争的仁人志士，颇有名望。《明史・王世贞传》称严嵩：“才最高，地望最显，声华意气笼盖海内。一时士大夫及山人、词客、衲子、羽流，莫不奔走门下。”严嵩与名流们把酒论诗，剖经析义，既提高了自身的文学声望，也扩大了社会影响，这为他重返朝廷积累了充足的资本。

严嵩于钤山筑室读书数年，将他的诗文集命名为《钤山堂集》，收录其诗作1300余首。与严嵩同时代的进士王廷相在1533年为严嵩《钤山堂集》作序说：“其诗思冲邃闲远，在孟襄阳伯仲之间；文致明润婉洁，揆之欧阳子，稍益之奇，未尝不叹服；其体格古雅而卒泽于道德之会也。”把严嵩的诗与孟襄阳和欧阳子相提并论。钱谦益在《列朝诗集・严少师嵩》一书中评价：“少师初入词垣，负才名，谒告返里，居钤山之东堂，读书屏居者八年，而又倾心折节，交结胜流，如杨用修辈，相与倚合，名满天下，以公辅望归之。”也说明严嵩是颇有文才的，其诗文典雅清新，深入浅出。同时代人何良俊在其《四友斋丛说・诗三》中记载：“空同曰：‘如今辞章之学，翰林诸公严惟中为最……’”“空同”即被后人誉为“前明七子”之首的李梦阳的号。严嵩字惟中，也有称其号严介溪、严勉庵，或以故籍称其严分宜。何良俊还称：“严介老之诗，秀丽清警，近代名家，鲜有能出其右者。”明沈德符《万历野获编・二相诗词》云：“严分宜自

为史官，即引疾归卧数年，读书赋诗，其集名《钤山堂集》。诗皆清利，作钱刘调，五言尤为长城，盖李长沙流亚，特古乐府不逮之耳。”

即便是明史作者张廷玉在说严嵩“无他才略，惟一意媚上，窃权罔利”的同时，也不得不承认他“为诗古文辞，颇著清誉”。但由于把严嵩列为奸臣之列，因人废言，其文学成就常被人忽视，所以沈德符在《万历野获编·二相诗词》中惋惜地说：“故风流宰相，非伏猎弄獐之比，独晚途狂谬取败耳。”纪晓岚在主编《四库全书》时，也不忍心将严嵩的诗作一笔勾销，在《四库总目提要·集部·别集类存目》中说：“嵩虽怙宠擅权，其诗在流辈之中，乃独为迥出。王世贞《乐府变》云：‘孔雀虽有毒，不能掩文章。’亦公论也。然迹其所为，究非他文士有才无行可以节取者比，故吟咏虽工，仅存其目，以昭彰瘅之义焉。”以致严嵩之诗在《四库全书》中“仅存其目”，直至 2012 年 3 月，才由杨璐整理，由北京线装书局出版，始让读者见到庐山真面目。

杨璐在《严嵩诗集》出版前言中写道：“研究历史人物，应研读其诗作，因为内涵之深广是其他史料难以涵盖的。综括严嵩八十七年的一生，浑如南柯一梦，史书难于详记，而诗作却如影随形地记录一生。从读书、仕宦生涯的境遇遭逢和喜怒哀乐，直至临终绝笔，是难得的第一手资料。”

从严嵩《钤山堂集》所集诗中，有许多对贫病的感触和描绘，严嵩出身贫寒，从少年起就羸弱多病，所以对“贫”与“病”有着深入骨髓的恐惧和忌讳。这对于解读他以花甲之年的高龄，侍奉嘉靖20多年的“老人政治”，有了生理学和心理学的依据，如《四十岁初度》写道：“受气素薄弱，既长犹尪羸”；初入仕途的《感怀》：“一官系籍逢多病，数口携家食旧贫”；《将赴京作》曰：“阙下简书催物役，镜中癯貌愧冠绅”；《奉酬空同先生》中写道：“地僻柴门堪系马，家贫蕉叶可供书”；《叙旧见贻》写了官场聚会：“海内故交谁在眼，病来癯貌独憎予”；《酬陆司业见寄》有：“多病只怜癯骨在，素心惟荷故人知”；《修瀛洲之会限韵得诗》曰：“胜

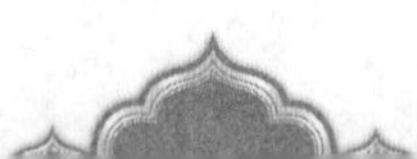

会正看鹓作侣，瘦躯翻讶鹤同形”；病到晚年，他在《生日自述》中写道：“风云自幸逢明世，羸病那知介晚龄”；《除夕作》云：“病来渐觉形容老，静后浑于岁月忘。”

严嵩之诗多迎来送往之篇，既有官场应酬之作，也有怀念故交的真情实感，如“谁拟著书忘岁月，尚看挥翰落云烟……同至故应忘主客，官闲真得似神仙”（《赞治堂赏莲》）；“坐阑红烛谈犹健，折赠琼枝意自重”（《夕会顾宫谕兄》）；“身健底须求大药，眼明犹复理残书”（《寄赠槎溪王翁》）；“空江岁晚无来客，远道情深独见吾”（《喜友人至》）；“芳草不堪频送客，暮云何处独登台”（《赠寇京兆》）；“渐老不堪仍送别，后期何地更传卮”（《赠别汝湖学士》）；“海内交游同骨肉，天涯涕泪各参商。关山落日云千嶂，河汉怀人水一方”（《大司成陆公枉驾钤山草堂》）。

出于对官场政治的忌讳，严嵩的诗有意识地或者说下意识地回避了许多朝野大事，但从血管里流出的都是血，偶尔也有对胸中志向的流露，如他在《子昂马图题赠李中丞》一诗中，写下这样的诗句：“皋夔事业待经邦，韩范威名先震虏”，有意无意之间流露出对宋代名将韩琦、范仲淹声名的渴望。

严嵩有诗句：“学子饥寒者，琼林占一柯。”也许严嵩如果没有后来的误入官场，钤山隐居就成为另一篇《桃花源记》。“钤山归豹隐，燕市结蛛罗”，则形象而生动地流露出自己归隐思想的心理潜台词。严嵩又有诗句：“文苑诗书健，官场杀戮多”，表达着内心深处对官场倾轧的恐惧：官场就是部绞肉机，翻过来倒过去，活生生的人置身其中，被绞得死去活来，血肉模糊。严嵩还有诗句：“此公诚大梦，兴废本槐窠！”“槐窠”，《太平广记·南柯太守传》中所记大槐安国蚁穴事。严嵩借此典故，表达着“蚂蚁缘槐夸大国，蚍蜉撼树谈何易”，“一枕黄粱再现”的人生缥缈。

“人之初，性本善。”生命降临人世间，都有着修身、齐家、治国、平天下的人生抱负，十年寒窗千锤百炼，“人人皆可成圣贤”。“人之初，性本恶。”与初始动机南辕北辙，与生俱来的七情六欲，抵御不住人世间的

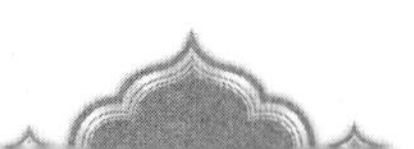

种种诱惑，撒播龙图腾，收获遍地鸡毛，画虎不成反类犬。心灵是生存时间中的钟摆，总在善恶两极间摇荡徘徊，瞻前顾后。

严嵩这个人的形象，先后截然不同：当他退隐家乡的钤山，潜心诗学不过问政治之时，俨然一个“天下以公望归之”的雅人，而后来一旦进入官场这个大染缸，几度变脸，几番沉浮，貌似风光无限，实则声誉毁损殆尽，成为“近代权奸之首，至今儿童妇人，皆能指其姓名，戟手唾骂”（钱谦益语）。

严嵩入朝为官以后，朝廷准备重修《宋史》，曾命严嵩领衔，“以礼部尚书兼翰林学士，董其事”。这是一个油水不大的苦差，但却享有崇高的声望。历代能够被帝王相中，认为有资格主持修正史的文人，大都属于文坛泰斗，如宋朝的欧阳修、司马光，清朝的纪晓岚等。由此可见，严嵩当时的学问、文章确实在朝中堪称翘楚，众望所归，得到了大家的公认。

严嵩不仅诗文才华横溢，他的书法成就也是旷世罕见，堪称一绝。北京著名的老字号酱菜铺“六必居”即为严嵩所题。另在什刹海、景山公园、北海、故宫等地都有他的书法作品，就连山海关的“天下第一关”，据说也是严嵩的手迹。清朝顺天府贡院，悬挂的是严嵩题写的匾额“至公堂”。乾隆觉得在为国家培养和选拔人才的地方挂一个“奸臣”的字有失体面，然而仔细打量了满朝文武写就的字迹后，不禁摇头，包括他自己，没一个人的字能比得上严嵩，于是只好将严嵩的字继续挂在贡院里。

明朝留存一本《嘉靖奏对录》，记载着严嵩的奏折和嘉靖皇帝的批示。其中有一篇写道：“服蒙圣问服药一件……臣昨岁服丹只五十粒，乃至遍身燥痒异常，不可一忍……至冬发为痔疾，痛下淤血二碗，其热始解……”嘉靖皇帝为了长寿炼仙丹服用，又疑虑那玩意儿有毒（内含铅汞化合物）反而伤了身体，于是炼成后总让严嵩先尝。一个耄耋之年的老人，以自己的病弱之躯充当实验室的小白鼠，不但吃了，还要报告服用结果，承受如此的生命风险，只是为了“臣唯一意尽忠报主，以祈天

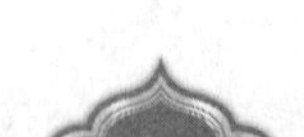

之佑而已”。忠不忠，看行动。明史将严嵩列入了《奸臣传》，其实严嵩对嘉靖皇帝倒是忠心耿耿！

《庄子·外物》篇有言：“人主莫不欲其臣之忠，而忠未必信。”君主无不希望臣仆尽忠，然而忠臣未必得到君主信任，用得着时，你是辅佐股肱，左膀右臂，须臾离不得；而一旦时过境迁，“鸟尽弓藏，兔死狗烹”，你再无利用价值了，就被弃之如敝屣。严嵩尽管使出了浑身解数，最终也免不了悲惨的命运。

孔子《论语·子张》曰：“纣之不善不如是之甚也，是以君子恶居下流，天下之恶皆归焉。”从来“吾皇圣明”，只是下面的臣子，歪嘴和尚念歪经，误解了圣上的一片良苦用心。所以历来史学家的逻辑，只有奸相而无昏君。在封建专制体制下，皇帝的一切过错都是由于臣子造成，只要“清君侧”，就会迎来太平盛世。恶居下流和善居上流，成为包括司马迁在内的后来史学家的春秋笔法，遑论忠奸！

严嵩临死前委屈地写下诗句：“平生报国惟忠赤，身死从人说是非。”严嵩这个愚忠的“奸臣”，大概至死也没有想明白其中的道理。

2．上有所好，下必甚焉

1516年，政局发生了很大变化，刘瑾被诛，焦芳削官。杨廷和以首辅之位当政，起用了费宏、杨一清、梁储、毛纪等一批清正之士。杨廷和是严嵩会试时的考官，有座师之情；费宏则与严嵩同乡，有桑梓之谊。他们素闻严嵩隐居清誉，于是以朝廷名义诏他还朝。严嵩终于盼到了出山的时机。

严嵩还朝复官之初，保持着一个士君子的批判锋芒，对朝政多持批评之论。《钤山堂集》卷三六《太子少保吏部尚书恭肃周公墓表》记载，严嵩措辞激烈地批评朝政：“正德间，天下所疾苦莫如逆竖妖僧”，对于

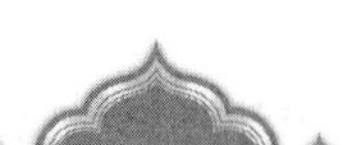

武宗的许多做法提出异议。在《钤山堂集》卷二七《西使志》中，对正德朝劳民伤财大兴土木运楠木北上的做法，指斥道："今湖南运殿材巨楠数千株，联筏曳旗，蔽流而上。楠最硬者围丈余，长可五十尺，诚天地间奇声。然此木一株，山伐陆挽水运至此，费数百金矣。"严嵩初生牛犊不怕虎，锋芒毕露，触犯了官场禁忌，自然也就难为官场所容。宸濠之变后，严嵩恐惧于官场凶险，遂称病告假，又返钤山过起了隐士生活。

1521 年，武宗朱厚照驾崩，他的堂弟朱厚熜继承皇位，即世宗皇帝。嘉靖初年，世宗朱厚熜颇想做一个"有为之君""中兴之主"，对百年积弊的朝政进行了一番除旧布新。谈迁在《国榷》卷六十四中予以很高评价："世庙起正德之衰"，"厘正诸儒，严迪德之选；革藩镇之诸阉，废畿甸之皇庄，夺外戚之世封，抑司礼之柄用……"朝政曾为之一新。其最大成就莫过于果断革除镇守中官。《明史·张忠传》记载："（世宗）尽撤镇守内臣及典京堂仓场者，终四十年不复设，故内臣之势，惟嘉靖朝少杀云。"历朝历代以来的"阉宦为患"，在嘉靖年间却再无史载。

严嵩认为是恭逢明君盛世，于是再度出山入朝。

入朝未久，严嵩经历了持续 4 年之久的"大礼仪之争"的凶险风波。由于武宗朱厚照的荒淫无度，当他暴病驾崩之时，尚无子嗣继位，朱厚熜是经过一番堪称残酷的继位恶争，才得以兄终弟及，承继大统。

王世贞在《嘉靖以来的宰相：严嵩传》中有载："时上入谀臣言，欲祀献皇帝于明堂，以配上帝。嵩不敢违已。又欲献皇帝称宗而入太庙，嵩与群臣廷议，皆难之。上不悦，著《明堂或问》以见志，嵩皇恐，尽变前说。"

1538 年，世宗朱厚熜登基后，很快有观政进士张璁、刑部七品主事桂萼揣摩着皇帝的心思上奏说："孝子之至，莫大乎尊亲。尊亲之至，莫大乎以天下养。微臣以为皇考之事势在必行。天下之人谁没有父母？皇上以堂弟身份继承堂兄的皇位，光明磊落，如果不如实皇考，绝对会给人以不良的口实。"

这道奏折说到了嘉靖的心中所想：自从登基皇位，嘉靖朝思暮想着追尊生父兴献王朱祐杬为兴献帝，还准备将兴献帝庙号追尊为睿宗，并将神主入太庙，跻在武宗朱厚照之上。这场“大礼仪之争”，表面上看是嘉靖为其生父的封号正名，关于祭祀典礼和称宗入庙等问题的争执，其实质有着更为深层的谋略。世宗朱厚熜以藩王入继大统，追封没有做过皇帝的兴献王为皇帝，目的是维护自己继承皇位的合法性，表明他的皇位不是继承其堂兄武宗，而是来自他父亲这一脉的血缘关系，也就是直接上承他的祖父孝宗。

张璁和桂萼的这道奏折，虽然言了嘉靖皇帝之所想，但也遭到维护正统的满朝文武官员的激烈反对。尤其是武宗朱厚照的皇后张太后，原设想着把侄子认作干儿子，自己就顺理成章地当上了皇太后。谁承想，“子系中山狼，得志便猖獗”，登基伊始，就要改皇考，接下来当然就是要把自己的生母蒋氏扶为太后了。这样一件事关皇权的争夺，很快演变成了一场白热化的你死我活的争斗。

刑部尚书赵鉴因为在金銮殿上殴打始作俑者的张璁和桂萼，惹得嘉靖雷霆大怒，当时就下旨让锦衣卫拿下拉出去砍了。礼部尚书汪俊情急之下说了句：“你就是打死微臣，微臣也要说。”嘉靖当场殿杖汪俊五十大板，打得他血肉模糊，随后将其赶出金銮殿，永不续用。嘉靖让史官更改皇考，遭到史官的拒绝，史官马上被打入死牢……由于嘉靖认准了死理，油盐不进，惹得曾经拥戴有功的首辅杨廷和以辞职要挟，嘉靖仍固执己见，毫无悔意，当庭准奏，让杨廷和告老返乡。（苦乡：《嘉靖与严嵩》，浙江大学出版社 2011 年版）

《明史・严嵩传》记载：“世宗怒，著《明堂或问》，严厉质问群臣：你们口口声声称自己是忠臣，忠臣有这样违逆圣意的？”从这场“大礼仪之争”中，嘉靖刚愎自用、刻薄寡恩、猜忌多变的性格暴露无遗。面对众多朝臣为礼仪之争奋不顾身地死谏，嘉靖颁布的《明堂或问》，就是向群臣亮起的警戒红牌：龙麟不可逆，君命不可违。在这场“大礼仪之争”中，

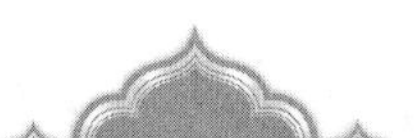

嘉靖皇帝打死马理、张原等16个大臣，被下狱、罢黜、夺俸、降职、流放充军的达110人之多，这些人中，因悲愤绝望等原因而死亡的有20多人。

时任礼部尚书的严嵩，自然躲不过去。严嵩面临两难选择：顺从皇帝，立刻就会招来朝野的一片骂声；违逆圣意，不仅乌纱帽难保，甚至可能还会招来杀身大祸。经过一番思前想后、仔细斟酌，严嵩写了一份模棱两可的奏疏交给皇上。严嵩说："太祖开疆立业，建都于应天府。成祖叔夺侄位，天怨人怒。虽然都是太祖的子孙，但换支移嗣有违太祖遗训，给后代做了一个不好的榜样。他自己难以面对皇室宗庙，这才迁都顺天府（今北京），另择帝陵传七代而绝主支。皇上既是成祖的子孙，更是太祖的子孙。今天虽然以兄终弟及之义继承皇位，挽大明江山于狂澜，名正言顺，但换支移嗣毋庸置疑。那么先帝又安肯到皇陵与地下诸帝同陵，受那不应有的委屈呢！"

智者千虑，难免一失，尽管严嵩绞尽脑汁，把话说得模棱两可，想当个骑墙派和事佬，平息这场剑拔弩张的争议，但他的良苦用心还是被嘉靖所误解，嘉靖陡然翻脸，大怒道："你难道是影射我无颜去见皇陵的列祖列宗？"

严嵩一看惹得龙颜大怒，马上见风使舵尽改前说，迎合嘉靖的心思，改口称道："万物成形于秋，故王者秋祀明堂，以父配之。自汉武迨唐、宋诸君，莫不皆然，主亲亲也。若称宗之礼，则未有帝宗而不祔太庙者，恐皇考有所不宁。"严嵩一张嘴两层皮，一会儿东，一会儿西，说得天花乱坠，终于博得了"帝悦"。严嵩一见得计，进一步迎合嘉靖的心思，顺水推舟上书说："尊文皇帝称祖，献皇帝称宗。"于是"上从之"，颁布圣谕："尊太宗文皇帝为成祖，皇考献皇帝为睿宗，配上帝，诏天下。"（《明史纪事本末·严嵩用事》）

与直言不讳批评正德朝政相比，严嵩在嘉靖朝为官做人方面有了明显的变化。历经了前半生的饥寒风雨，严嵩将利禄看得重了，嘴里常说"禄不逮养，学未有成"，寒窗十年苦，不就是为了换得今日的荣华富

贵？来之不易，岂能轻易失去？徐学谟在《世庙识余录》卷五中批评严嵩任祭酒时就不清白了。尽管严嵩在《钤山堂集》卷七《奉近慈圣歌》中也写过“濮园仪礼伸舆论，代邸崇恩本圣情”的诗句，但穷窘怕了的人，一旦有了改变命运的机会，总要紧紧抓住死不撒手。人在屋檐下，谁能不低头？封建王朝的臣子，哪个能不以皇帝的眼色行事？

早在1528年，严嵩奉嘉靖之旨祭告显陵（世宗朱厚熜生父陵地，在今湖北钟祥附近）。返朝后，严嵩向嘉靖上了一道奏疏，叙述了途中所见祥瑞，称“白石产枣阳，有群鹳集绕之祥”，“碑物入江汉，有河水骤长之异”，立碑时，“燠云酿雨”，“灵风飒然”（《明世宗实录》卷九六）。严嵩向嘉靖皇帝献媚说：“臣恭上宝册和奉安神床时，应时雨止。又产石地枣阳，有许多鹳鸟绕集；碑运入汉江，河流突然水涨。这些都是上天眷爱之意，请命辅臣撰文刻石予以记载。”

严嵩的奏折讨得了嘉靖的欢心，当即批下御旨：“今嵩言出自忠赤，诚不可泯。依拟撰文为纪，立石垂后。”（《明世宗实录》卷九六）

严嵩终于帮嘉靖实现了生父称宗入庙的心愿。严嵩在“大礼仪之争”中，有惊无险，化险为夷，躲过了一场灾祸，也学会了如何应付性情乖戾多变的嘉靖。官场的沧桑泛化为求生存的记忆。严嵩从此接受教训，善于窥探政治风向，对嘉靖言听计从，该转辕时就转辕，走上了“媚臣佞臣”之路。

《明史纪事本末·严嵩用事》载：“十八年（1539）二月，景云见……严嵩请帝御朝受群臣贺，嵩乃作《庆云赋》及《大礼告成颂》上之，诏付史馆。”1539年，嘉靖追尊太祖朱元璋高皇帝谥号时，京城上空彩云满天、霞光万道，道士们说这是五彩祥云，是国家昌盛太平的吉兆。严嵩借此机会，用尽平生所学，写了一篇《庆云赋》，献给嘉靖：

惟灵璧之丕叹兮，憾神坤以通乾罡。历万古之锤炼兮，含自然以极造化。奇五岳之神韵兮，混千面集于奇峰。比穹苍而袭云兮，

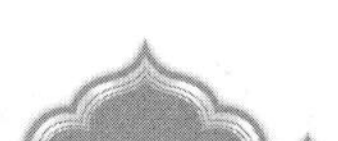

拈颛顼以摇营室。体嵯峨之玲珑兮，待谐宙而绕香雾。观庆云之毓魂兮，升碧石以接北辰。击磬鼓以镇诰兮，听秋水之谓晨风。随即信步轻易，浮念庆云。神之所遗，缘出泗水。开山启道，始镇吴江。石间桥洞，百千之数。待遇九河，千泉泄玉。峰底举燧，孔洞生烟。礼乐铮铮，和与清阳。庆为天同，比及流云。

这是一篇辞藻华丽扬芬，语句典雅精工，然而言之无物的盛世赋。严嵩的《庆云赋》深得嘉靖赞赏，连连击节叫好，认为此赋比其他大臣所献的颂辞远远高出一筹。严嵩尝到了甜头，很快又趁热打铁，呈献了《大礼告成颂》，嘉靖读了，越发觉得严嵩满腹珠玑，出口就是"大珠小珠落玉盘"。从此，嘉靖对严嵩另眼相看，宠眷日深。

苦乡《嘉靖与严嵩》一书中，对世宗朱厚熜的出生有这样一段描述：

是晚，有一个叫聊云的老道人，来到兴王府外，说有要事求见兴王爷。兴王爷得报，令人请进。聊云进了王府，施礼一毕，开口问兴王爷："王爷还记得陈纯一道长吗？"

兴王爷病体恹恹，听了聊云的话，悚然一惊，出了一身冷汗，问："请问道长与陈纯一什么关系？"

聊云说："纯一乃贫道的大师兄，原本是天上的青龙星。因为犯了色戒，被罚到人间修行。王爷是天上的白虎星转世。我王爷因在人间修行已满，王爷又与他龙虎相斗，他羽化超生成了王爷的世子。现在大明江山危如累卵，一年内必然发生惊天动地的事情。如今世子龙气已经形成……"

王爷怒气冲冲地回到王府，忽然看见陈纯一超过自己，急匆匆地向自己的内室奔去，并扑向睡在床上的王妃。兴王爷急怒攻心，拔剑正要向陈纯一刺去，忽然眼睛一黑，宝剑倏然脱手，人便栽倒在地，什么也不知道了。及至醒来，有人向他报喜，说王妃生

了世子。随后又有人向他报告，说玄妙观观主陈纯一羽化了。

明朝盛行道教，皇宫内经常有道士设坛讲道。受父亲宪宗朱见深和兄长孝宗朱祐樘的影响，兴王爷也笃信道教，相信生死轮回之说。这时他在心里暗想，陈纯一羽化了，自己的妻子就生了个儿子，而且自己亲眼看见陈纯一扑向了自己的妻子，便怀疑自己的世子就是陈纯一超生转世……

这段神奇的传说，遗传基因般地潜移默化于嘉靖的意识中。他深信不疑地认定自己就是纯一道士转世。嘉靖皇帝一生崇尚道教，自封为灵霄上清统雷元阳妙一飞玄真君。1542 年，发生宫女欲谋杀皇帝的壬寅宫变，自此嘉靖再不回大内，在西苑万寿宫修斋建醮，干脆做起道士来。修斋建醮也叫斋醮，就是建立道坛，斋戒沐浴，向神仙祈福。

嘉靖后期，世宗朱厚熜将主要精力放在了玄修上，热衷于炼丹制药和祈求长生不老。在那些神秘的仪式中，经常需要撰写一些焚化祭天的青词。所谓青词，也叫绿章，就是道教斋醮时上奏天帝所用的表章，因用朱笔写在青藤纸上而得名。这种赋体文章，需要以极其华丽的文笔，表达天子对天父的诚敬和祈求。在皇权社会里，“上有所好，下必甚焉”，在嘉靖朝，能不能写得一手好青词，成为鉴定官员才能的一个重要标准。嘉靖经常要求臣下进献青词，写得好的立即加官晋爵，甚至入内阁。当时朝中的许多大臣都因进献青词而得宠。与严嵩同榜的状元顾鼎臣就因青词得宠而入内阁。嘉靖一朝的阁臣，不少都是写青词的好手，甚至有的人除了撰写青词，再无其他所长，如严讷、郭朴、李春芳、袁炜等人，都因为善写青词而入阁。即便那个曾经权倾朝野的铁腕夏言，也是“以青词得幸”，所以时人讥讽嘉靖朝的首辅为“青词宰相”。

严嵩当然也不例外。他见这是一条讨好取媚的捷径，便拿出自己隐居 8 年中积累的丰厚的文学功底，大显身手。青词其实并不好写，加之嘉靖求仙心切，性子又急，所以每每征求青词总是急如星火。然而，严

嵩原本就有极高的文学造诣，诗词“清丽婉约”，加之他善于揣摩，殚精竭虑揣摩铺张，所以即便是急就写出的青词，也颇能让嘉靖皇帝满意。一个时期，“醮祀青词，非嵩无当帝意者”。

3. 柔韧的细麻绳能缚住刚直的七节鞭

一人之下，万人之上的封建王朝权力场结构，注定了金字塔顶端的争夺战是一场你死我活的残酷斗争。

严嵩正是在扳倒夏言之后才登上了权势的巅峰。

1536年8月10日，是世宗朱厚熜30岁的寿辰。严嵩自1528年以礼部右侍郎步入官场，先后任户部、吏部侍郎，南京礼部、吏部尚书。明朝实行两京制，南京六部实际上是个虚设的机制，并没有什么实权。这次严嵩到京师祝贺嘉靖万寿，认为是个时不再来的机会。时夏言任礼部尚书，“言与严嵩同乡”，夏言是江西贵溪人，与严嵩是老乡。“称晚进”，夏言是1517年才考中进士，要比严嵩出道晚10多年，但夏言官运亨通，“以议礼骤贵”，1536年，夏言入阁拜相，1539年升为首辅。严嵩利用与夏言的老乡关系，到京后套近乎就住到了夏言家里。“嵩谨事之”，严嵩对夏言极力巴结，曲意奉承，“言不为下”，不以学兄先进而自居，终于得到夏言的信任。严嵩求夏言在皇帝面前为他美言，把他留在皇帝身边任职。夏言把严嵩引为知己，请旨嘉靖将自己主持重修的《宋史》交严嵩以翰林学士名义负责。严嵩终于由边缘化的外臣成为核心层的京官。同年闰十二月，夏言晋升入内阁，又奏请嘉靖，由严嵩接替自己礼部尚书职务。嘉靖以礼乐为事，礼部尚书在部院大臣中地位尤其显赫，往往成为进入内阁的阶梯。严嵩和嘉靖的接触开始频繁起来。据严嵩自己说，当时嘉靖忙于同辅臣及礼部尚书等制定礼乐，有时一日召见两三次，有时至夜分始退。严嵩住在城西约4里，“乘车驱隶弗及，往往是单骑疾驰”。

夏言曾不遗余力地提携严嵩，可以说是严嵩仕进之途的恩师。

《明史纪事本末·严嵩用事》载："嵩为礼部尚书，初见宠信。欲入阁，而言阻之，遂有郄。"严嵩任礼部尚书后，给点阳光就灿烂，由于善于察言观色、见风使舵，很快得到了嘉靖的宠信。甚至为了争宠，少不得旁敲侧击地暗中攻击夏言。封建王朝金字塔式的官场建制，犹如一群向上爬的猴子，从上往下看，见到的都是笑脸，而从下往上爬，闻到的只能是臭屁。所以官场的险恶，只有永恒的利益而无永久的盟友。相逢开口笑，转脸下绊子。原本指望成为同盟军，结果却变成对立面。严嵩的忘恩负义、过河拆桥，引起了夏言的极度愤怒，两人矛盾日益加深。

《明史·夏言传》记载："豪迈有俊才，纵横辨博，人莫能屈。"夏言为人耿直，自视极高。他仗着皇帝的宠信，目空一切，从不把众臣放在眼里。对同僚"傲视群雄"，甚至对皇帝也有些桀骜不驯的轻慢。当时的朝野有"不睹费宏，不知相大；不见夏言，不知相尊"之语，可见夏言的专横跋扈。

严嵩就利用夏言性格上的弱点大做文章，在言行上和夏言形成鲜明对比。严嵩在相当长的时期内，对嘉靖一直保持谦恭的态度，并注意不让嘉靖感到他在独执朝政。《明世宗实录》记载有严嵩的一道奏折："臣每次独蒙宣召，人情未免嫉议，窃不自安。"夏言是"言凡所拟旨，行意而已，不复顾问嵩"，夏言无论起草什么重要奏折，或商议什么军国大事，从来都是独断专行，连征询严嵩意见的形式也不走，而严嵩即便蒙皇上单独召见，也是诚惶诚恐地向皇上建议，商议任何军国大事，请圣上一并召见同僚阁臣，避免群臣心生妒忌，引来飞短流长。《明史纪事本末·严嵩用事》也载有严嵩的奏折："独蒙宣召，于理未安。往岁夏言恶与郭勋同列，以致生隙。夫臣子比肩事主，当协恭同心，不宜有此嫌异。今诸阁臣凡有宣召，乞与臣同，如祖宗朝蹇、夏、三杨故事。"既然同朝为臣，理应齐心协力辅佐主子，不应相互嫌恶。以往，夏言与郭勋同为朝廷大臣，却互相猜忌，误会以致生裂痕，有失为臣之道。为避免造成不必要的误解，请陛下

不要单独召见微臣，于心不安，恐怕同僚生疑，致重蹈前辙。请仿照先祖朝蹇（义）、夏（原吉）、三杨（杨士奇、杨荣、杨溥）的故事，凡蒙召对，应阁臣一同入见。严嵩心机之深，一方面向同僚卖了好，另一方面又旁敲侧击一箭双雕，不动声色地给夏言“下了眼药”。

严嵩在生活细节上也颇为注意。李绍文的《皇明世说新语·卷七·简傲》一节中，记述了严嵩对徐阶说过的一番话：“贵溪再相，每阁中令馔，不食大官供。家所携酒肴甚丰饫，器用皆黄金，与某日共案而食。某自食大官供，寥寥簞具相对，乘二载未尝以一匕见及。”细节决定成败，从严嵩这么注意到的细枝末节中，也可见严嵩为官之严谨。即使身居高位，他仍能居高思危。这正是严嵩打败夏言的有力武器，也是他长久维持嘉靖对己恩宠不衰的主要手段。

《明史纪事本末·严嵩用事》中还有这样一段记载：

> 嵩知之，日与谋倾言，言不悟。上左右小珰来，言恒仆视之。诣嵩，必执手延坐，持黄金置其袖中，故珰辈争好嵩而恶言。上或使夜瞰嵩、言，言多酣寝。嵩知之，每夜视青词草。初，言与嵩俱以青词得幸。至是，言已老倦，思令幕客具草，不复简阅，每多旧所进者，上辄抵之地，而左右无为报言。嵩则精其事，愈得幸。言以是益危。

嘉靖是个疑心很重的人，他想知道大臣们背着他都干了些什么，所以经常派身边的小太监暗中窥视大臣。这些小太监来到夏言处，“言恒仆视之”，夏言把这些太监视同奴仆，只顾自己忙于处理政事，不愿搭理他们，态度显得傲慢孤高，而小太监们来到严嵩处，“必执手延坐，持黄金置其袖中”，严嵩立即起身相迎，笑容可掬，拉着他们的手，请他们坐下，态度温和地嘘寒问暖，一副平易近人的样子，临别还将大把大把的金银塞到他们的衣袖中。这些小太监虽无职无权，但因为随侍皇上左右，

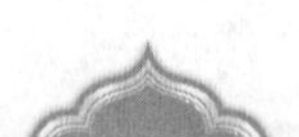

是皇上的耳目喉舌，所以可以在皇上面前搬弄是非。他们受了夏言的慢待，自然说夏言的坏话；得了严嵩的好处，自然替严嵩说好话。长此以往，嘉靖对夏言便有了成见，而对严嵩则印象日佳。

当初，夏言与严嵩都是因青词得幸，这时夏言已年迈倦怠，青词稿大多是他的幕僚撰写，自己不再审阅，甚至有很多青词都是重复原来进献过的。嘉靖非常生气，动辄把他进献的青词丢弃到地上，而皇帝身边的人没有谁将此情形透露给夏言。严嵩在青词上却更下功夫，经常在夜深人静的时候，在灯下装作阅看青词稿的样子。这样，严嵩的恩宠更加巩固，夏言的地位岌岌可危了。

严嵩还在一些貌似无关痛痒的小事上，对嘉靖也表现得俯首帖耳，阴柔谄媚，谦卑忠勤。《明史纪事本末·严嵩用事》里有这样的记载：

> 会上不欲翼善冠，而御香叶巾，命尚方仿之，制沉水香为五冠，以赐言及嵩等。言密揭谓："非人臣法服，不敢当。"上大怒。嵩于召对日，故冠香叶，而冒轻纱于外，令上见之。上果悦，留嵩慰谕甚至。

按照明代冠服制度规定，皇帝的冠式为乌纱折上巾，又名翼善冠。嘉靖因为信奉道教，便看中了道士戴的香叶巾冠，也就是道士帽。他不仅把自己的翼善冠换成了香叶巾冠，还特制了五顶香叶巾冠分赐给夏言、严嵩等大臣。夏言认为这种香叶巾冠有违祖制，不是大臣应该戴的，因而拒绝佩戴，惹得嘉靖很不高兴，而严嵩在嘉靖召见时，不仅头戴香叶巾冠，而且还特意在冠上笼着青纱以示珍惜。严嵩的虔敬举止，果然赢得龙心大悦。

嘉靖在西苑常听道士邵元节设坛讲道，夏言对嘉靖修仙误国的做法有些抵触情绪，多次劝谏，惹得嘉靖很是扫兴。而严嵩则不仅从无妄议，还头戴香叶巾冠，去听邵元节讲道。为此，夏言专门上奏折弹劾了严嵩

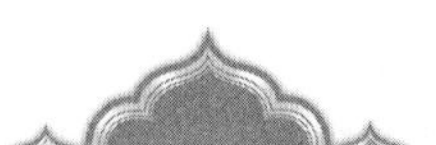

一本，说他“荒废朝政，扰乱人心”。夏言的奏折表面看是弹劾严嵩，但在嘉靖听来，无异于是在指桑骂槐，辱骂自己。虽然没有当殿龙颜大怒，但喜怒已经尽在脸上。夏言不仅未能参劾倒严嵩，严嵩反而成了皇帝的“道友”。

《明史纪事本末·严嵩用事》中还记载：

> 上在西苑斋居，许入直诸贵人得乘马。言独用小腰舆以乘，上怪之，勿言。

嘉靖在西苑斋居期间，命大臣们入值西苑时，都按照道士的习惯骑马，不准坐轿。严嵩虽然已是六十几岁的老头儿了，但仍唯嘉靖圣旨是从，每次入值西苑，必定骑马，而夏言根本不予理会，依然是坐轿进出西苑。久而久之，嘉靖皇帝把对夏言的恩宠渐渐移到了严嵩的身上。

经过一番慢慢渗透的功夫，世宗对夏言的不满日益加深。有一天，嘉靖单独召见严嵩，与他谈到夏言，并问及他们之间的龃龉。严嵩见时机已经成熟，便顺水推舟地说：“因泣诉言见凌状，上怒。”他先是假装害怕地沉默不语，待嘉靖问紧了，他立刻扑倒在嘉靖脚下，全身颤抖，痛哭不已。嘉靖见一个 60 多岁的老头子竟然哭得如此伤心，猜想他一定受了莫大的委屈，越发动了恻隐之心，连声宽慰，叫他有话尽管说，不必有什么顾虑。严嵩这才抽抽搭搭地诉说起来。他添枝加叶地将夏言的盛气凌人、不把同僚放在眼里的蛮横诉说一番。

事隔不久，碰巧出现了一次日全食。古人迷信，认为天象的变化与世事、时政有着必然的联系：太阳是帝王的象征，日食则为奸臣佞人侵君所致。由于夏言一直对道士之流没有好感，时常流露出鄙夷、轻贱之意，因而得罪了嘉靖所宠信的道士陶仲文。严嵩不失时机，假陶仲文之口说此天象应在夏言身上，天象已经示警，若不尽快处治夏言，不仅皇上不得安宁，天公还会再显法力。嘉靖对道士之言一向深信不疑，1542

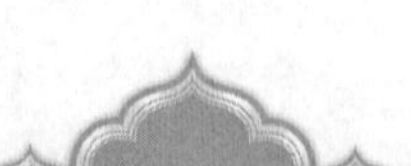

年六月，“即下敕逐言”，将夏言遣归老家。

天遂人愿，严嵩终于搬掉了自己前进路上的绊脚石。1542 年 8 月，严嵩补了夏言离去的空缺，以武英殿大学士入内阁参与朝政。

据史书记载，嘉靖是一个“心惑”（昏聩多疑）、“苛断”（刚愎残忍）、“情偏”（自私虚荣），而且“威柄不移”的专制皇帝。《明史·严嵩传》载，严嵩任首辅后，“帝虽甚亲礼嵩，亦不尽信其言，间一取独断，或故示异同，欲以杀其势”。嘉靖对严嵩既须臾离不得，又从不放心也不放手，时不时还要敲打他。在朝野上下都认为嘉靖对严嵩言听计从时，却故意当众对严嵩的提议表示反对，让严嵩碰了一鼻子灰。在严嵩值班时，故意多次不召见他，把他晾在一边。有一次，严嵩久等不得召见，却见他的副手们应召往西苑走，严嵩便也跟着走，却被拦在外面。首辅吃了闭门羹回到家里，百思不得其解，父子二人恐慌地抱头痛哭。由此嘉靖对臣下的帝王驾驭术可见一斑。对嘉靖的这一性格，其他的史料中亦有旁证。王世贞在《嘉靖以来的宰相：严嵩传》中有言：“（嘉靖）晚年虽不御殿，而批决顾问，日无停晷；故虽深居渊默，而张弛操纵，威柄不移。”《世宗实录》中记载：“惓惓以不闻外事为忧。”《国榷》卷六十，引李维桢言：“（嘉靖）斋居数十年，图廻天下于掌上，中外俨然如临。”又引范守已言：“臣于徐少师阶处，盖捧读世庙谕札及改定旨草，云人尝谓辅臣拟旨，几于擅国柄，乃大不然。……揽乾纲如帝者，几何人哉！……以故大张弛、大封拜、大诛赏，皆出独断。”此类记载于史比比皆是。

据《明史纪事本末·严嵩用事》记载：

> 八月，加严嵩上柱国。嵩力辞，谓“人臣无上”，引郭子仪不敢当尚书令为比。帝悦，进严世蕃为太常寺卿，仍行尚宝司事。

1550 年 8 月，嘉靖加封严嵩为上柱国，成为首辅。严嵩面对如此殊荣，却婉言谢绝，举郭子仪拒不敢当尚书令为例。认为自己所做的一切，

都是臣子应尽的责任，而且之所以能有今天的局面，是历届首辅共同接力所做成的功绩。自己不敢贪天功为己有，妄自尊大。严嵩谦恭的态度，使嘉靖更为敬重。于是就把恩宠转加到严世蕃头上，封严嵩的儿子为二品太常寺卿，仍执尚宝司事。

在《严嵩诗集》中，有许多对官场风波、世态炎凉的感触、感慨、感悟，多出语深沉：

"宾馆寂寥寒榻在，吏情凉薄故人知。"（《简尚宾将归赋赠》）

"同里衣冠知己少，外台风纪拜官荣。"（《送李若溪佥宪》）

"黄花似与秋期约，尘世难逢开口笑。"（《登春台贻钱别驾》）

"过从无俗客，迂僻少深交。"（《读易》）

"旧日绨袍仍恋恋，百年尘路苦匆匆。华轩滥处真惭鹤，世网难羁独羡鸿。"（《致政刘光禄偶见遂别赋赠》）

"尘世浮踪难自定，故人欢好已全流。"（《寄朱给谏》）

严嵩还在《送大司寇周公致政》一诗中写下"老境正逢开口笑，畏途谁得乞身还"，警醒着自己对未来的担忧。

严嵩即便这样诚惶诚恐、如临如履，仍免不了被嘉靖猜忌。1545 年，"微觉嵩贪恣"，嘉靖皇帝隐约觉得严嵩逐渐有专横之势，为了牵制他，复又起用了夏言，令其官复原位，仍为首辅，重新凌驾于严嵩之上。显然这是帝王的驭臣之术。

严嵩在此前早有预感，他见嘉靖在案几上写下"公谨"（夏言字）二字，流露出对夏言仍存眷恋之情。严嵩是个明白人，当家三年狗也嫌，谁当政谁就难免得罪人，而对于嘉靖这样刚愎自用的皇帝，从来都是功归于己，过诿于人。严嵩察觉到了皇上的意向，于是顺着嘉靖的意思来，主动提出："故辅臣夏言可诏用。"

《明史纪事本末·严嵩用事》有载：

（二十四年）十二月，复召夏言入阁。自严嵩入相，同事者多

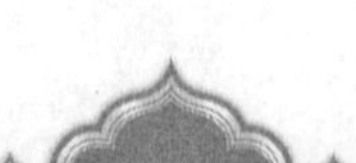

罢去，嵩独相。以太庙工成，加太子太师。后帝微闻其横，厌之。于是诏起夏言，言至，尽复其原官，且加少师，位在嵩上。言凡所拟旨，行意而已，不复顾问嵩。嵩亦唯唯，虽斥逐其党，不敢救，心甚恨之。

嘉靖给了夏言东山再起的机会，他原本应该接受前次覆辙的教训，从此不要太张扬，要学会夹着尾巴做人，可夏言却认为是嘉靖离不了自己，所以一副“我胡汉三又回来了”的架势，不仅不知收敛，反而变本加厉地对严嵩派实行围剿和反攻倒算。因上次去职的缘故，夏言对严嵩的背叛恨入骨髓，对严嵩不但轻慢如前，不以同列待严嵩，处理政事时凡有批答，他独自拟稿，根本不征求严嵩的意见。凡是严嵩安排的亲信，或与严嵩走得较近的官员，一概逐斥。严嵩知夏言正复得嘉靖的眷宠，噤不敢言。

严嵩终其一生，实际上都只是宠臣而非权臣。沈德符在《万历野获编》卷五《大臣恣横》中有这样一段记载：1561 年，吏部尚书吴鹏致仕，严嵩推荐了与他是儿女亲家的欧阳必进（都察院左都御史）担任吏部尚书。嘉靖对欧阳必进不感兴趣，见了严嵩的推荐名单，大怒而掷之于地。严嵩只得再呈密启，说出“谓必进实臣至亲，欲见其柄国，以慰老境”这样的话语。嘉靖碍于情面，勉强答应了严嵩的请求。此后，嘉靖仅让欧阳必进做了半年的吏部尚书即罢黜。名为首辅且分管吏部，却连推荐自己亲家的权力都没有，还遑论什么“窃国柄政”。严嵩唯一的亲弟弟严岳 3 次向其谋官，但严嵩很清楚自己所处的境地，予以坚决回绝，以至于严岳终生教书，至死为一介布衣。

严嵩的心腹被夏言任意开罪，严嵩眼睁睁地看着无法施以援手。在嘉靖心目中，严嵩其实只是自己手中一个可以任意把玩拿捏的玩意儿，一条巴儿狗或一只小白鼠，高兴时揽在怀里，不高兴时就一脚踢开。事情都让他去做，责任却不替他担。今天能把他捧上九霄云端，明天就能

把他打入十八层地狱，雷霆雨露皆君恩。最后，名垂青史的是嘉靖，“帝英察自信，果刑戮”，“吾皇圣明”，果断除掉了奸佞之臣；背上骂名的是严嵩，“嵩以故得因事激帝怒，戕害人以成其私”，严嵩故意用事激怒皇帝，而借天子名义戕害他人而谋其私。

《明史纪事本末·严嵩用事》记载了一段让严嵩颜面扫地的事：“是时嵩子世蕃为尚宝司少卿”，严嵩的独子严世蕃借父亲的权势，在朝廷谋了个一官半职，“代输户转纳钱谷，多所朘削”，管理一些工程项目，多方盘剥，大肆贪污受贿。夏言察知，欲上疏弹劾。“嵩惧甚，挈世蕃诣言求哀”，严嵩听说后非常恐惧，拉上儿子直奔夏言家哀告求情。夏言托病不出，严嵩买通门房，携子直接闯到夏言的睡榻前，“及世蕃长跪泣谢”，不顾与夏言同朝为臣，且已年过花甲的脸面，父子双双跪倒在夏言之前，请求夏言大人不计小人过，放过他严氏父子。夏言为人易动恻隐之心，见严氏父子涕泪纵横，“遂置不发”，使严家逃过了一次灭顶之灾。

在官场就是要既能当爷爷，也能装孙子，韬光养晦以曲求伸。通过此事，严嵩教训儿子说：“跟夏言打交道，后脑勺上都要多长一双眼睛。”

《明史纪事本末·严嵩用事》载：

> 二十七年春正月，夏言罢。
>
> 三月，杀都御史曾铣。铣既被逮，严嵩复令仇鸾讦之。刑部侍郎詹瀚、左都御史屠侨、锦衣卫都督陆炳阿嵩意，谓铣行贿夏言，论斩，弃西市。
>
> 冬十月，杀大学士夏言。……言既死，大权悉归嵩矣。

直接导致夏言失败的因素是收复河套事件。1547 年，首辅夏言、三边总督曾铣力主收复河套失地，严嵩及翁万达、唐顺之等大臣对此持反对意见。嘉靖两次召严嵩讨论对策，严嵩曰：“目今虏患，但边臣勠力防御为守之计，令不能深入，即为得策。若欲驱扫远遁，恐力非昔比也。”

又曰："时势诚有不同于昔者，兵不素练，将未得人，馈饷屡乏，即无可持之资。当事之臣，自任其责，防守边疆，令不得患，虽犯不得利。此即御戎之策矣……"（《奏对录》卷四）而夏言极力主战，上奏折说，封贡不但劳民伤财，而且还养虎为患，是国耻。只有从军事上给夷匪以沉重打击，才能扬大明国威，使各部落夷匪再不敢侵犯。夏言的主张鼓起了嘉靖的爱国主义激情，对持反对意见的官僚严加训斥。在夏言的保荐下，下旨任命曾铣为三边总督，开始了对蒙古族的征战。为了让曾铣收复河套，夏言对曾铣是要钱给钱，要兵调兵，然而一年多过去，曾铣不但没有收复河套，相反，倒是让严嵩不幸言中，边患越来越严重，甚至大举向延安、宁夏地区进犯。

1548 年，嘉靖命夏言致仕。严嵩又利用掌管锦衣卫的都督陆炳与夏言的矛盾和总兵官仇鸾与曾铣的矛盾，联合陆、仇二人，构陷了夏言与曾铣交结为奸的罪名。经过了长达 10 余年惊心动魄的争斗，严嵩终于将对手置于死地。"论斩，弃西市。"弃市是古代的一种刑罚，在闹市处以死刑，并将犯人暴尸街头。"言既死，大权悉归嵩矣"，由此开启了严嵩独掌朝纲 20 余年的时代。

量小非君子，无毒不丈夫。该出手时舍得"千金散尽还复来"，该落井下石时能够做到杀人不眨眼，乃是官场上屡试不爽的厚黑学。

面对嘉靖这样朝令夕改、出尔反尔的皇帝，严嵩只能是想尽办法置政敌于死地，才能保得自己的安全。所以说在专制皇权体制下，任何人都是不安全的，不是此起彼伏，就是你死我活，绝无可能共存、双赢。

4. 上意所欲杀者，天下竟指嵩

《明史纪事本末·严嵩用事》中多有记载严嵩受到嘉靖的宠信，虽然不断受群臣弹劾，“严嵩授指吏部，中伤善类甚众”。在嘉靖的包庇纵容下，严嵩每次“身之濒死，固亦危矣”，都是有惊无险、化险为夷，“从而固宠持位，鼓余沫于焦釜，恬残膏于凶锋”。倒是弹劾谏诤者，不是罢官杀头，就是株连九族，一个个都落得下场悲惨。

王世贞在《嘉靖以来的宰相：严嵩传》中对严嵩做出这样的评价：

> 谓嵩窥伺逢迎之巧似于忠勤，谄谀侧媚之态似于恭顺。能引植私人布列要地以探诸臣之动静，先发而制之故不败露。又善以厚赂结陛下左右之人，凡深宫起居意向无不先得，故多称旨。或候圣意所发，因而行之以成其私。或因事机所会，从而执之以肆其毒。
>
> 故天下之人，视嵩父子如鬼如蜮，不可测识宁是痗心疾首，敢怒而不敢言。

在王世贞笔下，严嵩俨然玩弄权术之人，顺我者昌，逆我者亡，假借嘉靖之手，把“独断专行的夏言、憨厚偏激的杨继盛、狂诞不羁的沈炼、一时失职的王忬、抗倭不力的张经”，一个个忠烈之臣，都是在严嵩的挑唆下触怒了喜怒无常的嘉靖而被诛杀。

严嵩让兵部尚书丁汝夔做了他的替罪羊，是广被后世责诟的“窃弄威柄”的一个案例。

严嵩在任首辅的20多年中，正是南倭北虏闹腾最为严重的时期。严嵩对倭寇的认识比较清醒，他认为倭寇猖獗，是因为政府闭关锁国实行海禁所造成，因而主张宽海禁，让沿海居民可以进行合法的海外贸易。同时他主张对进行劫掠活动的贼寇，朝廷要予以坚决打击。他推荐赵文华、胡宗宪等督师平倭，赋予他们专事权，以免受地方官掣肘。赵文华、

胡宗宪又先后提拔了戚继光、俞大猷、谭纶等一批将才，擒杀了王直、陈东、徐海、麻叶等诸多横行一时的海盗巨魁，将浙江一带倭寇基本肃清。

对待北虏问题，严嵩针对当时国弊民穷的社会状况和敌强我弱的基本态势，促使嘉靖否决了收复河套等不切实际的主张，在庚戌之变蒙古兵临城下时，力主坚守不战，对北虏实行以防御为主、辅以通贡互市的羁縻之策。严嵩用翁万达镇守西北，修筑大同镇、宣府镇长城800里，使俺答长期畏而不敢轻犯。

《明史纪事本末·严嵩用事》中记载：1534年起，蒙古新首领俺答几乎无年不请求明朝封贡，然而俺答求贡却屡遭明朝拒绝，俺答便率兵大举犯边，其中最严重的事件是1550年，俺答率10万精骑攻至北京，全国震动，史称庚戌之变。俺答兵临城下，“令人持书入朝求入贡”，提出给予战争赔款后就退兵，还给了个下台阶的好名词“入贡”，一下子把嘉靖推到了两难境地。

苦乡在《嘉靖与严嵩》一书的《大家都找替罪羊》一章中描绘了嘉靖处于两难境地时的心理：

> 嘉靖皇帝遇到了一个难题：战肯定会危及国家，人们必然要说他穷兵黩武，是个昏君；求和，人们也会说他昏庸无能，丧权辱国。一句话说到底，无论嘉靖皇帝怎么做，都会遭到朝臣甚至是后人的攻击。
>
> 睿智的嘉靖皇帝明白了自己的处境后，他的第一反应就是摆脱自己的历史责任，将皮球踢给那些大臣，到时从他们中间找一个替罪羊。他迅速召集群臣廷议，征求大家的意见，问大家打还是不打。
>
> 严嵩深知，打与不打都是祸，嘉靖皇帝聪明，他也不是傻瓜。所以，在廷议中，他自始至终不发一言……
>
> 兵部尚书丁汝夔对与俺答开战会是个什么结局，心里一定有

数，这个责任他是不愿承担的。但到底是战还是和，嘉靖皇帝不下明旨，他便来问首辅严嵩："相爷，现在朝野上下一片迅速出兵的呼声，但皇上又无明旨，下官到底该怎么办呢？"

严嵩心想，反正打与和都是祸，那就看看再说吧。于是他对丁汝夔说："夷兵来，不过是为生活所迫，并不是真的想跟我们打仗。等他们抢到了一定数量的东西，便会自动退去。"严嵩的意思是现在正在风头上，谁主和就是投降派，谁主战谁就要像曾铣一样承担后果。如果俺答能够抢劫一些生活物资后迅速退去，这样就不存在主战也不存在主和，大家就都没有责任了。

丁汝夔说："相爷的意思是不出兵了？"

严嵩的本意是想等俺答抢劫一番后自动离去，大家就都没有责任了。丁汝夔眼下这么问，不是想把责任推到自己的身上吗？但嘉靖皇帝可以往下推，自己是国家首辅，想推也无处可推。听了丁汝夔的话，他就直截了当地说："坦率地说，战与和都是国家的灾难，但皇上既无明旨，大家就不妨保持沉默。但有一点你要牢记，到时切不可说是本相要你沉默的。"

丁汝夔不解："为什么？"

严嵩："假如皇上要追究不出战的责任，你若说是本相的意思，本相会被追究责任，丁大人作为兵部尚书，也会难辞其咎。与其本相和你一起被问罪，大家等着落井下石，还不如你自己承担了不出战的罪名，本相就可以在皇上面前替你开脱，保你平安无事。"

《明史·丁汝夔传》中对丁汝夔的死做了这样的记载：

帝久不视朝，军事无由面白。至日晡，帝始御奉天殿，不发一词，但命阶奉敕谕至午门，集群臣切责之而已。帝怒文武臣不任事，尤怒汝夔。……寇纵横内地八日，诸军不敢发一矢。

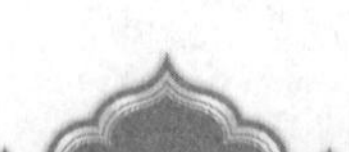

> 方事棘，帝趣诸将战甚急。汝夔以咨嵩。嵩曰："塞上败或可掩也，失利辇下，帝无不知，谁执其咎？寇饱自飏去耳。"汝夔因不敢主战，诸将亦益闭营，寇以此肆掠无所忌。
>
> 既退……而下汝夔狱。帝欲大行诛以惩后。汝夔窘，求救于嵩。嵩曰："我在，必不令公死。"及见帝怒甚，竟不敢言。……坐汝夔守备不设，即日斩于市，枭其首，妻流三千里，子戍铁岭。汝夔临刑，始悔为嵩所卖。

1550年，蒙古俺答侵袭明境，严嵩向兵部尚书丁汝夔授计说："地近京师，如果兵败难以掩盖，一定命令诸将不要轻易与敌交战，他们饱掠后自会离去。"本来明朝大多数军将饱食终日，皆怯于战斗，现在有了兵部长官的命令，都大松一口气，互相戒嘱传言："丁尚书讲不要与敌交战。"这下可苦坏了百姓。他们饱受蒙古人烧杀抢掠，官兵皆龟缩于坚城之中，不做任何御敌的行动，民间怨声载道。

俺答的蒙古军队撤走后，老百姓纷纷上万民书，矛头直指丁汝夔畏怯无能，嘉靖下令逮捕他。严嵩怕丁汝夔说出自己事先为他出主意，假意安慰道："你别怕，只要你守口如瓶，我自会保你无事。"丁汝夔信以为真，有严相爷为自己打包票，刑部鞠审时他很配合，没有多做辩驳。他就等相爷向皇帝说好话直接把他给赦免了。

直到一帮狱卒从狱中把他提出来，丁汝夔还以为是准备释放自己。想不到一行人直接把他押至西市，踹跪于地，刽子手把刀架在了脖子上，丁汝夔才恍然大悟被严嵩所戏弄出卖，大叫"严嵩误我！"话音刚落，头也随之落地。

庚戌之变中，嘉靖不想落历史的骂名，就想找严嵩来当替罪羊。君要臣死，臣不得不死。严嵩不甘心当这个替罪羊，情急之下想出个金蝉脱壳、嫁祸于人之计，找兵部尚书丁汝夔当了替罪羊。封建体制下就是这样一种追责逻辑！

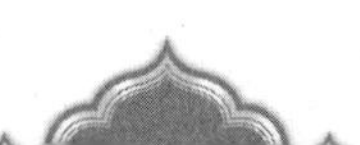

在《明史》《明史纪事本末·严嵩用事》《嘉靖以来的宰相：严嵩传》等史书中，都有对严嵩迫害杨继盛和沈炼两位大臣的记载。杨继盛一案还被列入《中国冤案实录》一书，认为："明代中后期的嘉靖朝，有一个历史上臭名昭著的大奸臣严嵩。他不但为非作歹，公行不法，而且对弹劾检举他的官员肆意打击陷害，造成许多冤案。其中杨继盛是冤中之最。"以史书为据，民间演绎出严嵩如何翻手为云，覆手为雨，构陷沈炼的话本《沈小霞初会出师表》和冤杀杨继盛的八幕戏剧《鸣凤记》。

然而，对已经盖棺定论的沈炼和杨继盛两大冤案，近年的研究又发出了不同的声音。周启志在《"奸相"严嵩质疑》一文中有对沈炼一案的评述：

> 沈炼，嘉靖十七年进士。《明史》本传载"炼为人刚直，疾恶如仇，然颇疏狂"。传中未见记载沈炼有何才识。沈炼与他的上司锦衣帅陆炳颇善，与严世蕃过从甚密。沈炼嗜酒，"数从世蕃饮，世蕃以酒虐客，炼心不平，辄为反之"。区区小事，致生积怨，可见沈炼性格偏狭之一斑。严嵩曾说过沈炼不是好人，此话传到沈炼耳中，他怕前途无着，于嘉靖三十年（1551）正月上疏劾严嵩。疏中历数嵩十大罪状。世宗阅疏后，"大怒，廷杖之，谪佃保安"。沈炼在保安并不安分，常常詈嵩父子；当地不明就里的民众亦"争詈嵩以快炼，炼亦大喜，日相与詈嵩父子为常。且缚草为人，像李林甫、秦桧及嵩，醉则聚子弟攒射之"。这种"游戏"似不类君子所为。沈炼与地方当局常闹纠纷，被总督杨顺杀之。反对严嵩的人称是严嵩授意杀害沈炼的，这也是于史无据的，且杨顺亦非嵩党。沈炼罗列严嵩十大罪状，徐学谟以为"数嵩十罪，俱空虚无实"（《世庙识余录》卷十五）。谈迁在《国榷》中论曰："沈纯甫（炼）气吞逆胡，当庚戌（1550）秋，怒目而斥严氏，其强直自遂，固已不可一世矣。投身荒塞，隐约潜晦，何必不自得，至于传檄京师，欲清君侧之恶，

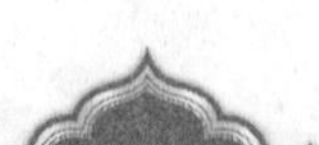

以视请剑咏桧，尤为过之。”可见沈炼之死，完全是性格上的弱点所致，这与忠奸有何关涉焉！

黄尊素所著《时略》一书的诸臣奏疏中，有严嵩给嘉靖上的一份奏折：严嵩觉得如沈炼因弹劾自己而被砍头，唯恐自己会遭后人非议，所以反而出面为沈炼求情：“沈炼轻狂无知，皇上怎么处理他都不过分，但他弹劾的是微臣，微臣愿把他的话当作对自己的鞭策，恳请皇上饶恕了他这次。”正是出于严嵩的谏诤，嘉靖才把砍头变为流放。

周启志在《“奸相”严嵩质疑》一文中还有对杨继盛一案的评述：

杨继盛，嘉靖二十六年（1547）进士；据《明史》本传载，颇精律吕之学，此外不见他有甚所长。在国子监时，为徐阶门生；与唐顺之往还甚密。杨继盛性格与沈炼颇相似，我们不妨摘引唐顺之致杨的一封书信：“执事豪杰士也……颇觉慷慨，激发之气太胜，而含蓄沉机之力或不及焉……”（《荆川先生文集》卷六）这是暗示杨性格上的弱点和才识不足。嘉靖三十二年（1553），杨继盛上《请诛贼臣疏》，列嵩十大罪五奸。杨的指控，大多空疏无实，与沈炼无甚区别。如说严嵩没有把国家治理好，世宗可能会认为是影射他的，因为很多事嵩是按他的旨意去办的；又如杨继盛《疏》曰：“察嵩之奸，或召问裕、景二王；”这无疑是认为世宗昏聩，因此，“疏入，帝已怒……下继盛诏狱，诘何故引二王。……狱上，乃杖之百，令刑部定罪”。杨疏上后，嵩一再请求休致，世宗挽留再三，说杨“邀誉卖直”，该疏是冲他而来的。疏文空泛，此即为无才识也。因此，杨继盛必死无疑，或曰杨死是嵩做了手脚，此说是太过悖谬了。

兵部员外郎杨继盛在《请诛贼臣疏》中弹劾了严嵩的“十大罪五奸”，

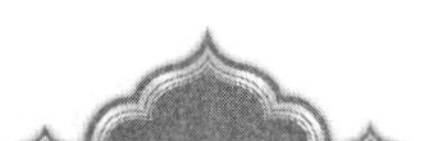

奏疏中尽管也极力切割开嘉靖与严嵩的干系："陛下聪明刚断"，"以陛下之神圣，而若不知者"等，但罗列的严嵩之罪："挟一人之权，侵百司之事"；"用一人，即先谓曰：'我荐之也。'罚一人，则又号于众，曰：'此得罪于我，故报之也。'群臣感嵩，甚于感陛下；畏嵩，甚于畏陛下"；"陛下之耳目，皆嵩之奴隶"；"陛下之纳言，乃嵩之鹰犬"；"陛下之爪牙，乃嵩之瓜葛"……这样的用语言辞，会说的不如会听的，嘉靖怎么听也像是在指桑骂槐：没有昏君的纵容，哪有奸相的有恃无恐。这哪里是在攻讦请诛严嵩，简直就是一篇声讨自己是昏君的檄文。所以，严嵩还没怎么反应，嘉靖先倒恼羞成怒，当即"命系锦衣狱"，关进了死刑犯的大牢。

《罪惟录》有一段令人深长思之的话："然上在位久，要威福自操，事事出上意。嵩承夏言之后，不敢有可否，间有所左右，直微引其词；至上所必欲杀，无所匡诤而已。……则凡上意所欲杀者，天下竞指嵩。"在史学家"吾皇圣明""臣下愚钝"的逻辑下，对皇帝的话，理解的要执行，不理解的也要执行，而一旦出现差错，那也是歪嘴和尚念歪了圣经。

中国的史学家，书写历史如编写戏剧唱本：或圣贤化或妖魔化，两极化臧否人物，赞则捧为"十全完人"，贬则予以全盘否定。其实，我们从史载中，草蛇灰线、蛛丝马迹，还能够发现严嵩的另一面。

《列朝诗集・胡瓒宗传》中还记载有严嵩及时纠正了一起文字狱："家居数年，而有诗案之狱。户部主事王联，瓒宗在河南所笞贪令也，上书讦瓒宗'闻大驾幸楚'诗，有'穆天湘竹'之语，世庙大怒，下之狱。严分宜、陶恭诚力救之，乃得解。"1539 年春，嘉靖扶母亲的灵柩南归承天府，经过河南时，时任河南巡抚右副都御史的胡瓒宗写了一首迎驾诗："闻道銮舆晓渡河，岳云缥缈照晴珂。千官玉帛嵩呼近，万国车书禹责多。锁钥北门留管乐，南极扈羲和。穆王八骏空飞电，湘竹英皇泪不磨。"胡瓒宗的这首诗显然是以周穆王驾八骏朝拜西王母的典故，颂扬嘉靖皇帝的一片孝心。谁能想到，马屁拍到了马蹄子上，曾受过胡瓒宗责罚的户

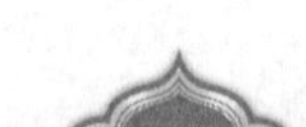

部主事王联上了一道奏折揭发说，胡瓒宗表面上是用穆王八骏来形容皇威，实际上是在嘲讽嘉靖跟着邵元节修道，就像造父跟泰豆学驾马一样，亦步亦趋，卑躬屈膝。胡瓒宗还将此诗在朋友间广泛传阅，极力诋毁嘉靖。这一下可捅到了嘉靖的软肋上，嘉靖对好道之事一向敏感，犹如和尚怕人说秃头。于是，不由分说把胡瓒宗打入大牢，让刑部严加拷问。此案正是由于严嵩“力救之，乃得解”。

朱国桢在《皇明大事记》卷三十二中还记载了胡瓒宗一案的后续发展：“是时，上意不测，大学士严嵩为之申释，圣怒少解。”严嵩为胡瓒宗辨清了冤屈，嘉靖恼羞成怒，又把一腔怒气转到了检举揭发人王联身上。王联因诬陷罪，反坐裁成大辟，并株连了一味跟风吃屁的110余人。又是严嵩“为之申释，圣怒少解”。严嵩这类颇值得嘉许的事，竟在《明史·严嵩传》《明史纪事本末·严嵩用事》《嘉靖以来的宰相：严嵩传》等史书中全部缺失，大概出于“阶级立场”的原因，不能为大奸臣“涂脂抹粉”。

严嵩还很注意奖掖擢选人才以为国用。《列朝诗集·唐顺之传》载：“顺之于学，无所不窥，大则天文乐律，小则弧矢勾股，莫不精心究诘。既而受知分宜，僇力行间，转战淮海，遂以身殉，可谓志士者矣！”可见严嵩是发现唐顺之的伯乐。《列朝诗集·尹耕传》载：“分宜能用子莘，能用胡瓒宗，其识见亦非他庸相所及也。”受到严嵩赏识的许多人，后来都为朝廷立下功勋。明末崇祯年间的大学士黄景昉在《国史唯疑》中有言：“徐华亭（阶）语张襄惠（岳）儿曰：‘严氏当国二十年，制阃不入一钱，没，得完其身者惟尊公一人耳。’犹使贤者得完身名，知此老未全毒乎！”事过数十年，当黄景昉路过袁州时，还听到当地人对严氏的好感和怀念之词，尤其是扳倒严嵩的政敌徐阶在私下与相知所说的一番肺腑之言，大概才是内心对严嵩的真实评价。

严嵩在为官初期，担任北京国子监祭酒，他在任上恪尽职守，兢兢业业，并针对国子监存在的一些弊端进行了改革。严嵩出身贫寒，读书时曾为衣食所忧，因而很为国子监里的学生着想，他亲自上疏皇上，要

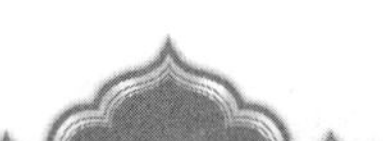

求恢复旧制，发给诸生膳金，以解贫苦监生所困。从景泰年间开始，朝廷因财用不足，允许富豪子弟捐资而入监读书。严嵩认为，设立国子监的目的是为国家培养人才，而朝廷为了钱财招纳“例监”有损这个目的，致使生源质量下降，学风受到不良影响，于是上疏皇上，要求停止招收“例监”。

《明史纪事本末·严嵩用事》一书在结尾处说了这样一段对严嵩命运总结般的评语：“独惜世宗自负非常，而明杀辅臣，始于夏言；明杀谏官，始于继盛。大礼之狱，犹云母子之恩，为其太甚。夏、杨之诛，乃以憸壬之相，甘为戎首。莱朱贻戒于自用，仲尼致恨于鄙夫，其所由来也久矣。”功归于君而过诿于臣，追根溯源，这样的历史逻辑由来已久。

5. 官宦门第多纨绔，权臣衙内尽渣男

后世评价严嵩、严世蕃父子，多认为严嵩是栽在了儿子手里。

《明史·严世蕃传》记载：“严世蕃，短项肥体，眇一目。”严世蕃长得脖子短，身体肥胖，还瞎了一只眼。《明史·严嵩传》记载：“嵩长身疎瘦如削，疎眉目大音声。”严嵩长得又高又瘦，眉目疏朗，声音宏大而尖细。父子两人的外貌形成鲜明对比。估计儿像其母，严世蕃是遗传了母亲欧阳氏肥壮白皙的基因。眼为心灵的门窗，民间素以“斜眉圪撩眼”表达那些心术不正之人。严世蕃被史书描绘成“剽悍阴贼，席父宠，招权利无厌”。但另一方面，一个人某方面有了缺陷，则在其他方面得到加倍的补偿。严世蕃颇有些歪门邪道的小聪明，“颇通国典，晓畅时务”，这位官二代由于从小受到良好的教育，博闻强记，机敏狡智，熟习典章制度，畅晓经济时务。所以他自负地夸耀“尝谓天下才，惟己与陆炳、杨博为三”，颇有些“天下英雄唯曹刘”，舍我其谁地目空一切。

王世贞在《嘉靖以来的宰相：严嵩传》中记载：“嵩既老，上时有所

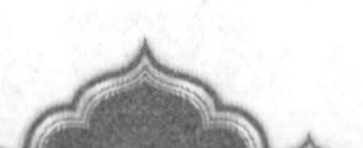

问而不能答，谋之其客皆不称旨，属世蕃草辄报美，嵩以是心益仗世蕃而心爱之。诸曹白事者，辄问曾以质儿子否，至云东楼？谓何东楼者，世蕃别号也。”严嵩晚年，思维迟滞，再不像初入阁时那样，对在西苑玄修的皇帝所发诏旨能做出敏捷反应。

因其少年贫寒，身体羸弱，“受气素薄弱，既长犹尪羸”（《四十岁初度》），贫病深入骨髓，老来落下了病根。初入仕途：“一官系籍逢多病，数口携家食旧贫”（《感述》）；“阙下简书催物役，镜中癯貌愧冠绅”（《将赴京作》）；“地僻柴门堪系马，家贫蕉叶可供书”（《奉酬空同先生》）。同官聚会，也常觉力不从心：“海内故交谁在眼，病来癯貌独憎予”（《叙旧见贻》）；“多病只怜癯骨在，素心惟荷故人知”（《酬陆司业见寄》）；“胜会正看鹓作侣，瘦躯翻讶鹤同形”（《修瀛洲之会限韵得诗》）。60 岁入阁更是强打精神勉力为之：“风云自幸逢明世，羸病哪知介晚龄”（《生日自述》）；“病来渐觉形容老，静后浑于岁月忘”（《除夕作》）。

嘉靖帝绝非昏庸之君，“凡御札下问，辞旨深奥”，手敕往往用典玄奥莫测高深，让大臣“多瞠目不能解”。“世蕃一见跃然，揣摩曲中，据之奏答，悉当上意。”唯独严世蕃能刻意揣摩圣意，一看就懂（“一览了然”），一答就对（“答语无不中”），真可谓一目了然。严世蕃之所以能胸有成竹，是因为他在内廷颇下了一番功夫：“阴结内侍，纤悉驰报，报必重赉。每事必先有以待。”严世蕃舍得下本钱，总拿大把银子贿赂皇帝左右的宦官侍女。所以嘉靖的喜好厌恶，宫内的耳目们巨细无遗都要告知严世蕃，他们每次都能得到大笔“情报费”。因此，严世蕃总能言皇帝心中所想，为嘉靖排忧解难。由此，严嵩对自己的宝贝儿子更为依赖。在严嵩当政后期，诸司上报事情要他裁决，他都会说让我与东楼商量商量后再定吧。那时，嘉靖不住大内住西苑，为了办公方便，就在西苑为阁臣设立办公室，叫“直庐”。严世蕃不能随父入值“直庐”，住在宫东，“东楼”乃严世藩别号也。

有这样一个细节：嘉靖有一回夜传圣旨，询问某事当如何处理，票

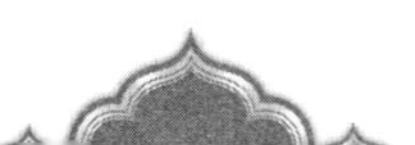

拟颇难。严嵩与大学士徐阶、李本在值班房仔细商议，每人各写一帖，提出处理意见。可是经过反复斟酌修改，3 人仍觉不妥，始终不敢誊清呈进。严嵩只好派人飞马向严世蕃求教。时间已过四更（深夜 1—3 点），“中使守直房迫促”，太监反复索取票拟几次了，说皇上“嫌迟滞，有怒容”，要求立刻回报。“嵩引领待片纸，不得至，乃自以意对”，不得已，3 人只好将商议的票拟誊录上呈。“既至，追还复改，大抵故步皆失”，太监将 3 人所拟揭贴拿回，只见皇帝朱笔在上面涂抹了好多处，令重新拟过。恰在这时，严世蕃的回帖来了，照其票拟上呈之后，皇帝顿时满意，依拟照办。自此，皇上时有要务难题，严嵩等阁臣谋之困窘不能作答者，即交于世蕃，世蕃则引经据典，参综陈说，每每都能获得皇帝的嘉许。

嘉靖喜欢读经史诸书。遇有不解其意的，便用朱笔写在纸片上，令太监交于严嵩等值班阁臣讲解，立等回话。一天晚上，类似的询问之旨又到了，可严嵩与徐阶等值班阁臣皆不晓其义，惶恐无措。严嵩安慰众人说：“无过虑！”随即密录皇帝所问，令人从西苑宫门门缝中传出，飞马送至相府，要世蕃立马作答。世蕃当即指出此语在某书第几卷第几页，作何解释。严嵩等人找来该书翻检，果然如此，遂按其解释并附书呈送。如此一来二往，严嵩“朝事一委世蕃”。所以在严嵩当权期间，京城内外流传着“大丞相、小丞相”的说法，小丞相即指严世蕃。

《明史纪事本末·严嵩用事》记载：

> 欧阳氏卒，世蕃当护丧归，嵩上言：“臣老无他子，乞留侍。”许之。以孙鹄代行，世蕃因大佚乐，干预各司事如故。然不得入直房代议，间飞札走问，则世蕃方拥诸姬狎客，徵逐胡卢，不甚了了，亦不能得当如往时。

1561 年，严嵩的夫人欧阳氏病故。依礼，严世蕃应该扶梓归葬，并在家中丁忧 3 年。如若失去严世蕃的出谋划策，严嵩就没了主心骨。于

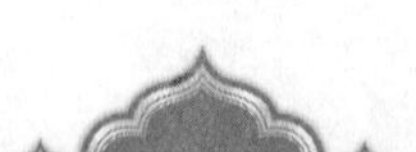

是严嵩上表嘉靖，说自己年事已高，请允许儿子留京服侍自己，让孙子代儿子扶灵柩回葬老家。嘉靖恩准了严嵩的请求。严世蕃虽然身有丧服，不能入值朝房，但“干预各司事如故”。

严世蕃也真属于纨绔子弟，服丧期间仍大行淫乐。每逢严嵩有嘉靖手诏传送回家，严世蕃“拥诸姬狎客”，严嵩派人来问对策，也不及时回答，只管自己淫乐，全然不顾老爸心急如焚。嘉靖是个性急的人，哪里能容忍严嵩磨磨蹭蹭，严嵩又不能说以前都是严世蕃参谋，只好硬着头皮自己“不得已自为之”，自然是答非所问，“往往失旨”，惹得嘉靖大为不满。有时嘉靖派宦官急赤白脸，狂催严嵩拟旨草文什么，老子在这里急得火烧眉毛驴跳墙，而儿子那里照样喝酒娱乐御女，每夜每餐从不间断。有时酒醉酣睡，恰遇严嵩有要事相询，便用大脸盆装满滚沸的开水，将毛巾浸于其中，然后趁热提出，围头三匝，稍凉再如此更换，围上几回才醒来。奇就奇在严世蕃似有特异功能，一旦稍醒，就能举笔裁答，处置周全，措辞得当。

《皇明大事记·严嵩》载有一些严嵩家事，如“嵩妻欧阳氏甚贤，治家有法，嵩亦相敬如宾，旁无姬侍”。查继佐的《罪惟录》中也有记载：“华盖殿大学士旁无姬侍。”严嵩可称得上是个对爱情忠贞不渝的人。严嵩与原配欧阳氏白首相敬，终生未纳妾。明朝的官员纳妾成风，有一定品级地位的官员，“饱暖而思淫欲”，如果不拥有正房、偏房，就好像生理不正常。严嵩的前任首辅夏言有一妻七妾，后任首辅徐阶有一妻五妾，在妻妾成群的官场，像严嵩这样一生不曾纳妾的可以说是凤毛麟角。严嵩是靠个人奋斗获得功名的，他的私生活严肃正派，其平日生活俭朴，不尚奢华。入阁后，每日只吃宫中配给的饭食，而有的阁臣则从家里送来佳肴，对配食不屑一顾。

据民间记载，严嵩在故乡的口碑很好，朱国桢《涌幢小品》中亦有记述：“分宜之恶，谭者以为古今罕俪。乃江右人，尚有余思，袁人尤甚，余过袁问而亲得之。可见舆论所评自有不同处。”据分宜村的女书记告

诉游人，严嵩与欧阳淑端的父亲同为本地秀才，严、欧两家均为分宜当地望族，当时分宜有“南有欧阳北有严”（严嵩故里那时在老县城以北）之说，两家关系甚好。少时两家父母就为子女定了娃娃亲。起初所定亲，并非严嵩后来的妻子欧阳淑端，而是欧阳淑端的姐姐。后来欧阳淑端的父亲经商致富，而严嵩还是一副没有出息的样子，甚至吃了上顿没下顿，于是欧阳淑端的父亲就想悔婚。13 岁的欧阳淑端劝说父亲和姐姐万万不可做这样嫌贫爱富、背信弃义的事情。姐姐不听，欧阳淑端就代姐姐出嫁，以保全欧阳家的名誉。欧阳淑端的父亲大怒，认为此举是丢了他的脸面，要处死欧阳淑端，还是母亲以命护女，把她交给一个族伯抚养，成年后才与严嵩完婚。

沈德符《万历野获篇·内阁·居官居乡不同》载：“严分宜作相，受世大垢，而为德于乡甚厚，其夫人欧阳氏，尤好施予，至今袁人犹诵说之。”虽然史书说严嵩是娶了个外秀内慧的夫人，但恐怕与事实不符。欧阳氏比严嵩大 1 岁，家谱说她脸上还留下了小时候得天花的小麻点。可见外秀称不上，但内慧却名不虚传。欧阳淑端与严嵩育有二女一男。虽长相差点却非常贤惠有德，按民间说法有旺夫相。欧阳淑端嫁入严家，孝敬公婆，相夫教子，团结邻里，享誉一方。家谱中称她“助公食贫力学，比贵不失素风，与公白首相敬”，算得上是患难夫妻。当年严嵩隐居钤山苦读，就是贤妻欧阳淑端的主意。严嵩曾戏言说：“听说诸葛亮妙计百出，很多都来自他的丑妇黄氏。我严嵩以后若有担当社稷大任的机会，一定离不开你这个夫人军师。”有一年，当朝名士王守仁路过分宜县，顺便去拜访严嵩，见欧阳氏亲自奉茶倒水，有些意外。严嵩说：“缝补浆洗是她所为，孩子启蒙是她授课。家中油盐酱醋茶所费，也由她纺织换取。”王守仁感慨万千：“一个富家小姐，命官夫人，如此任劳任怨，世所稀也！”

苦乡在《嘉靖与严嵩》一书中还有这样的描述：“在严嵩这个家里，几个孩子的生活起居和教育一直都是欧阳氏在负责，严嵩基本上没有过问。欧阳氏深知，教子不严就等于是给家庭制造灾难，因而，她对严世

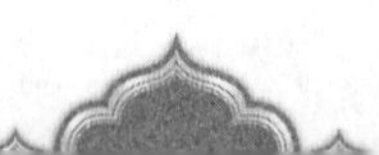

蕃斥责起来比之‘三娘教子’毫不逊色。一般家庭都是严父慈母，但在严嵩这个家庭却是严母慈父。”

早年，由于妻子欧阳氏的规劝，严嵩对儿子管教还是很严。据《皇明大事记·严嵩》言：“驭世蕃尤严。”查继佐的《罪惟录》列传卷三〇《严嵩传》中也记载：“林一新者，以佥事分巡，嵩仆有不法，执笞之。一新入贺京师，嵩甚加敬礼，其能重贤大夫若此也。”有一个叫林一新的官僚，任江西佥事，严嵩家的仆从有违法者，毫不留情地予以笞责，而严嵩不仅不予记恨，反而在林一新入京朝贺时，对他优礼有加，甚为敬重。《罪惟录》还载：“约束家人，顾及大义，与徐阶纵恶子横行乡里，何啻天壤之别。”由此可见，严嵩并不是像后来史书记载那样“纵子为恶”。

但由于严嵩的权势过大，严府的仆隶自然成为士大夫争相结交的对象。管家严年号萼山先生，公卿“得与萼山先生一游者，自谓荣幸”（于慎行《穀山笔麈》卷四）。一个管家尚且如此，更遑论严嵩的宝贝儿子如何被众人追捧。

《明史·严世蕃传》记载：“朝事一委世蕃，九卿以下浃日不得见，或停至暮而遣之。士大夫侧目屏息，不肖者奔走其门，筐篚相望于道。”

严嵩26岁中进士，因为既无社会背景，也无经济能力参与官场竞争，所以官运坎坷，生活得提心吊胆。唯恐一着不慎，就会被人拉下马来，所以一向自律很严。他多次辞免加秩、赏赐与恩荫，3次辞谢少师的官品，并屡次闻过即自劾求罢。严世蕃初入官场，严嵩还请旨嘉靖给儿子赋个简僻闲职。只是后来，贤惠的欧阳氏去世后，严嵩老来惜子，随着对儿子依赖心越来越重，爱子护犊之心也越来越强烈。西方的基督教信奉因果报应末日审判，而儒家却用一条血缘之链贯穿了一个人的前生后世。一个人可以不为自己考虑，但不能置家族和子女的利益于不顾。每个人都会算一笔人生得失账，人的一生必定要做平一个等式：一生总收入等于一生总开支。节余是遗产，亏损为债务。为官一生，总不能让后辈子孙背负债务，而总想着能有节余来恩泽子孙。于是有了晚节不保

的五七、五八现象。为给子女留一份家当，使严嵩丧失了政治游戏的原则和长期恪守的心理防范意识，把自己逼上了政治斗争的绝路。

树高影长，权力大了贪欲和淫欲也会随之膨胀。严世蕃靠父荫进入官场，一出道就弄了个尚宝司的官，官职虽不算大，但由于有官二代的背景，则令人侧目。他少小得志，自然趾高气扬，出门有一帮狐朋狗友前呼后拥。严世蕃依仗着父亲的势力狐假虎威，骄横不法，胡作非为，以至朝野侧目而视。

严世蕃聪明过人，生财有道。为了广开财源而又不受言官的弹劾，在其任职的 20 年里，公开娶回家或瞒着父母共娶了 27 房小妾，平均不到一年就要娶回一个。娶妾要祝贺上礼，小妾过生日还要祝贺上礼。今天王姓小妾过生日，明天赵姓小妾生了病，后天张姓小妾的父亲办丧事，大后天李姓小妾家出嫁娶亲……每个月不空闲，总会有多起。公开拿钱贿赂太扎眼，送礼却是人情，顺理成章。攀龙附凤之徒争相送礼，金银财宝滚滚而来。

据史载，封疆大吏赵文华从江南回京，送给严世蕃的见面礼就是一顶价值连城的金丝帐，还给严世蕃的 27 个姬妾每人一个珠宝髻。

仇鸾承袭祖辈的封爵当了咸宁伯，但只是个闲职。他想谋宣大总兵，于是“以重赂严世蕃得之”。此类事例不胜枚举。有钱的富家子弟想捐官，地位低的小官想升职，获罪的官员想释罪，严世蕃成为众官争相巴结的对象。

嘉靖的第三子裕王朱载垕，按例应被立为太子，但嘉靖对他不是很亲近，因此，严氏父子对他也很冷淡。就连照例每年该给裕王府的岁赐，户部一连 3 年都没给发放。最后，这位未来的皇帝凑了 1500 两银子送给严世蕃，严世蕃欣然接受，才疏通户部给补发了岁赐。严世蕃每每向人夸耀：“天子的儿子尚且要送给我银子，谁敢不给我送银子！”

《明史 · 严世蕃传》记载：

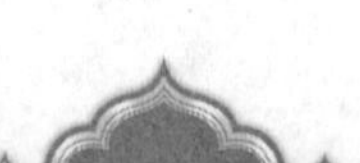

世蕃熟谙中外官饶瘠险易，责贿多寡，毫发不能匿。其治第京师，连三四坊，堰水为塘数十亩，罗珍禽奇树其中，日拥宾客纵倡乐，虽大僚或父执，虐之酒，不困不已。居母丧亦然。好古尊彝、奇器、书画，赵文华、鄢懋卿、胡宗宪之属，所到辄致之，或索之富人，必得而后已。

严世蕃在生活上也是极尽奢靡淫乱，纳妾就有 27 个，其他的侍女、丫鬟更是无数。严世蕃用象牙床，围着金丝帐，朝歌夜舞。更令人叹为观止的是，严世蕃还发明了“美人盂”：从买来的奴婢中，选年轻貌美的，令她终日跪在房中伺候，什么时候听主子一声咳嗽，美人立刻张开樱桃小口，接住从主子嘴里吐出来的浓痰，强忍着恶心咽进肚里，这就叫“美人盂”。当时的豪族富户争相效仿严世蕃，谁家权势熏天财大气粗，谁家就要摆个活生生的美人做“盂”，那“美人盂”越是光鲜漂亮，越能显得主人身份显赫，这种风气一直延续到严氏父子失势，才逐渐销声匿迹。

据民间传说，明代著名的小说《金瓶梅》，就是影射严世蕃荒淫无度的生活。《金瓶梅》的作者兰陵笑笑生是王世贞的化名。严世蕃小名庆儿，将东楼化作西门，直接用“庆”字为名，创造出小说中的人物。我无意考证此说的真假，但可以说明一点，严世蕃贪婪成性、生活糜烂却跟小说里的西门庆如出一辙。

这真可谓：官宦门第多纨绔，权臣衙内尽渣男。

周元玮《泾林续记》记载：

世蕃纳贿，嵩未详知，始置笥箧，既付库藏，悉皆充牣。蕃妻乃掘地深一丈，方五尺，四围及底砌以纹石，运银实其中，三昼夜始满，外存者犹无算，将覆土，忽曰：“是乃翁所贻也，亦当令一见。”因遣奴邀嵩至窖边，烂然夺目。嵩见延袤颇广，已自愕然，

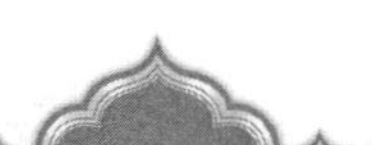

复询深若干，左右以一丈对，嵩掩耳返走，口中嗫嚅言曰：“多积者必厚亡，奇祸奇祸，则嵩亦自知不免矣。”

古人言：“多行不义必自毙。”西方谚：“上帝要一个人灭亡，必先使其疯狂。”从严世蕃的贪得无厌中，严嵩感到危机四伏。

6．“圣君”在制造“奸臣”

1561年11月，嘉靖居住的万寿宫发生了一场火灾，这场大火把锦绣宫殿烧成了断垣残壁。皇上只得暂居玉熙宫，“隘甚，邑邑不乐”，玉熙宫又窄又小，嘉靖有些郁闷不乐。嘉靖问众大臣，“朕该何处安身”？

这一年严嵩已经81岁，有些痴呆迟暮，一时没能反应过来，随口答曰“请暂徙南城离宫”。嘉靖一听大为恼怒。

南城离宫空置了有近百年，其中有个原因：1449年土木堡之变，明朝的50万大军全军覆没，英宗朱祁镇被俘。蒙古太师也先押着英宗，沿途叫关。明军守将投鼠忌器，不得不开城投降，半月之内，十几座关隘尽落也先之手。不得已之下，于谦提议，太后做主，改立朱祁镇的弟弟朱祁钰继承皇位，即代宗。明朝有了新主，明将奉新皇帝旨意，恢复士气反败为胜，打得蒙古兵落荒而逃，只得坐下来与明朝讲和，送回了英宗。因为新皇帝已经登基，英宗被尊为太上皇。代宗为防止英宗联络旧臣推翻自己，就把英宗幽禁在南城离宫。8年后，大臣石亨与于谦发生矛盾，夜闯南城离宫抢出英宗，推倒了代宗复辟。英宗以其人之道还治其人之身，又把代宗囚禁于南城离宫。因此，南城离宫成了囚帝的代名词。

嘉靖一听严嵩让他到南城离宫去住，心中犯了忌讳，认为是严嵩对他的诅咒。

嘉靖是个喜怒无常、猜忌心极重的皇帝。略举一例：有一年，嘉靖

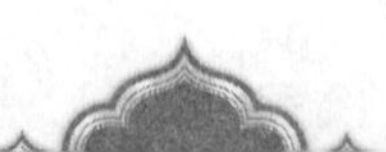

病重，太医徐伟奉旨前往诊治。当时嘉靖坐在小床上，龙袍垂地，徐伟迟疑不敢前进。嘉靖问他为什么不走过来。徐伟说，皇上的龙袍在地上，臣不敢进。诊视完毕，嘉靖就下了一道手诏给内阁，嘉奖徐伟。嘉靖说，徐伟的话，最能体现他对君父的钟爱之情。因为他说的是“皇上的龙袍在地上”，而不是“皇上的龙袍在地下”。一个“地上”，一个“地下”，有着天壤之别：地上，人也；地下，鬼也。徐伟听到圣旨传达，当时就吓出一身冷汗。自己无意间的一个用词，几乎招致杀身之祸。

应付嘉靖本来就不容易，何况是垂老之人。嘉靖猜疑严嵩存有异心，在内心里已渐渐疏离。万寿宫一场大火，把严嵩的圣眷烧了个精光。

《明史·徐阶传》记载：“徐阶营万寿宫甚称旨，帝益亲阶，顾问多不及嵩。”就像当年严嵩取而代之夏言一样，严嵩的错误给了次辅徐阶乘虚而入的机会。徐阶劳民伤财大兴土木，在修复万寿宫的过程中，颇得“上喜”。嘉靖移情于徐阶，“凡军国大事悉谘之阶”。

据明史记载，徐阶绝非等闲之辈，因为“清君侧”扳倒清除了奸臣严氏父子而功垂青史。《明史·徐阶传》给予徐阶这样的评价：“短小白皙，善容止。性明敏，有权略，而阴重不泄。”徐阶是个喜怒不形于色，有权谋，善于见风使舵；当面拱手笑，背后使绊脚，笑里藏刀，两面三刀；见人说人话，见鬼说鬼话，没有政治立场的人。

史料记载，徐阶在延平府推官任上，因剿匪有功，升为黄州同知，后又擢为江西按察佥事、江西按察副使，分管浙闽两省的学政，但一直是个外放的苦差。夏言当政之时，徐阶献给夏言一个小金佛：“这是下官在延平府剿匪时所获，一直替相爷保管着，现物归正主，请相爷收下。”夏爷故作推辞，徐阶说：“如此贵重的金佛放在下官身边，定会损下官的阳寿，还是相爷能服住此物。”可见徐阶在官场颇会来事。徐阶得到夏言的推荐，如愿以偿回到天子身边任国子监祭酒，由此开启了徐阶的上升之途。

严嵩扳倒夏言担任首辅后，徐阶立马改换门庭，又给严嵩送上一个

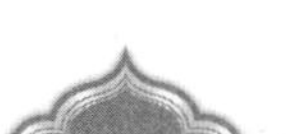

价值连城的翡翠西瓜作为贺礼。“初，阶之入政府也，肩随嵩者且十年，几不敢讲钧礼。”徐阶良禽择木而栖，又投靠了严嵩，正是赖于严嵩举荐他入阁办事，将其视作自己的接班人，并结为儿女姻亲。1552年夏，73岁的严嵩感到自己精力越来越不济，推荐了亲家礼部尚书徐阶晋升为大学士、次辅，仍兼任礼部尚书。

还有一件小事颇见徐阶之人格：当严嵩权势熏天之际，有许多人欲认严嵩为干爹。严嵩觉得影响不好，予以婉拒。此时，徐阶抬了个没底子轿，极力怂恿严嵩接受：“他们都是少年才俊，虽后生可畏，但经世不足。他们需要得到相爷的教诲，才能成为国家的栋梁。”在徐阶的怂恿下，这些攀龙附凤之辈也纷纷表态：“树不纾不直，子不教不器。”这成为后来徐阶弹劾严嵩的一条罪状，“结党营私”。

《明史 · 徐阶传》中有这样一段记载：“置酒要阶，使家人罗拜，举觞属曰：‘嵩旦夕且死，此曹惟公哺乳之。’阶谢不敢。”当严嵩看到徐阶越来越得到嘉靖的恩宠，于是摆酒设宴，作为一种试探。席间，严嵩令子孙团团拜倒在徐阶脚下，举杯托孤道：“严某日薄西山，这些小子就全仗徐公看顾了。”徐阶立即避席，连连说不敢当，不敢当！

《明史 · 徐阶传》中还有这样一段记载：“既归，其子密启曰：‘大人受侮已极，此其时已。’阶伪骂曰：‘吾非严氏不至此，负心为难，人将不食吾余。’嵩遣所亲探之，语如前。盖阶亦知上犹眷恋，未能即割也。嵩既去，书问不绝。久之，世蕃亦忘旧事，谓‘徐老不我毒’。”徐阶回到家，儿子徐璠立即进屋劝说：“父亲大人，您这些年一直受严氏父子欺压，该出手时可不要手软，别忘了严嵩对付夏言的伎俩。”岂料，徐阶拍案大骂：“没有严相爷，我们徐氏父子哪里有今天，你这个忘恩负义的东西，死了狗都不吃你！”此处史载用了一个“伪骂”，原来，严氏父子耳目众多，徐阶家人中就有几个严世藩重金豢养的间谍。徐阶的表现，立刻传到严氏父子耳中，从此严嵩对徐阶完全放松了应有的警惕。

徐阶表面一副受宠若惊的样子，心里却在磨刀霍霍，不扳倒头顶上

的首辅严嵩，作为次辅的自己只能仰人鼻息。徐阶摸准了嘉靖的脾性，要扳倒严嵩只能请神仙帮忙。

徐阶清楚，嘉靖身边不能没有道士。1524年邵元节被召入宫，邵元节不仅有一身好武功，还曾先后拜范文泰、李伯芳、黄太初等道教一代宗师学道。精通道家术数，对周易八卦颇为精到。邵元节根据自己掌握某种自然现象而故弄玄虚，如同草船借箭的诸葛孔明。1525年令拜雨雪，有灵验。命为致一真人，统辖京城朝天、显灵、灵济三宫，总领道教。从此，长居京城，经常奉诏祈祷雨雪，累获加封受赏。1536年，加号为靖微妙济守静修真凝元衍范志默秉诚致一真人。邵元节在一次求雨活动中，在天坛搭了18层云梯，云梯突然散架而丧生。1539年，邵元节羽化，敕封大宗伯，谥文康荣靖。邵元节之后是陶仲文，但陶仲文也在1560年升天了。于是，徐阶便向嘉靖推荐了蓝道行。蓝道行是山东道士，本事是会降紫姑扶乩。紫姑是何方神圣呢？是管厕所的。大家不要小看这厕所，内急的时候找不到厕所，比肚子饿了找不到饭馆还严重，所以紫姑的乩语最灵。蓝道行会降紫姑，自然本事不小。

《明史纪事本末·严嵩用事》记载了蓝道行的一次法事：

> 会方士蓝道行以扶鸾见得幸，上以为神。一日，从容问辅臣贤否，道行遂诈为箕仙对，具言嵩父子弄权状。上曰："果尔，上玄何不殛之？"诡曰："留待皇帝正法。"上默然。

蓝道行以占卜神准而得到嘉靖的宠信，嘉靖经常召蓝道行入禁中，使预卜祸福。据于慎行《榖山笔麈》卷四记载：严嵩有密札言事，徐阶事先通报蓝道行，蓝道行降神仙语，称："今日有奸臣奏事。"看到严嵩的密札，一生信奉道教的嘉靖有了"神启"，对严嵩是忠是奸愈加产生了疑问。道士蓝道行以扶乩为名，用沙盘代替"神"言。有一天，蓝道行书符念咒，神箕自动，写出16个字来，道是："高山番草，父子阁老；日

月无光，天地颠倒。”嘉靖皇帝看了，问蓝道行：“卿可解之？”蓝道行奏道：“微臣愚昧未解。”嘉靖皇帝自作聪明道：“朕知其说。‘高山’者，‘山’字连‘高’，乃是‘嵩’字；‘番草’者，‘番’字‘草’头，乃是‘蕃’字。此指严嵩、严世蕃父子二人也。朕久闻其专权误国，今仙机示朕，朕当即为处分。”嘉靖转念一想又生疑问，再问蓝道行：“既然上天明察，为何不殛杀二人？”蓝道行从容答曰：“留待皇帝正法！”嘉靖默然心动。

说来荒唐，竟然是一次道教活动决定了严嵩的命运。

嘉靖有了除掉严嵩父子的心思，但毕竟不能说是因为得到了神示，他还要掩人耳目地等待契机。

1562 年，御史邹应龙忽上奏章，弹劾严世蕃贪污受贿等不法之事，但奏章当时并未牵扯严嵩，只讲他“植党蔽贤，溺爱恶子”。在众大臣噤若寒蝉、万马齐喑之际，御史邹应龙何以敢挺身而出？是直接受徐阶指使，还是察言观色地感到“帝眷已潜移”，严嵩父子已经失宠？成为一个历史之谜。而史书的记载却有些离奇得近乎荒诞，说御史邹应龙的奏章缘于他所做一梦：他梦见自己骑马出猎，看见东边有一高楼，土基宏壮，顶覆秸秆。邹应龙拉弓而射，大楼轰然坍倒。醒后，邹应龙给自己鼓气，莫非是神示让我成就扳倒东楼（严世蕃）的吉兆？于是他翻身离榻奋笔疾书，连夜修成《贪横荫臣欺君蠹国疏》。

御史与道士双管齐下，对严嵩父子日久生厌的嘉靖，便下诏逮严世蕃入大理狱，“戍世蕃雷州卫，子严鹄、严鸿及其爪牙罗龙文、牛信等分戍边远卫”。嘉靖心里很清楚，严嵩的所作所为都秉承自己的旨意，所以“皇恩浩荡”，对严嵩予以宽大处理，令其致仕，“仍给岁禄”，还特宥严世蕃的一个儿子不必远戍边关，回老家伺候严嵩起居。

严嵩离朝后，多疑猜忌的嘉靖把以扶乩显神示的蓝道行砍了脑袋。身边缺失了与自己谈玄论道的人，嘉靖一直悒悒不乐，还表示自己要退居二线，当太上皇。远在江西分宜的严嵩闻听，知道帝意仍有念旧之情，就趁嘉靖的生日，在铁柱宫使道士建醮为皇帝祈祷，亲自撰写《祈鹤文》

献上。嘉靖皇帝优诏答之。从这一系列的信息中，严嵩感到自己还有东山再起的机会。

而严世蕃不是个省油的灯，“世蕃未达雷州，至南雄而返。龙文亦逃伍，潜往歙县，藏匿亡命刺客，一日被酒大言曰：‘要当取应龙与徐老头，泄此恨。’阶闻，厚为备”。严世蕃被嘉靖流放雷州，刚刚行至半道，他便擅自返回故里，在家乡南昌大兴土木，修建豪华别墅。严世蕃不思收敛，反而酒后吐狂言：“哪天我得以卷土重来，一定要拿下徐老头的人头，邹应龙也跑不掉！”

严嵩倒台，但保留下一条活命。当时满朝大臣深恐遗虎为患，有人不停地谏诤，说严氏父子不杀不足以平民愤，但嘉靖心中有数，颁下谕旨：“日后谁再敢上疏劾奏追论严嵩、严世蕃父子，朕一定下令把他们与蓝道行一同送斩！”

严嵩听见儿子放如此狂妄之言，叹息着对左右讲：“此儿误我太多。圣恩隆厚，我得善归。此儿虽被遣戍，遇赦也可得归。今忽忽大言，我严氏家族，横尸都门那天，想必不远矣！”

徐阶原本审时度势，已经放下了斩草除根之心，得闻严世蕃之言，才明白如今自己已势同骑虎，没有了退路。首辅之意稍有流露，下边自不乏办事之人。1564 年 10 月，在徐阶的指使下，御史林润再次上奏章，弹劾严世蕃私逃回乡，不仅违抗皇命不思改过，反而变本加厉地招财纳贿，大兴豪宅。“疏入，帝怒，诏下法司讯状。”看了林润的奏章，嘉靖勃然大怒，下旨把严世蕃羁拿回京城，交三司会审。三司，就是刑部（公安部）、都察院（监察部）和大理寺（最高法院）。

严世蕃关进大牢，气焰仍十分嚣张。对来探监的官员们说，“任他燎原火，自有倒海水”，想整垮我严氏父子的人还没有出生。

探监的官员把严世蕃的话传出来，负责三司会审的刑部尚书黄光升、左都御史张永明、大理寺卿张守直正发愁仅凭林润的“私逃回乡”“招财纳贿”等罪名太轻，弄不好还得放虎归山，聚在一起商议，认为杨继

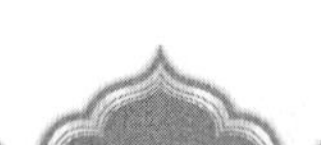

盛和沈炼都弹劾过严氏父子，而且都因为弹劾而丧命，于是，补上一条冤死沈、杨的人命案子，认为这样就可置严氏父子于死地。

还是徐阶老谋深算，看了三司起草的严氏罪状，屏退左右问道："诸君子谓严公子当死乎？生乎？"这还有疑问？当然是要让严氏父子万劫不复。徐阶摇头说："你们这样就是要放严氏父子一条生路了。"众臣大惑不解。徐阶开导说："杨、沈事诚犯天下公恶，然杨以计中上所讳，取特旨；沈暗入招中，取泛旨。上英明，岂肯自引为过？一入览，疑法司借严氏归过于上，必震怒，在事者皆不免，严公子骑款段出都门矣。"杨继盛、沈炼受诬被杀，皆当今圣上亲下诏旨，有御旨白纸黑字。你们在案中牵涉此事，正触圣上忌讳。当今皇上圣明，岂不会疑心你们借平反冤假错案，是在追究皇上的责任，那还会有你们的好果子吃？你们这样给严世蕃定罪，不仅放了严氏父子一条生路，弄不好圣上还要怪罪于你等。"众愕然，请更议"，大家一时不知所措，而徐阶早已深思熟虑，胸有成竹，从袖筒中取出一本早已拟就的奏章，其中有这样的字句：

> 逆贼汪直徽州人，与罗龙文姻旧，遂投金十万于世蕃，拟为授官。凶藩典楧，阴冀非常，世蕃纳其贿为护持。向非圣神威断，或徙或诛，则贻忧宗社矣。世蕃罪擢发难数，陛下曲赦其死，谪戍边卫，不思引咎，辄自逃归。罗龙文召集王直余党，谋与世蕃外投日本。世蕃班头牛信者，径自山海弃伍北走，拟诱至北寇，相为响应。臣按：世蕃所坐死罪非一，而觖望排上，尤为不道，罪死不赦。

汪直是个江洋大盗，与严世蕃的手下大将罗龙文是儿女亲家。汪直向来与倭寇有勾搭，给严世蕃安个勾结倭寇、意图谋反的罪名是再合适不过的了。于是，在徐阶的授意下，三司拟就了严世蕃如下四条罪状：一、严世蕃在老家盖了一座僭越帝王规制的府邸，堪比宫殿；二、严世蕃在京城与宗人朱某某，多聚亡命之徒，图谋不轨；三、严世蕃手下罗龙文组织死党500人，与倭寇串通，“道路皆言，两人通倭，变且不测”；四、严世蕃之部下曲牛信，本在山海关镇守，近忽“弃伍北走”，企图“诱至外兵，共相响应”，引诱北边蒙古人侵边。

徐阶不愧老奸巨猾，出招凶狠，剑剑封喉。

果然，奏章呈上，嘉靖龙颜大怒。他最恨倭寇和蒙古人，见严世蕃竟然这样南北勾结，成了大大的卖国贼，那还了得，马上下令锦衣卫严讯。严世蕃等人很快得知徐阶所拟的“罪状”，相聚抱头大哭：“这回死定了！”

也无须再多问，“狱成”，严世蕃等人被斩于市，严氏家族被抄家。严嵩虽然免于一死，但晚景凄惨，只好“寄食墓舍以死”，也就是寄居在守墓人的房子里，到处要饭吃。想也就是三四年前，严嵩风光无限，嘉靖每天赐御膳、赐法酒。见他的直庐简陋，嘉靖“撤小殿材为营室，植花木其中”，御赐住所胜似宫殿。曾几何时，荣华富贵如过眼云烟，如今落得恓恓惶惶如同丧家犬一般。

封建王朝的所谓惩贪治腐，只是一种政治斗争的需要。在严氏父子的命运中，严嵩教子不严，严世蕃倚仗老子的权势，贪赃枉法，为非作歹，奢侈淫乱，本来哪一桩都可依法治罪，但出于这个避讳那个禁忌，只好“见了红灯绕道走”，做假证罗织罪名，说严世蕃“通倭谋反”，这才把他杀了。为了纠正一个错案，却需要再制造一起新的冤案，封建王朝皇权专制体制下办案的荒唐、荒谬令人匪夷所思。

《明史纪事本末·严嵩用事》在结语中总结说：“假令嵩早以贿败，角巾里门，士林不齿已矣。乃至朝露之势，危于商鞅；燎原之形，不殊董卓。非特嵩误帝，帝实误嵩。”在封建王朝的皇权专制体制下，不是奸臣误“圣君”，而实是“圣君”在制造“奸臣”。

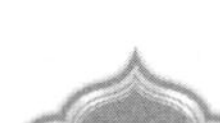

蔡京

吞咽经济变革苦果的

引子：从修复蔡京墓说起

作为一个逝去千年的历史人物，引起我关注的起因，是福建莆田仙游拟投巨资修复北宋权相蔡京墓。一石激起千层浪，网络上引发了一阵热议：一个大奸臣、大贪官的墓还要耗时费资去重修？还要不要正确的历史观？还有没有操守、底线？

我能理解，近年，随着各地把旅游业作为经济发展的新增长点，纷纷打出当地名人的效应牌，以吸引更多游人的眼球。只要影响大，越大越好，这个人管他是流芳百世还是遗臭万年。搜肠刮肚引经据典，“上九天揽月，下五洋捉鳖”，甚至一个名人出现多个故里、数处墓冢。

最早认识蔡京，是从中国古典文学四大名著之一的《水浒传》：智多星吴用与托塔天王晁盖密谋夺取生辰纲时说：“有北京大名府梁中书收买十万贯金珠宝贝，送上东京，与他丈人蔡太师庆生辰……”这个蔡太师就是蔡京。书中蔡京还有个狐假虎威、鱼肉百姓的儿子蔡九知府……《水浒传》中有这样一句民谣：“但知有蔡京，不知有朝廷。”把蔡京描绘为凌驾于皇帝之上，滥增捐税，大兴土木，搜刮民脂民膏，百姓怨声载道，激起了宋江、方腊等农民起义。从此，一个“洒下人间都是怨”，鼻子上贴块白胶布的大奸臣、大贪官形象刻入人们的记忆。

《宋史》把蔡京列入《奸臣传》，评价他：天生凶狠狡诈，玩弄权术，摆布他人于股掌之间（“天资凶谲，舞智御人”）。在皇帝面前，善于察言观色、见风使舵，以求巩固自己的地位和专宠（“在人主前，额狙伺为固位计”），总教唆皇帝说，不必顾忌流言蜚语，“普天之下莫非王土”，四海九州的财力还怕不够你一人享乐（“谓当越拘挛之俗，竭四海九州之力以自奉”）。“吾皇圣明”，早就洞察蔡京的奸诈，所以屡屡把他罢官流放，并任命与蔡京不同政见者来监视他、牵制他（“帝亦知其奸，屡罢屡起，且择与京不合者执政以视之”）。蔡京每临政治危机，总会向皇帝磕头如捣蒜地跪地哀求，眷恋权位竟至毫无廉耻之心（“京每闻将退免，辄入见祈哀，蒲伏扣头，无复廉耻”）……

这是史官的惯用笔法：要把昏君与佞臣予以切割。皇帝本是治世明君，御旨也是金口玉言，事情坏就坏在周围一帮小人身上。

宋徽宗是北宋的亡国之君。1125 年，金兵由河北、山西分两路南侵，国势已然危如累卵。宋徽宗仍沉浸在盛世华庭的虚幻之中，不做任何战争准备，依然故我地过着“日射晚霞金世界，月临天宇玉乾坤”的纸醉金迷的宫廷生活。宋徽宗荒谬昏庸地认为，把皇位传给儿子钦宗赵桓，自己做逍遥自在的太上皇，就推脱了肩上的历史责任。有一则民间传言：宋徽宗逃离京城之后，到一农家休息进餐，农妇问他是何许人，他说姓赵，现在退休，由长子代替自己上岗。卫士们忍俊不禁，宋徽宗也不由得笑起来。（肖黎主编：《中国历代名君》下，河南人民出版社 1987 年版）宋钦宗继位后，太学生陈东领数百同学伏阙上书，认为蔡京、王黼、童贯、朱勔、梁师成、李彦“六贼”，应对金兵入侵造成的危难局面负责，奏书中蔡京冠“六贼”之首。

宋钦宗继位后的 1127 年，金兵攻破开封，把宋徽宗、宋钦宗父子及

皇亲国戚、嫔妃大臣3000多人，一起押往冰封雪冻的北国。这就是岳飞《满江红》一词中描绘的“靖康耻，犹未雪”。苟安于江南一隅的南宋王朝，痛定思痛地写下《宣和遗事》，总结北宋的亡国之恨，归根于王安石和蔡京的变法改革，称两人为十恶不赦的“拗相公”和“大奸臣”。

托克维尔在其名著《旧制度与大革命》中独具慧眼地发现了一个诡谲悖谬的现象：“一个坏的政权最危险的时刻并非其最邪恶时，而在其开始改革之际。”后世把它称为托克维尔定律。托克维尔一语成谶，王安石、蔡京于北宋末年励精图治、殚精竭虑的变革努力，“无可奈何花落去”，陷入改革变法的百慕大梦魇。

《宋史》修于元末，以南宋所修国史为蓝本，顺理成章地把蔡京列入了《奸臣传》。纪晓岚主持的《四库全书提要》这样评价《宋史》：“其大旨以表章道学为言，余事不甚措意，故舛谬不能殚数。”《宋史》木匠斧子单面砍，把历数王安石、蔡京之过定为编史原则。凡是贬抑王安石、蔡京的，哪怕明显是反对变法派在私书杂史中捏造出来的逸事，都作为信史收录，而当时赞扬王安石、蔡京等改革变法措施的，一概避而不提。这种选择性地撰史，被后世史学界批评为：“《宋史》繁猥既甚，而是非亦未能出于大公。”修史背弃了真实性原则，而带有了个人情感色彩和价值判断，“故舛谬不能殚数”，自相矛盾且谬误百出。

现代史学家黄仁宇在谈及《宋史》所列诸多奸臣时说：“我们今日重新检阅他们的事迹，很难证实各人的忠奸。”

萨特有句名言：“一个时代占统治地位的思想，必定是统治阶级倡导的思想。”主流话语导向着民间的观念。创作于明初的《水浒传》，必然受到正史的影响。为了完成对一个大奸臣的塑造，施耐庵妙笔生花，空穴来风地给蔡京捏造出一个女婿梁中书和一个儿子蔡九知府。尽管遍寻史籍家谱，也找不出这两个人的历史原型，但人们还是愿意相信文学手法的想象和夸张。这是文学对意识的成功，然而也是文学对历史的败笔。

蔡京一生侍候了神宗、哲宗、徽宗三代赵家人。神宗、哲宗、徽宗三朝皇帝都没有说过蔡京是“奸臣”。《宣和书谱》称赞蔡京：“二十年间，天下无事，无一夫一物不被其涂，虽儿童走卒，皆知其所以为太平宰相。”把蔡京执政的20年，认为是涂染着浓厚的蔡京个人色彩，不失为北宋末年一段富足而太平的黄金岁月。《宣和书谱》中还记录了一段宋徽宗亲口对蔡京的评语：“寅亮燮理，秉国之钧，实维阿衡，民所瞻仰。”秉国执政，万民敬仰。“乃时丕承祇载，绍述先烈，于志无不继，于事无不述，缉既堕之典，复甚盛之举，奠九鼎，建明堂，制礼作乐，兴贤举能，其所辅予一人，而国事大定者，京有力焉！”（《宣和书谱》卷十二）可以说是政绩卓著，功德无量。当然需要指明，蔡京的儿子参与了《宣和书谱》的编订，书中也难免带有另一面的溢美之词。但无论如何编造，他也不敢伪造圣旨。只要是真实地记载了当朝人对蔡京的评价，说出真相总有认识价值。对后世而言，兼听则明，偏信则暗。

蔡京有“金殿五曾拜相”的诗句。在宋徽宗临朝年间，蔡京沧桑沉浮，几起几落，曾经5次任相。当家三年狗也嫌，尽管在言官台谏的攻讦下，蔡京4次被罢职甚至流放，但每次都能东山再起，而且每次复官，为了表示垂青和安抚，宋徽宗总要皇恩隆眷，不仅重授相权，在京都御赐宅邸，更进而加官晋爵为太尉、太师，嘉国公、魏国公、鲁国公。最后一次，圣旨还要进封陈国公，是蔡京本人坚辞不受。1124年，第五次起用蔡京总领三省事时，蔡京已是近80岁高龄，“目昏眊不能事事，事皆决于其子蔡絛”。蔡京老眼昏花，龙钟蹒跚，小儿子蔡絛成了他处理政事的“拐杖”，蔡京裁定之事由他负责上朝向宋徽宗报告。宋徽宗在位24年，蔡京居相位长达17年，徽宗对蔡京的依赖程度由此可见一斑。南宋人叶梦得的《石林燕语》、蔡絛的《铁围山丛谈》、陆游的《老学庵笔记》等著述中，颇为蔡京没能急流勇退而感到遗憾。危难之际还不识时务，“明知征途有艰险，越是艰险越向前”，终造成灾难性悲剧。

蔡京的罪名是随着言官台谏的不断弹劾而逐步雪上加霜。

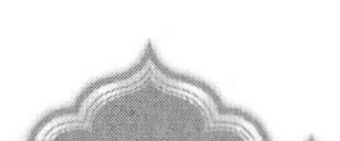

初始仅是把蔡京逐出权力核心，贬谪为中奉大夫、秘书监，边缘化到西京（今河南洛阳）致仕。但随着国势日危，对蔡京的谴责也越来越严厉。认为贬官流放这样的处理太轻，于是加罪为流放甘肃崇信县，再加罪移湖南衡州安置。蔡京更改流放地途经京师时，曾要求入京面圣，钦宗飞驿传令蔡京速离，不得停留。不久，一纸诏令又将蔡京流放韶州安置，韶州为今广东韶关，比衡州更为边远。即便如此，言官仍认为韶州算不得边远蛮荒，对蔡京这个罪大恶极之人简直是重罪轻治。宋钦宗再下诏把蔡京发配儋州（今海南岛），真正是打发到了天涯海角。

80岁高龄的蔡京，支撑着病体从一个流放地走向另一个流放地，蔡京写下绝命词云："八十衰年初谢，三千里外无家。孤行骨肉各天涯，遥望神京泪下。"1126年7月21日，蔡京病逝于流放途中的潭州（今湖南长沙）崇教寺。生前贵为一人之下、万人之上的宰相，身后却是死无葬身之地，横尸于"孤老馁疾致死"后"暴露沟堑者"的漏泽园（漏泽园是蔡京在位时设置的社会救助机构，当时遭到权贵们的反对，是蔡京的执意坚持，才创立了这一为后世赞许、向弱势群体倾斜的善举。具有嘲讽意味的是，事后回想，倒像是蔡京为自己安排的后事）。据南宋人所著《挥麈后录》记载，"蔡京门人吕川卞老醵钱以葬"，并为蔡京写了墓志，文中有"天宝之末，姚宋何罪"字样。天宝是唐玄宗盛世年号，姚崇和宋璟是唐玄宗时的两位贤相。天宝末年，中唐发生了安禄山叛乱，这一变故岂能归罪于贤相姚、宋二人?

盖棺定论难论定，朝真暮伪谁人辨，晨钟暮鼓总轮回。

蔡京凄怆离世35年后，1161年10月28日，同一道圣旨，宋高宗为蔡京与岳飞平反昭雪。又6年之后，1167年，蔡京骸骨由潭州迁葬仙游枫亭埔蓬村，墓葬规格按照宋朝宰相等级，是一座颇具规模的墓葬群。

在《中国地方志集成》之《福建府县志辑》十六《民国莆田县志》中有一段记载："京拜太师，时术士言兴化，公之乡里，若汲水贯之，则旺气壮，京用其言，凿壶公（山）下新塘。""京他事不足道，此则有益

于乡里，故曰恶，而知其美，天下鲜矣。”蔡京在朝廷权争中的胜败褒贬，与家乡的父老乡亲风马牛不相及，而他为家乡所做的点滴功德，却是永久铭刻在家乡的青山绿水之间。

蔡京墓近千年来尚保存完好，直至“文化大革命”时期，这样一个大奸贼的墓当然在劫难逃，遭人刨坟掘墓，锉骨扬灰。据仙游县文物局的登记表记载，目前尚存六对石像生，墓三埕，墓砖数千块，石翁仲若干……

中国有句俗话“入土为安”，然而历史呈现出诡谲荒谬，有些人命中注定死无宁日，入土难为安。

修而复毁，毁而复筑。一座墓碑成为政治走向和价值取向的晴雨表。

还有一个令人匪夷所思而又耐人寻味的情节。南宋人洪迈在《容斋随笔》中记载，蔡京死后 42 年迁葬，皮肉销蚀已尽，骨骸中胸骨上凸起一个只有如来佛胸前才有的“卍”字，高有两分多，就像用刀子镌成一般。这一细节，不知是表达“放下屠刀，立地成佛”的意思，还是“苦海无边，回头是岸”的告诫？

我无法考证这一细节是文人意识的演绎成分，还是至今不为现代科技所知，这一怪异现象，也许会激发后人去探究历史人物真相的兴趣。

“横看成岭侧成峰”，人性是复杂矛盾的多棱体，社会是变幻莫测的万花筒，只要变换一个角度，就呈现出截然不同的面目或图形。

如何真实客观地评价宋徽宗与蔡京两人的君臣关系，如何准确评价北宋末年自王安石以来到蔡京的改革变法，成为一座陵墓所埋藏的解读锁钥。

1. 无能弄臣的才干具备

北宋在政治上乏善可陈，而在文化艺术上却是璀璨夺目。唐宋八大

家，除韩愈、柳宗元属唐人外，欧阳修、王安石、曾巩、苏洵、苏辙、苏轼都是宋人。尤其令人惊异的是，在文学上英雄所见略同的 6 人，在政见上却分为元祐党人（旧党）和元丰党人（新党），是截然对立、水火难容的两派。

苏洵、苏轼、苏辙父子 3 人，坚定地追随司马光反对王安石的变法。苏东坡的弟弟苏辙，在弹劾蔡京时，鄙夷之情溢于言表：蔡京有什么本事？文无华彩，政无识见，人品低下，士君子耻于与他为伍。要不是他弟弟蔡卞是王安石的女婿，他跟着沾了光，凭什么他身居要职赖着不走？如若再不罢了他的官，难平众愤。（苏辙《再乞责降蔡京状》："京文学政事一无所长，人品至微，士论不与。若不因缘蔡卞与王安石亲戚，无缘兄弟并窃美官。今卞已自迫于公议求退，而京独昂然久据要地，众所不平。"）

王夫之在《宋论》中，对蔡京的评价更为低下。他认为，蔡京连"奸相"也够不上。所谓奸相者，如李林甫、卢杞、秦桧等人，"下足以弹压百僚，而莫之敢侮；上足以胁持人主，而终不敢轻"。对下能够镇得住满朝文武，没有人敢违逆其旨意；对上则能"挟天子以令诸侯"，让君主始终离不得他。而不是像蔡京，既给君王拿不出治国安邦良策，只会"贻君以宴逸"；又不能谏言及时纠正君王的失误，而一味逢君之恶，"济君之妄图"，说到底，蔡京只不过是个谄媚佞庸的"弄臣"。

宋史典籍与民间话本中留下了许多蔡京削尖脑袋往上爬和死皮赖脸不退位的劣迹。

《墨庄漫录》记：泰陵（哲宗）时，刘皇后原本是哲宗宠爱的嫔妃（"时昭怀刘太后充贵妃"）。蔡京察言观色迎合哲宗的喜好，刻意逢迎刘贵妃，先后写过 4 首赞美诗，其中有这样的词句："三十六宫第一，玉楼深处梦熊罴。"蔡京不仅对刘贵妃刻意逢迎，"诸妃阁同各有词"，对皇帝身边的三宫六院七十二妃，总会不失时机地奉上溜须拍马、令人肉麻的"媚词艳句"。比如，有一次在宋徽宗的安妃妆阁，此时的安妃正得徽宗宠幸。

蔡京即题诗："保和新殿丽秋辉，诏许尘凡到绮闱。"把安妃比作天仙下凡，肉麻地吹捧："月里嫦娥终有恨，鉴中姑射未见真。"蔡京的"广种薄收"，终得"投桃报李"。当刘贵妃升为刘皇后，在哲宗去世后，不断以先帝太后的身份，向继位的宋徽宗耳朵里灌输蔡京的好话。同时，"宫妾宦官合为一词誉京"，给宋徽宗吹枕边风："非相京不足以有为。"

宋徽宗笃信道教，自封为教主道君皇帝。蔡京极力投徽宗所好，把方士林灵素引荐给徽宗。"徽宗极度宠信，初赐号通真先生，又赐号通真达灵先生。重和元年（1118）赐号通真达灵元妙先生，视中大夫。"（杨仲良《皇宋通鉴长编纪事本末》）林灵素对徽宗说，天上有九霄，神霄最高，其治称神霄府。神霄玉清王是上帝的长子，称长生大帝君，宋徽宗就是长生大帝君降世。蔡京等人都是神霄府中的仙官，降生下凡帮助帝君治理天下。宋徽宗闻言大喜，自此称自己是昊天上帝的长子。不仅重赏了林灵素，还修建上清宝箓宫作为林灵素斋醮的场所，并于皇宫建复道秘密相连，以便随时召见。

中国历朝历代都忌讳朝廷重臣与内臣阉宦结交，而蔡京把与内臣阉宦结交看作自己从政左右逢源的一个优势，身为朝廷肱股大臣，不惜屈尊迂贵，"于内臣虽高品黄门之类，无不曲加礼敬"。蔡京擅长舞文弄墨，常常"以书札问遗"联络感情，又"无问高下"，赠墨宝以增进友情。"蔡京进退，倚中贵人为重"，每每对部属教诲说："三省、枢密院胥史文资中为中大夫者，宴则坐朵殿，出则偃大藩，而至尊左右，有勋劳者甚众，乃以祖宗以来正法绳之，吾曹心得安乎！"从此为提拔阉宦太监大开了方便之门："建节者二十余辈，至领枢府、封王，为三少，时时陶铸宰执者，不无人焉。"陈次升在弹劾蔡京的奏折中说："舆论以为京之过恶甚多，而结交近习之罪最大……身为从官，委蛇经幄，日侍清光，可谓贵臣矣。而乃卑躬屈己，亲昵阉宦。或以货财相结，或以书札往来……实欲令其伺陛下之起居，漏宫禁之事……"结交皇帝身边的这些侍从，成为蔡京窥探皇帝行止好恶的内线。

据《宋史》记载，蔡京能够进入朝廷权力中心第一次任相，缘于大阉宦童贯的鼎力举荐："京进，贯力也。"

《宋史·童贯传》载："少出李宪之门。性巧媚，自给事宫掖，即善策人主微指，先事顺承。"名列"六贼"之一的童贯，净身入宫时，先是投靠在神宗宠信的宦官李宪的门下。童贯性情乖巧有眼色，从做给事宫掖（给皇上提茶壶、倒尿壶的小奴才）时起，就善于察言观色，揣度皇上的心思。童贯入宫前曾读过 4 年私塾，有些经文根底，加之他机灵敏捷有眼色，应变能力强，对皇上所提问题能对答如流，因此很得徽宗的赏识。童贯无疑是皇帝身边的红人。

蔡京与童贯的结识，始于一个偶然的机缘："徽宗立，置明金局于杭，贯以供奉官主之，始与蔡京游。"宋徽宗即位，在杭州置明金局，就是中央驻地方特派署，专门为宋徽宗搜罗民间的奇珍异宝，尤其是徽宗酷爱的文玩字画。童贯以供奉官的身份主管此事，也就相当于皇宫的采购部长。恰好此时，蔡京也因"御史陈次升、龚夬、陈师锡交论其恶，夺职，提举洞霄宫，居杭州"。蔡京反思自己官场铩羽的教训，认识到在风向多变如转蓬的官场，不能两眼一抹黑盲人摸象，辨不明东南西北，把马屁拍到马蹄子上，迫切需要宫内有一个得力的人为自己提供宫闱秘闻。在童贯方面，虽然近水楼台先得月，但也急需投资一个"潜力股"，盘活现有仓储资本，顺水推舟促成自己身价的"升值"。

于是，两人各取所需，一拍即合。事后的演变，蔡京与童贯互为犄角，一时权势炙手可热，对蔡京与童贯臭味相投、狼狈为奸的结盟，时人称蔡京为公相，童贯为媪相。民间广为流传的歌谣："打了桶（童贯），泼了菜（蔡京），便是人间好世界。"还有一首类似的民谣："杀了穜蒿割了菜，吃了羔儿荷叶在。"都表达了民间对两人之深恶痛绝。

《宋史·蔡京传》载："童贯以供奉官诣三吴访书画奇巧，留杭累月，京与游，不舍昼夜。凡所画屏幛、扇带之属，贯日以达禁中，且附语言论奏至京所，由是帝属意京。"根据这段史载，蔡京能够进入宋徽宗的视线，

是童贯把蔡京所书写的屏幛和扇面不断送给宋徽宗，并不失时机地为蔡京添加赞美之语，“以致宫妾、宦官合为一词誉京”。(《椒邱文集》卷六)

这些记载给人们留下的印象，似乎蔡京的上位，全倚仗了嫔妃阉宦。

然而，在北宋末年和南宋年间成书的《铁围山丛谈》《宣和画谱》《宣和书画》《挥麈录》等中却为后世提供了蔡京发迹的另类版本。

《铁围山丛谈》中有一段蔡絛的话：“国朝诸王弟多嗜富贵，独祐陵（徽宗）在藩时玩好不凡，所事者惟笔研、丹青、图史、射御而已。”宋徽宗还在端王时期，就表现得与其他诸王子不同。当诸王子都在死记硬背四书五经之乎者也时，他生性好动，骑马、射箭、踢球、打马球……有点“不务正业”。宋徽宗迷恋于丹青，在书画艺术上有很高的造诣。《画继》云：“徽宗皇帝天纵将圣，艺极于神。”宋徽宗当端王时，与当代著名书画家王诜、赵令穰交游甚密，向他们学习书画艺术。他的艺术悟性极高，一望而知，触类旁通。无论山水、花鸟、人物，都能“寓物赋形，随意以得，笔驱造化，发于毫端，万物各得全其生理”。尤其是他的花鸟画作品，如《芙蓉锦鸡图》《鸲鹆图轴》等，可以说是中国绘画史上的稀世珍品。

宋徽宗不仅擅长绘画，而且在书法上也有极高的造诣。他初学黄庭坚，后又学褚遂良和薛稷、薛曜兄弟，博取众家所长，熔于一炉，创造出独具特色的瘦金体。这种字体“天骨遒美，逸趣霭然”，犹如我们现在所说的骨感美人，瘦耸如亭亭玉立，飘逸似玉树临风。达到如此意境需要极高的书法功力、艺术涵养以及神闲气定。宋徽宗的瘦金体深为后世所赞绝，墨迹流芳颇广。远僻如太原的窦大夫祠，庙前的碑刻也留有宋徽宗所书的“灵泉”二字。

董史在《皇宋书录》中说：“愚按二蔡书迹，自徽宗皇帝好书，笔法瘦劲，一时鼓舞，故京下书札，亦尚枯健，今往往于碑刻中见之。”当年的众多书法家为了迎合宋徽宗的趣味，都开始模仿瘦金体，蔡京、蔡卞也曾下功夫模仿过瘦金体，并留下碑刻。宋徽宗之后，历代尽管学习这种字体的人多如过江之鲫，但1000年来，能达到其神韵的却寥若晨星。

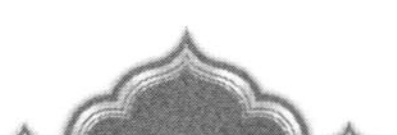

宋徽宗尤其酷爱收藏,《铁围山丛谈》记载:“上方所藏率举千计”,“唐人用硬黄临二王帖至三千八百幅,颜鲁公(颜真卿)墨迹至八百幅,大凡欧、虞、褚、薛及唐名臣李太白、白乐天等书字,不可胜会”。“至二王《破羌》《洛神》诸帖,真奇殆绝,盖亦为多焉。”对于这样一个有着如此绝伦艺术造诣和高超鉴赏力的帝王,“观千剑而后识器”,要能入得了宋徽宗的法眼,岂是童贯花言巧语、信口雌黄所能蒙哄?

《挥麈录》后录余话中有这样三个细节:

蔡京初次入朝堂,宋徽宗领着他逐阁欣赏皇室的收藏品。当来到某阁时,宋徽宗“因指阁内:‘此藏卿表章字札无遗者。’命开柜,柜有朱隔,隔内置小匣,匣内覆以缯绮,得臣所书撰《淑妃刘氏制》,臣进曰:‘杞恶文鄙,不谓袭藏如此。’”蔡京做梦也不敢想象,20年前的崇宁初年,蔡京还仅是一个翰林学士,而“臣章句片言,二十年前已蒙收录”,而且一直珍藏御库,可见徽宗对蔡京书法的喜爱程度。蔡京顿时感激涕零,匍匐在地:“自古人臣遭遇,或以一能一技见知当时,名显后世”,“被遇若此。君臣千载,盖非一日。君之施厚,臣之报丰。臣无尺寸,孤负恩纪,但知感涕!”

有一次在宴席上,宋徽宗提起旧事:“崇政殿试,卿在西幕详定时,因入持扇求书,得二诗,皆杜甫所作,诗曰:‘户外昭容紫袖垂,双瞻御座引朝仪。香飘合殿春风转,花覆千官淑景移。’又:‘五夜漏声催晓箭,九重春色醉仙桃。旌旗日暖龙蛇动,宫殿风微燕雀高。’”可见,宋徽宗不仅还记得当年所得蔡京两个扇面,而且把扇面所题杜甫诗朗朗背诵出来。蔡京大为惊骇,问:“崇宁初蒙宣谕扇犹在?”徽宗回答,当然收藏如珍宝。当年,宋徽宗仅是端王,就对蔡京的书法青睐有加。徽宗即位后,多次令蔡京赋诗题字。《畿辅通志》卷五四载:爽亭在临城县东北,《名胜志》在县东北普利寺。宋徽宗下晋阳时驻跸于此。命蔡京书“爽亭”二字,立有石碣。《山西通志》卷一七〇载:天宁寺在下城南营,宋熙宁中建,徽宗赐名天宁万奉禅林,敕太师蔡京书额。

有一次在玉真轩君臣同乐，一边欣赏歌舞，一边饮酒赋诗。宋徽宗忽然回忆起蔡京曾经在绍圣春宴的诗作，说自己当时因为有疾在身，没能出席盛宴。哲宗宣召曰：“蔡承旨有佳句：‘红蜡青烟寒食后，翠华黄屋太微间。’不可不赴。”说着沉吟片刻，然后诵读出前两句：“牙牌晓奏集英班，日照云龙下九关。”蔡京大为感动，受宠若惊，“顿首谢曰：‘臣操笔注思，于今二十年，陛下语及，方省仿佛，然不记一字。陛下藩邸已知臣，盖非今日。岂胜荣幸’”。

以上三段描述，足以证明蔡京的书法诗赋在其早年就已经很有名气。

蔡京在艺术上尤其是书法上的名气和造诣，应该说是徽宗最早青睐他的原因。

《铁围山丛谈》卷四记载：有一天，蔡京与大书法家米芾聊天，蔡京问米芾：“当今书法什么人最好？”米芾回答说：“从唐朝晚期的柳公权之后，就得算你和你的弟弟蔡卞了。”蔡京再问：“其次呢？”米芾说：“那当然当仁不让非我莫属了。”(“鲁公一日问芾：‘今能书者有几？’芾对曰：‘自晚唐柳，近时公家兄弟是也。’盖指鲁公与叔父文正公尔。公更询其次，则曰：‘芾也。’”）就连一向被人们称为狂傲不羁的大书法家米芾都表示，自己的书法在蔡京之下。当然也不排除此时的米芾，在人屋檐下，不得不有自谦之辞。但至少说明，蔡京的书法与米芾不相上下，在伯仲之间。

《铁围山丛谈》卷四还记录着这样一个情节：有一天，蔡京正与米元章米芾、贺方回贺铸在一起品茗论道，突然有一个不速之客不约而至。见面就挺不客气地说，久仰大名，说你的大字“世举无两”，我一直不以为意，认为你不过是“赖灯烛光影以成其大”，难道你还真能“安得运笔如椽者哉”？蔡京冷笑一声，不屑地说：“我让你耳听为虚，眼见为实。”米芾和贺铸闻言大喜，高兴地说：“我们也机缘凑巧，可一睹为快事。”说毕，蔡京“命具饭磨墨。适时有张两幅素者。食竟，左右传呼舟中取公大笔来，即睹一笥道帘下出。笥有笔六七支，多大如椽臂”。三人一见

这个架势，“已愕然相视”。蔡京乃手挥如椽巨笔，问那个不速之客，你想让我写个什么字给你看呢？那人拱拱手说：“某愿作龟山字尔。”蔡京当即一挥而就。墨迹方干，众人正在惊骇细看，贺铸“独先以两手作势，如欲张图状，忽长揖卷之而急趋出矣”。贺铸的举动惹得米芾大怒，从此，两人有数年不相往来，直到很久以后才算讲和。贺铸把蔡京所挥写巨字“刻石于龟山寺中”，米芾亲笔在侧面题字“山阴贺铸刻石也”，卷墨迹逃走。蔡京所书“龟山”，后世认为“大字冠绝古今，鲜有俦匹。自唐人以来，至今独为第一”，“‘龟山’二字，盘结壮重，笔力遒劲，巍巍若巨鳌之载昆仑，翩翩如大鹏之翻溟海”，成为千年绝世珍迹。

作为上述情节的佐证，《宣和书谱》卷十二《蔡京传》中这样称赞蔡京的文学及书法造诣：“喜为文词，做诗敏妙，得杜甫句律。制诰表章，用事详明，器体高妙。”“性犹嗜书，有临池之风。初类沈传师，久之深得羲之笔意，自名一家。其字严而不拘，逸而不外规矩。正书如冠剑大臣议于朝堂之上，行书如贵胄公子，意气赫奕，光彩射人。”以至于人们争相收藏。“至于断纸余墨，人争宝焉。喜写纨扇，得者不减王羲之之六角葵扇也。”

后世推崇的北宋苏、黄、米、蔡四大书法家，不少人认为“蔡”原指蔡京，后世厌恶蔡京“人品奸恶”，遂改为蔡襄。《山西通志》卷一三八载：“薛绍彭，向子，多藏古法书，翰墨精绝，时号苏黄米薛，而斥蔡京不录。”也是出于同样原因，“士大夫少称之者，以人废耳”。

蔡京工书法，初与弟弟蔡卞学蔡襄书法，中进士官授钱塘县尉时，因神宗喜爱徐浩书法，当时士大夫纷纷学之，蔡京也与被贬在钱塘的苏东坡一同学习徐浩书法，后学沈传师、欧阳询，又改学“二王”，博采诸家所长，自成一体。其书笔法姿媚，字势豪健，痛快沉着，独具风格。蔡京是否就是苏、黄、米、蔡宋代四大书法家之“蔡”，从明清以来就有争议，至今未有定论。

《水浒传》里有个细节：萧让为救梁山兄弟，伪造了一封蔡京家书，

因书写达到以假乱真的地步，所以被称为“圣手书生”。由此可见，时人尽管对蔡京的人品贬抑有加，但对他的书法，却在不经意间流露出真实的评价。

蔡京因了坏名声，他的字迹存世的已经非常稀少。《宋代石刻文献全编》收录了部分蔡京、蔡卞的书法作品。蔡京书法有：1105 年，亲笔所书的《元祐党籍碑》；1108 年，在兴平县题额的《大观圣作之碑》；1122 年，蔡京书《面壁塔题字》，资政殿学士河南尹范致虚立石等。在收录书法珍品的《三希堂法帖》中，收录有蔡京书法作品《与节夫书帖》《与官使书帖》《陪辅帖》等。

在中国几千年的封建史中，因人废言或因言废人之事屡见不鲜。

蔡京能够在徽宗在位的 20 多年里一直得到圣恩眷顾，与他的文学才华也分不开。作为风流天子，宋徽宗喜欢吟诗作画，君臣酬唱。每逢这种场合，蔡京总能以他机敏的思维、优美华丽的词句博得龙颜大悦，而且他能做到巧言应对、妙趣横生。

宋徽宗喜欢作画，往往命蔡京为画题词。史籍里留存下不少宋徽宗与蔡京的图配诗，宋徽宗画了一幅赞颂唐太宗贞观之治的《十八学士图》，蔡京在上面题：“唐太宗得杜如晦、房玄龄等十八人，佐命兴邦。臣考其施为，皆不能稽古立政……盖玄龄、如晦学非尧舜三代……使太宗无乡举里选、制礼作乐之功，后之学者未尝不掩卷太息。今天下去唐又五百余岁，皇帝陛下睿智生知，追述三代，于是乡举里选、制礼作乐，以幸天下，足以跨唐越汉。犹慨然缅想十八人……求贤乐士，可见于此……”蔡京的题字言外有意、弦外有音：字面上看吹捧了宋徽宗在“乡举里选、制礼作乐”等方面“足以跨唐越汉”，汉武略输文采，唐宗稍逊风骚。而言外之意却隐含了宋徽宗的唯才是举，用人得当，不失时机地暗示自己的辅佐之功，可谓一箭双雕。

再如，蔡京为宋徽宗的《雪江归棹图》题：“臣伏观御制《雪江归棹图》，水远无波，天长一色，群山皎洁，行客萧条，鼓棹中流，片帆天际，

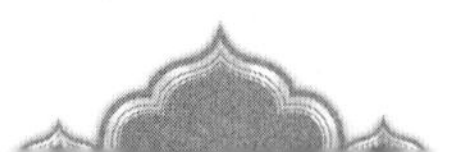

雪江归棹之意尽矣……皇帝陛下以丹青之笔，备四时之景色，究万物之情态于四图之内，盖神智与造化等也。”

蔡京所作的《题御制听琴图》：“吟徵调商龟下桐，松间疑有入松风。仰窥低审含情客，以听无弦一弄才。”

宋徽宗与蔡京之间这种君臣唱和的图配诗，当时仅是逢场作戏，然而随着时间的推移，却阴差阳错地成为标志着一个时代最高艺术价值的珠联璧合。

《宣和书谱》记载：宋徽宗对于这样一个“博通经史，挥洒篇翰，手不停辍。美风姿，器量宏远”的艺术上的知音，怎能不器重有加，无比倚重？“其所以赋予一人，而国事大定者，京其力焉。”

在中国历史长河中，宋代在文人治国、言者无罪的宽松政治环境下，人的聪明才智得到淋漓尽致的发挥。中国古代四大发明，三大发明在宋代；纺织、浑天仪、《天工开物》等也都是在这个时期出现；陶瓷、海运、外贸出口等也得到快速发展；尤其是书画艺术更是达到了一个后世难以企及超越的标高。陈寅恪先生评价说：“华夏民族的文化，历数千载之演进，造极于赵宋之世。”

蔡京是书法高手，又精通金石、音律、戏曲等艺术，正是他与同有书画天赋的徽宗皇帝的强强联手，才把宋代的文化艺术推向高潮。蔡京执政时，宫廷里御藏了一批宋以前的历代书画，但鱼龙混杂，假画甚多。蔡京组织了米芾等一批书画专家，并亲自参与鉴定，将这些书画逐一登记造册，组织有关人员编纂了《宣和画谱》《宣和书谱》《宣和博古图》等书。蔡京还主持摹刻《大观帖》，保护了历代名人的书画作品。蔡京当年组织收集整理的作品，成为美术史研究中的珍贵史籍，至今仍有极其重要的参考价值，同时也丰富了今日北京故宫博物院和台北故宫博物院的馆藏。

蔡京执政年间，十分重视推动繁荣文化艺术。他创办的宣和画院直属国家内侍省管理，给画师们比照翰林、侍诏的优厚待遇。朝廷公开向

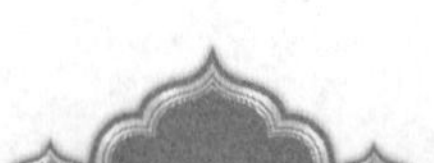

全国征召画师，从应召的3000多人中沙里淘金，培养了像王希孟（《千里江山图》的作者）、武宗元（可与吴道子相比的《朝元仙杖图》的作者）、张择端（《清明上河图》的作者）、李唐等一批杰出的画家。

正是在蔡京执政时期，当时年仅18岁的王希孟创作出《千里江山图》，与张择端的《清明上河图》成为中国绘画史上的传世双璧。张择端的《清明上河图》，这幅真切反映北宋社会风貌、民俗风情的历史长卷，创作完成后原名叫《上河图》，首先将它呈献给了宋徽宗。宋徽宗用他独特的“瘦金体”，亲笔在图上题写了“清明上河图”五字，表达了对自己治下政治清明、社会繁荣的颂扬，并钤上了双龙小印，成为此画的第一位收藏者。后来，宋徽宗把这幅画赐给蔡京，蔡京也在画上题跋留下痕迹。《清明上河图》成为历史的印证：说明中国在北宋之时，就已经拥有世界上规模最大、人口最多、商业最繁华，并建立了遥遥领先于同时期欧洲工商业文明的城市——汴梁（今河南开封）。

宋徽宗有一道圣旨：“非常之才，必遇圣明之主；可大之业，是资豪杰之臣。”不妨把这道圣旨看作宋徽宗启用蔡京的内心道白，宋徽宗与蔡京的君臣际会，是中国艺术史上双璧的互动共赢。

2. 变革中的变脸

蔡京的官场沉浮乃至人生命运，始终与北宋末年的改革变法相纠葛缠绕。

《皇朝编年纲目备要》卷二十二载：

> 光既复差役旧法，蔡京知开封府，即用五日限，令开封、祥府两县，如旧役人数差一千余人充役，亟诣东府白光。光喜曰：“如人人如待制，何患法不行乎？”

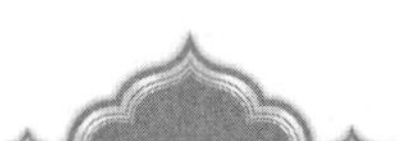

1085 年 3 月，宋神宗驾崩，年仅 9 岁的第六个儿子赵煦即位，是为宋哲宗。执掌实权的是英宗的皇后，神宗的生母，也就是哲宗皇帝的奶奶宣仁太后高氏。出身于权贵阶层的高太后，在熙宁年间就曾向神宗流涕，坚决反对新法。她垂帘听政后，迫不及待地把反对王安石新法最激烈的司马光召回汴京担任宰相。

司马光与王安石是死对头，因反对王安石变法而辞官回乡闲居，完成巨著《资治通鉴》（拙文《温公祠解析〈辨奸论〉》和《王安石变法的诡谲怪圈》两文中，以两人的对峙为折射点，对北宋改革变法的筚路蓝缕有详细描述）。现在风向逆转，司马光一朝得势。1085 年 4 月，司马光上台伊始，即上疏指斥王安石变乱祖宗之法，指责王安石新法是“舍是取非，兴害除利。名为爱民，其实病民；名为益国，其实伤国。作青苗、免役、市易、赊贷等法，以聚敛相尚，以苛刻相驱，生此厉阶，迄今为梗”。（《续资治通鉴长编》卷三五五）

起初，司马光出于策略考虑说：“为今之计，莫若择新法之便民益国者存之，病民伤国者悉去之。”初始的说法只是为推翻新法故做的一种姿态。司马光很快接着上奏说：“先帝以睿智之性，切于求治，而王安石不达政体，专用私见，变乱旧章，误先帝任使，遂致民多失业，闾里怨嗟。陛下深知其弊，即政之初，变其一二，欢呼之声，已洋溢于四表，则人情所苦所愿，灼然可知，陛下何惮而不并其余悉更张哉？”（杨仲良：《皇宋通鉴长编纪事本末》）这是复辟派的一贯伎俩，先将神宗与新法做了切割，将变法的责任全部推到王安石身上，然后就可以肆无忌惮把王安石实施的新法一律废除。

有人劝阻司马光说，神宗刚刚去世，“三年无改父道”，马上改变先皇执政时的政略，恐怕会留下隐患！更警告他说，如果有人一旦以父子之义离间圣上，那你就要大祸临头了。司马光义无反顾地说：“先帝之法，其善者虽百世不可变也；若王安石、吕惠卿所建为天下害者，改之当如救焚拯溺。”并振振有词地辩解，废弃新法不是“以子改父”，而是“以

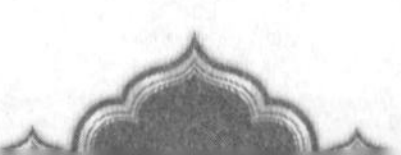

母改子”。连一向反对王安石变法的同盟军苏东坡，也觉得司马光做得有些太过分了，提议把有些经实践证明还不错的新法保留下来。当司马光临朝任相时，已是重病在身，所以有着“只争朝夕”的紧迫感，他固执且偏激地说：“新法不去，我死不瞑目。”（陈均著，许沛藻、金圆、顾吉辰、孙菊园点校：《皇朝编年纲目备要》，中华书局 2006 年版）

1085 年 6 月，宋哲宗（其幕后当然是高太后的懿旨）采纳司马光奏折公布诏书：“应中外臣僚及民庶，并许实封直言朝政阙失，民间疾苦……”冲决的闸门一开，新法尽废，旧制全面恢复。王安石的变法“因人去而法废”。1085—1086 年，几乎是清一色的旧党人物占据了朝廷各个重要部门。

1086 年，蔡京还是个地方官，“知开封府”。司马光借圣旨威力，号令五天内“复差役旧法”。各州县尚未反应过来，臣僚们都担心“欲速则不达”，而蔡京则窥风向而动，在其辖区开封、祥府两县，派出 1000 多人的督导人役，5 日内全部改雇役为差役。蔡京到政事堂向司马光汇报，司马光高兴地说，如若人人都像你这样执行上级指示不过夜，还怕旧制不能迅速恢复？

旧法因公使用民力，是直接由官府按名册指派民户充当，称差役法；王安石变法，改为民户按经济能力出钱免役，然后由官府雇人应役，称免役法或雇役法。免役法是王安石新法中比较成熟之法，制定时经过反复推敲，实施前进行了局部试点，再全面推开，实施后效果也好，近 20 年已为民间所习惯。然而，司马光眉毛胡子一把抓，凡是新法一概予以废除。

王安石熙宁期间主持改革变法时，蔡京在地方任职，积极推行新法，很得王安石的器重和赏识。1076 年，王安石第二次罢相后，宋神宗亲自主持了元丰年间的改革，完善新法，蔡京仍是积极参与其中。在人们的心目中，蔡京自然是属于改革变法派阵营。蔡京始而追随王安石变法，继而又依附司马光卖力恢复旧法，蔡京的见风使舵、首鼠两

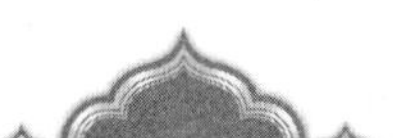

端，招致众官员的猛烈抨击："义者谓京但希望风旨，苟欲媚光。"蔡京的投机取巧适得其反，不仅没有受到司马光旧党的重用，"台谏亦累疏请罢京"，说蔡京"怀奸邪、坏法度"，"遂出京知真定府"。虽说"知开封府"和"知真定府"级别都是知府，可北京市与河北省权力的重要性岂可同日而语？

在高太后的支持下，旧党在短时间内将王安石变法的主要内容废之殆尽，完成了全面复辟的"元祐更化"。反变法派因此被称为元祐党人，而变法派则被称之为元丰党人。

高太后临朝 9 年，迟迟不肯归政于逐渐成人的哲宗。哲宗对祖母的专横和控制极为不满，采取了"况潜用晦"的策略，"十年不言庙堂"，"虽左右近习莫察其喜怒之色"。蔡絛的《铁围山丛谈》中记录了哲宗在元祐年间的一个细节，显示出哲宗对高太后及元祐大臣的反感已经到了忍无可忍的地步：宋哲宗对高太后"恭默不言者九年"。高太后征求哲宗的意见："彼大臣奏事，乃胸中且谓何，奈无一语耶？"哲宗只是说："娘娘已处分，俾臣道何语？"哲宗亲政后，与大臣曾戏谑地说："朕只见臀背。"可见哲宗对当木偶的 10 年儿皇帝生涯是何等深恶痛绝。

高太后常常忧心忡忡地提醒她垂帘听政时重用的大臣："老身殁后，必多有调戏官家者，宜勿听之，公等亦宜早求退，令官家别用一番人。"（《哲宗谥册》）

元祐党人很清楚，太后的垂帘听政不会长久，最终还需要还政于皇上。所以未雨绸缪，一定要抓住时机，利用担当帝王师的便利，"随风潜入夜，润物细无声"，潜移默化地把哲宗培养成一个与元祐人士同心同质的圣明之君。程颐为了规范哲宗的帝王道德，防范其受周围不良因素的影响，建议："欲乞皇帝左右扶侍祗应宫人、内臣，并选年四十五以上，厚重小心之人，服用器玩皆须质朴，一应华巧奢丽之物不得至于上前。要在侈丽之物不接于目，浅俗之言不入于耳。及乞择内臣十人充经筵祗应，以伺候皇帝起居。凡动息必使经筵官知之。有翦桐之戏则随事箴规，

违持养之方则应时谏止。调护圣躬，莫过于此。……皇帝在宫中，语言、动止、衣服、饮食，皆当使经筵官知之。”这哪是当皇帝，一举一动、一言一行都要在经筵官的监控之下，犹如一具牵线木偶。

元祐儒臣们对哲宗的从小教育不可谓不用心良苦。

有一个细节颇能说明问题，《元城语录》（马永卿编，中华书局 1985 年版）中有一段记载：

> 哲宗初锐意于学，一日经筵讲毕，于一小轩中赐茶，上因起折一柳枝。其中讲筵臣乃老儒也，起谏曰：“方春万物生荣，不可无故摧折。”哲宗掷之，其色不平。老先生闻之，不悦。谓门人曰：“使人主不欲亲近儒生者，正为此等人也。”叹息久之。

老儒指程颐，老先生指司马光。对程颐教学的“诲人不倦”，司马光与同僚们很不赞同，认为：“人臣进言于君，当度其能为即言之。若太迫蹙关闭，或一旦决裂，其祸必大。不若平日雍容以讽之，使无太甚可也。”皇帝都是自以为是、刚愎自用的，所以对皇帝的教育就得讲究方式和时机，但好皇帝从来就不是教育出来的。身教胜于言教，在皇宫里耳濡目染对小皇帝的影响是挡不住的诱惑。元祐臣僚虽然尽心地教育着小皇帝，可他们精心培育之时，恰恰忘记了哲宗最重要的皇帝身份，这正导致了哲宗与日俱增的逆反心理。哲宗长期生活在这种压抑的环境下，内心早已充满了仇恨，所以造成了亲政后的强烈反弹及其后对元祐党人的无情报复。

1093 年 9 月，高太后崩；10 月，哲宗亲政。11 月，杨畏上疏言：“神宗更法立制，以垂万世，乞赐讲求，以成继述之道。”重新搬出老皇帝旗号来言事。哲宗顺水推舟，纳谏颁诏，重新回到继承父亲神宗遗志的轨道上来。1094 年 4 月，宋哲宗下诏改年号为绍圣，标志自己绍述神宗恢复新法的决心已定，从此要更弦易辙，“总将新桃换旧符”。

政治风向再变，朝政又面临新一轮地震。

一朝天子一朝臣。哲宗亲政之后，马上进行了一系列人事上的调整，罢免了高太后重用的宰相吕大防，启用章惇为相。旧党人物纷纷遭到贬黜流放，而新党原来被贬之人李清臣、邓温伯、翟思、上官均、张商英等，陆续应诏还朝。蔡京也回到朝廷，任户部尚书。

《宋史·章惇传》记载："专以'绍述'为国是，凡元祐所革一切复之。"1099 年 8 月，章惇请求哲宗：对于王安石变法中没有创立，而元祐完善旧制有成效者，是否采用？哲宗反问一句："元祐亦有可取乎？"可见在哲宗心目中，全盘否定恢复旧法，认为元祐党人一无是处。

1094 年 3 月，蔡京审时度势，脑袋瓜活泛得像是风向标，为弥补当年在恢复旧制差役法时押错宝，现在作为一种赎过反弹，表现出更为积极的姿态。章惇是个比较持重的大臣，一段时间里尚瞻前顾后，举棋不定。蔡京催促章惇复行免役法："取熙宁成法施行之尔，何以讲为？"贯彻圣上绍述之志，按熙宁新法实施，还有什么可犹豫彷徨的？"惇然之，雇役遂定。"

斗争未有穷期，老谱周始袭用。老子有言："治大国如烹小鲜。"国家的治理，最怕的就是颠来倒去翻烙饼。品相再好的菜，也搅成了一锅粥。

大千世界，无奇不有，千人千面，百姓百相。既有"咬定青山不放松"，诸如王安石、司马光这样的"拗相公"，也有墙头草随风倒，迎合政治风向的不倒翁。在数千年的封建体制下，不必说"城头变幻大王旗"的朝代更换，即便是同一王朝，帝后之争也不绝于史。有阴盛阳衰、龙在下凤在上的吕后、武则天、慈禧太后，也有屡见不鲜扶不起来的阿斗的傀儡儿皇帝。你圣君在上，可以朝令夕改；我愚臣在下，为啥不能朝秦暮楚？屁股决定脑袋。为了坐稳屁股下的太师椅，脑袋只能变成风向标。

《挥麈录》记载：宋徽宗建中初，曾布当政，当时的文人士大夫有联语描绘："扁舟去国，颂声惟在曾门；策杖还朝，足迹不登于蔡氏。"曾布得势，曾府前就门庭若市，车水马龙，而蔡京被贬，蔡府就门可罗雀，足

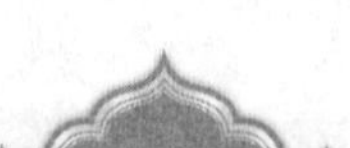

迹罕至。不过一年位置颠倒，曾布被贬，蔡京重新入朝执政。于是，文人士大夫的一张嘴两层皮，一会儿东，一会儿西，联语改为：“幅巾还朝，舆颂咸归于蔡氏；扁舟去国，片言不及于曾门。”你有权位，颂扬之声不绝于耳；你被贬谪，人走茶凉，谁也懒得理你。

《复社纪略》对封建体制下的生存状态颇有洞察：“每见青衿之中，朝不谋夕者有之。”当你青衫布衣没有一官半职，任你饥寒交迫，“穷在大街无人问”，而“及登甲科，则钟鸣鼎食，肥马轻裘，膏腴遍野，大厦凌空”；你一朝金榜题名，随之而来的就是“三年清知府，十万雪花银”，“富在深山有远亲”。“此何为乎来哉？”他们无官一身轻，自可慷慨激昂，宣称不为五斗米折腰，而一旦一顶乌纱帽压到头上，生命中不能承受之重，立马压得他们卑躬屈膝。当官就有权，权力可以转化为资源，当官成为许多人的人生理想。官位如此重要，士大夫的忧患意识完全变形扭曲，朝思暮想、殚精竭虑保住屁股下的这把交椅！

《东都事略·邓绾传》活生生地刻画了一个“脸皮厚，吃得够”的无耻官员典型。王安石推行变法之初，阻力很大。邓绾时任地方官宁州通判，把赌注押在了王安石身上，上书赞扬王安石的变法，得到王安石的推荐提拔，从地方升调中央，任寻同知谏院。王安石第一次罢相，邓绾马上摇身一变，依附排斥王安石而任相的吕惠卿。及至王安石复相，邓绾再度变脸，反戈一击，攻击吕惠卿“借富民钱买田产”。邓绾的丑陋表演，“在都者皆笑且骂”，他却不以为耻反以为得计，说：“笑骂从汝，好官须我为之。”管你民愤民怨、飞短流长，谁能决定了我头上的乌纱帽，我就看谁的眼色办事。

邓绾拿了无耻当理说得直言不讳，只是把许多文人士大夫羞于启齿的真实心理表露了出来。社会存在决定社会意识。在邓绾不齿于人的做法背后，揭示的是专制体制下的政治、经济关系。

《曲洧旧闻》卷六中有一段记载：1101年，吴伯举任吴郡太守，曾对蔡京敬重有加，蔡京感而作记并书题（“吴伯举守姑苏，蔡京自杭被召，

一见大喜之”）。蔡京入京任相后，首荐其才破格提拔，三迁为中书舍人。但吴伯举是个正派之人，并不曲意逢迎（“伯举援旧例，言不应格”），心中有自己恪守的为人处世原则。蔡京疏离了他，说：“既要做好官，又要做好人，两者岂可兼耶？”对吴伯举的一擢一黜，折射出蔡京心目中的官场潜规则。好人与好官是对立的，这是一个两难选择。你要想坐稳权势大、俸禄高的官位，就得放弃原则，以上司意志为转移，要掌握厚黑学，寡廉鲜耻，无视道德底线。

“好官”与“好人”的背离，使文人士大夫失去了刚正之骨、廉洁之心、正义之气，异化为没有根基立场的墙头草。时人游酢在《论士风奏疏》一文中痛斥了这种道德沦丧、士风低俗的从众效应：“天下之患，莫大于士大夫至于无耻，则见利而已，不复知有他。如入市而攫金，不复见有人也。始则众笑之，少则人惑之，久则天下相率而效之，莫知以为非也。士风之坏一至于此，则锥刀之末，将尽争之。虽杀人而谋其身，可为也；迷国以成其私，可为也。草窃奸宄，夺攘矫虔，何所不至？”士风的演变非一朝一夕形成，它有一个渐变的过程。当所有的国家资源都为皇帝所掌控，“普天之下莫非王土，率土之滨莫非王臣”，一个人的经济地位和生活质量都要取决于皇恩施舍时，那么还有几人能坚持住特立独行的立场，而不随波逐流？士风的败坏不仅造成社会的不公正、不公平，滋生腐败，更为严重的是会导致民众对执政者的不信任，人心涣散。失去民心的政权注定走向灭亡。王夫之评议北宋的亡国：“君不似乎人之君，相不似乎君之相，垂老之童心，冶游之浪子，拥离散之人心当大变，无一而非必亡之势。”（王夫之：《宋论》，中华书局1964年版）

《宋史》指斥蔡京“希望风旨，苟欲媚光”，在新党旧党，变法派反变法派之间，前后摇摆，左右逢源，是个反复无常的小人。其实何须苛责蔡京的见风使舵、朝秦暮楚，官场就是个大染缸。荀子发明了一个专用词：“注错环境”，认为“积耕耨便成为农夫，积斫削便成为工匠，积贩卖便成为商贾”。还说：“蓬生麻中，不扶而直；白沙在涅，与之俱黑。”

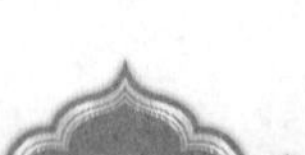

生存环境对于人而言，则“居楚而楚，居越而越，居夏而夏”。后世有人评价，蔡京如生于宋仁宗年间可能就成为能臣，而陷身宋徽宗时期，只能成为奸臣。什么样的生存环境造就什么样的人生。

蔡京从 1070 年中进士步入仕途始，到 1126 年被逐出朝堂，在北宋政坛活跃了半个多世纪。不管是初为地方官，还是后任宰相，对于蔡京的才能，新旧两党都对他给予极高的评价。

蔡絛《铁围山丛谈》载：熙宁末年，王安石“复坐政事堂”，常常会感慨地对年轻的蔡卞说：“天不生才且奈何！是孰可继吾执国柄者乎？”千军易得，一将难求，在我的身后，谁能够继承改革变法大业呢？沉吟良久，掰着手指头自言自语：“独儿子也。”我儿王元泽算一个！然后掰下一指，对蔡卞说：“贤兄（指蔡京）如何？”又掰下一指，犹豫片刻问：“吉甫如何？”指吕惠卿，也算一个吧。再掰下手指时，颓然地摇了摇头，“无矣。”从这段记载中可以看出，至少在熙宁年间，王安石把蔡京列为天下具有宰相之才的人物之一，这正是 1076 年蔡京能够到中央任职的原因。

如果说王安石是变法的领袖，对同属变法派的蔡京青睐有加的话，那么旧党一方的首脑人物当年对蔡京的评价，恐怕就更具有客观性，更令人信服了。

“元祐更化”期间，旧党元老吕公著当政时，蔡京刚刚罢官进京。吕邀请蔡京到自己府中，让子孙站成一排在旁边侍候。吕说：“蔡君，我阅人无数，没有一个比你强！”以手自抚其座，道：“君日后一定会坐在这个座位上，我把子孙都托付给你，希望不要推辞！”无独有偶，《宣和书谱》中也提到类似情形，宰相王珪曾对蔡京言：“你将来会坐在我的位置上。”《石林燕语》中还提到，四朝老臣文彦博对蔡京说：“你将来的事业不亚于我。”

王安石与吕公著是新旧两党的领军人物，如果他们都对蔡京的治国才能给予了高度认可的话，就足以说明，蔡京的能力已经超越党争，成

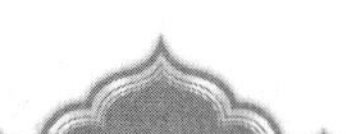

为大家公认的治国之才。

从以下的记载中，蔡京的才干和能力也可见一斑。

《石林燕语》载："蔡鲁公（京）喜接宾客，终日酬酢不倦。遇家居宾客少间，则必至子弟学舍，与其门客从容燕笑。"儒家言："人者仁也。"把人的本质含义定为人与人的关系。一个人的交际能力是他智慧与人格魅力的表现。蔡京年富力强之际，精力充沛，交往广泛，结起了密实的人际关系网络。

宋人曾敏行《独醒杂志》记载，蔡京向宋徽宗推荐毛友龙，皇帝召见他时，拿他的名字开玩笑："龙者，君之象，卿何得而友之？"毛友龙有些木讷，一时无以对答。退朝后毛友龙把朝堂上的尴尬告知了蔡京。蔡京毫无思忖地说："这有什么难对答的？你完全可以说：'尧舜在上，臣愿与夔龙为友。'"龙生九种，种种不同。高攀不上"飞龙在天"，还不能结交"潜龙在渊"？蔡京再荐毛友龙，宋徽宗"复召对，上问大晟乐"。这句问话有个背景。《宋史·职官志》记载："崇宁初，置局议大乐，乐成，置府建官以司之，礼、乐始分为二。"宋徽宗不仅擅长丹青笔墨，而且精通音律。他把1105年的"宫廷雅乐"定名为"大晟乐"。顾名思义，是对光明盛世的歌颂。宋徽宗突然问起"大晟乐"，潜台词显然是得意于自己的此举，希望听到毛友龙的颂扬之辞。毛友龙却不知该如何应对，张口结舌只答了个"讹"。宋徽宗心中有些不快，可是又不明其所云何意。改日，蔡京入见，宋徽宗问蔡京，毛友龙是何意。蔡京洞察宋徽宗心理，答曰："江南人唤'和'为'讹'，友龙谓大晟乐主和尔。"蔡京的洞察和急智，既巧妙地替毛友龙打了圆场，又迎合了徽宗的心理。一句话说得宋徽宗频频"颔之"。毛友龙终于如愿以偿得到了一桩美差。

《老学庵笔记》中也记载有蔡京的急智：绍圣中，蔡京负责辽朝泛使李俨的接待工作，李俨因为在宋逗留时间太长，产生思乡之情，很是郁闷，有抱怨之意。"一日，俨方饮，忽持盘中杏曰：'来未花开，如今多幸。'京即举梨谓之曰：'去虽叶落，未可轻离。'"蔡京思维活跃，应变能力极

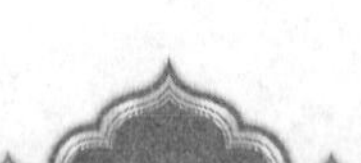

强，因此宦海沉浮几十年，总能化险为夷，有惊无险。

蔡京在处理行政事务时，也往往表现出沉着果断、善于应对的一面。《挥麈录》记载："承平时，宰相入省，必先以秤称印匣而后开。蔡元长秉政，一日秤匣颇轻，疑之，摇撼无声。吏以白元长，元长曰：'不须启封。今日不用印。'复携以归私第，翌日入省，秤之如常日，开匣则印在焉。或以询元长，元长曰：'是必省吏有私用者，偶仓猝不能入。倘失措急索，则不可复得，徒张皇耳。'"官场的道行表现在，聪明不可使尽，有时候看破不点破，给人留下台阶乃是难得糊涂、大智若愚。

后世人隔岸观火评忠奸，认为蔡京不能说其不聪明能干，只是把聪明用于投机逢迎；不能说他不才华出众，但出众的才华用于谄媚钻营，才能使错了方向，聪明反被聪明误，换来的只能是千秋骂名。

白居易有诗云："草萤有耀终非火，荷露虽团岂是珠。"提出一个命题："朝真暮伪何人辨？"当朝赞蔡京是治国之才，后世却又视之为无能奸臣。真可谓此一时彼一时也，貌似矛盾的深层原因，恰是蔡京人生悲剧的根源。

3．改革的红利由谁享

蔡京的任相，从某种意义上说，是"授命于危难之际"。

北宋的财政状况从真宗朝开始就一直不好，由于朝廷对西夏、契丹多处用兵，边费开支庞大，"天下三十年蓄藏之物皆已运之西边"。加之五代以来千疮百孔的战争创伤需要长期休养生息，朝廷不得不寅吃卯粮，拆了东墙补西墙，"内之蓄藏稍已空尽"，国家的财政危机已经到了捉襟见肘、朝不保夕的崩溃地步。

1043年，"时朝政日非，财政拮据"，宋仁宗任范仲淹参知政事（相当于宰相）。范仲淹上奏《答手诏条陈十条》，提出十项革新主张，开始

了史称的庆历新政。然而，不过 5 年，新政触犯了权贵官僚的特权，攻讦改革派结为朋党。宋仁宗耳根子软，哪边风大倒哪边，罢黜了范仲淹的参知政事，庆历新政短命而终。1069 年，“天下之财力日以困穷，而风俗日益衰坏”，国势已面临“不加变革，无以图存”的局面。宋神宗任王安石为参知政事，开始了轰轰烈烈的熙宁变法。但皇帝对改革变法的热情全部源于改观经济的困境，而丝毫不能动摇皇权。仅 5 年的时间，1074 年 2 月，宋神宗在宫中后妃和保守派官僚的联合攻击下，下令罢去王安石的参知政事，出知江宁府。一年以后，由于朝廷经济形势恶化，王安石又重新任宰相；又一年半之后，1076 年 10 月再罢相。

高太后垂帘听政，元祐旧党虽然全面废除了王安石的新法，“破”字当头，“立”字却难在其中。儒生们夸夸其谈，对经济一窍不通，提不出解救经济状况恶化的良策，颠来倒去就是儒家的那套：“以农为本，轻徭薄赋，仁义治国”……元祐年间，无论高太后与众臣僚如何“表率撙节，裁剪浮费”，但终归是“无涓涓之助，何以补汤汤之流”，不能开源，仅是节流，田野里不收，磨眼中死抠，“元祐非理耗散，又有出无入，故仓库为之一空”，经济状况每况愈下。《续资治通鉴长编》卷四一九中记载户部尚书韩忠彦向皇帝的奏折：“臣等窃见本部近编《元祐会计录》，大抵一岁天下所收钱谷、金银、币帛等物，未足以支一岁所出。今左藏库见钱费用已尽，去年借朝廷封桩末盐钱一百万贯以助月给，举此一事则其余可以类推矣。”

正是在这样四处冒烟、八方起火的危难之际，蔡京应运而生，成为解决朝廷财政危机的“救火队长”。

陈均著《皇朝编年纲目备要》中记载有一个生动的事例：“蔡京初拜相”，就有六七个巨商，带着一捆捆哲宗朝开给他们的“官钞”（类似现在的白条），“投牒索债”，向朝廷要旧账。这个说，这些是章相公章惇发兵打西夏时向我们借的；那个说，那些是曾相公曾布从西夏撤兵时向我们借的，累计有 370 万缗之多。“时国用常匮”，370 万缗可不是一个

小数目。宋徽宗一筹莫展，紧皱眉头，连连叹道："辱国至此！且奈何？辱国至此！且奈何？"众臣僚有些冷眼旁观，把目光投向刚刚上位的蔡京：你没有四方屁股，能坐得上太师椅？蔡京不急不慌，胸有成竹，当殿承诺："臣请偿之。"众臣僚瞠目结舌，宋徽宗大喜过望，但还是有点疑惑地问："卿果能为朕偿之耶？"

蔡京的办法是"命官剗刷诸司库务故弊之物"，盘点皇城各种仓库中的积压物资，如"幕帟、漆器、牙札、锦缎之属，及细色香药"等，打包作价，抵偿欠钞，称"打套折钞之法"，让索债客商承包去市面出售。起初客商不太愿意以物抵债，后来一卖还真的有利可图，于是高兴地接受了这一偿债办法。不到半年时间，蔡京就把欠债全部偿还了。

蔡京虽然从小受的是系统儒家教育，但他的经济思想呈现出法家的特点：强调中央集权和宏观调控，主张将社会经济置于国家的控制之下，以此增加国家财政收入。从管仲的"官山海"，到商鞅的"利出一孔"，再到桑弘羊的盐铁专卖，历代的改革变法者走的都是一条大同小异之路。

蔡京很善于理财，他说："天下之财，但如一州公使尔。善用之者，无不足而常有余。"蔡京还曾说："理财之源，当不取于民，国用自富。"蔡京很有经济头脑，他能将别人眼中的废弃之物变成有用之宝。别人眼中的满目沙石，他能沙里淘金看到其中的含金量。

蔡京的生财有道，就是致力于完善国家的专利制度，其中主要是针对茶、盐、酒等的专卖专利。

《玉海》卷一八一《乾德榷茶》有载：蔡京在1102年、1105年和1112年，3次改变茶法，由官府垄断收购的专卖制向以引榷茶制度转变。茶引的印造和发卖统归中央（即专卖证由国家统一颁发），太府寺印造，都茶务发卖。商人先购买茶引（获得批文许可证），包装有统一制造的盛茶"笼篰"，由官府管理部门称量、点检、封记，再到指定地方由官府启封后才能发卖，最后形成了系统而严密的"以引榷茶"的合同场法。

蔡京茶法改革转变了官府在专卖上的管理机制，使官府从繁重、复杂的专卖经营中走出来，规避了生产和销售中的经营风险，减少了管理费用，获得了净利，实现了专卖利益的最大化。蔡京的新茶法还规定，茶利由中央直接支配，不许地方截留，“自一钱以上皆归京师矣”。中央政府垄断专卖收入，避免了地方机构的分利。这种垄断下的获利模式也有利于中央集权的巩固，所以为后世的南宋、元明清历代统治者所采用。

蔡京实施新茶法后，茶利显著增加。王应麟《玉海》卷一八一《嘉祐驰茶禁》记载：“崇宁以后（茶利）岁入至二百万缗，视嘉祐五倍矣，政和元年正月并习引法，置都茶场，岁收四百余万缗。”李心传《建炎以来朝野杂记》甲集卷十四《总论东南茶法》也有佐证：“岁收息钱至四百余万缗。”这可谓北宋茶利最高的时期。

蔡京的新盐法也给朝廷带来滚滚利润。

盐是人们生活中须臾不可离的必需品，自管仲相齐以来的“官山海”，历朝历代政府都以垄断专卖为财政收入。过去北宋政府实行的盐钞政策是叫商人交钱给地方政府，然后换取盐钞，凭盐钞买官盐。在东南地区，则由地方政府专卖，盐钱一分为二，一部分上交中央，一部分留给地方。据《宋史》卷一八二《食货下四》记载：1102 年，蔡京改行钞盐法，“俾商人先输钱请钞，赴产盐郡授盐”，采用官府专卖、民自贩运的方法。1112 年，蔡京再次大变盐法，“罢官搬卖，令商旅赴场请贩”（《宋史·食货下三》），完全废除官搬官卖制。1113 年，又“措置十六条，裁定买官盐价，囊以三百斤，价以十千……（盐囊）官制鬻之，书印及私造贴补，并如茶笼篰法，受盐、支盐官司，析而二之，受于场者管秤盘囊封，纳于仓者管察视引据、合同号簿”。商人贩盐也指定了买盐和往卖地，“东南末盐诸场仍给钞引号簿”，并将“合同递牒报所指处随盐引既已支盐，关所指处籍记”（《宋史·食货下四》）。盐售完后盐引也回官销落。蔡京要盐商交钱给中央，然后换取盐钞到地方买盐。这样就把盐利完全归属中央了。蔡京还改变了官府直接运盐到各州府贩卖的做法，改为商旅赴盐场请贩，一如新茶法的管理。既避免购销皆由官府垄断造成的巨大浪费和阻滞，大大方便和促进了盐的生产、运输和消费，又确保了政府获得管理盐产销的巨大利益。

蔡京实施新盐法之后，盐利的急增令人难以置信。“异时一日所收不过二万缗则已，诧其太多，今日之纳乃常及四五万贯。”1116年，“盐课通及四千万络”，“御须索，百司支费，岁用之外，沛然有余”。陈均在《皇朝编年纲目备要》卷二十六中记载了这样一个细节：有一天管理盐业的官员报告，盐商已缴纳盐钞300万缗，徽宗大吃一惊说，真有如此多吗？（“直有尔许耶”）副相张商英不以为然，说这是个虚报的数字！蔡京争辩，我是据有关部门报告，既然现在宰辅认为是虚数，那就由你我各指定一个官员去核实吧！核实结果是，双方都承认这些钱已入库。张商英只好自我检讨说：“我是被人误导了。”新盐法施行之前，每天收不到盐钞2万缗，立法后每日已有四五万缗。新法实施才2年已收4000万贯，提举榷贷务魏伯刍在奏折中也有言：“朝廷岁用沛然有余者，唯榷盐之入厚也。”

蔡京在茶、盐、酒等专卖领域的经济改革取得了巨大成功，它走出了官府寓税于价的经营模式，改变了财政收入取决于收购和销售的垄断差价模式，在一定程度上适应了宋代商品经济发展的需要。蔡京注重对商品销售、流通和分配领域各环节的管理，只有让商品在全国范围内流通起来，才能实现其价值，而生产者、经营者才能从中牟利。蔡京当政时，国家的财政收入创下了中国封建社会的空前纪录，雄踞于当时世界经济的首位。1077年，财政收入7070万贯，是宋仁宗庆历年间1975万贯的3.6倍。南宋著名学者叶适曾说：“宋财赋之入比唐增倍，熙丰以后又增数倍，而蔡京变钞法以后比熙宁又再倍矣。”

在这些主要的改革措施以外，蔡京还广开取利途径。《文献通考》卷十九《征榷六》记载：“自崇宁来言利之言殆析秋毫，其最甚过沿汴州县创增锁栅以牟税利。官卖石炭增卖二十余场，而天下市易务炭皆官自

卖。名品琐碎则有四脚铺床、榨磨等钱、水磨钱、侵街房廊钱、庙图钱、淘沙金钱，不得而尽记也。”

然而，有火就有灰，有利也有弊。

新茶法的实施中，由于政府对官吏的政绩考核，事事时时“比较殿最”的做法，导致各级官吏疲于应付检查评比，一些希求升官的庸碌之辈为了追求政绩，不顾商人、园户、消费者的利益，层层盘剥，《宋史·食货志》载：“掊克之吏，争以赢羡为功。朝廷亦严立比较法，州县乐赏畏刑，惟恐负课，优假商人，陵轹州郡，盖莫有言者。”

朱彧在《萍洲可谈》中言：“自崇宁复榷茶，法制日严，私贩者因以抵罪，而商贾官券，请纳有限，道路有程，纤悉不如令，则被系断罪，或没货出告缗，愚者往往不免。其侪乃目茶笼为‘茶大虫’，言其伤人如虎也。”

杨时《龟山集》卷三《论时事茶法》记载：“引息茶税外，茶租输之如故，而榷法愈密，是榷之又榷也。官吏以配买引数多为功，苟冒恩赏，计口授之，以充岁额，上户有敷及十数引者。一引赔费无虑十数千。以至时人目茶笼为‘茶大虫’，言其伤人如虎也。”人的本性是欲壑难填，为了攫取高额引息，还令商人重复买引，如商人在陕西贩茶，除京师买引外，贩茶又买引，一路雁过拔毛，一头牛恨不能剥出几层皮。

《文献通考》卷十六《征榷三》记载：蔡京不断更换盐钞以收取贴纳钱，常常“已积钞未授盐，复更钞。盐未给，复贴输钱。凡三输始获一直之货”，以致使人“朝为豪商，夕侪流丐。有赴水投缳而死者”，而且“重抑配者众，计口敷及婴孩”。官府盐钞经常更换，旧钞没用完，新钞又发出，只有贴上钱才可以旧换新，往往花3倍的钱才能得到一份货。不交钱换新盐票的，旧盐票一律作废，成为一堆废纸，这使得许多持有几十万缗盐票的富商早晨还家财万贯，日落已成穷光蛋。有跳水的、上吊的、呼天喊地的，还有抛儿弃女客死他乡的。

一个原本可能不错的政策在执行中走样，画虎不成反类犬，成为“苛政猛于虎”。把蔡京原本可取的茶法改革推向了极端，物极必反，真理向

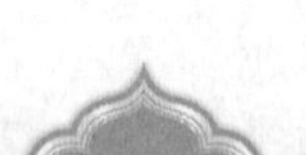

前迈进一步即成谬误。

蔡京在1104年还推行了“方田法”，沿袭王安石变法的措施，按土地成色推行均税，均税分为十等。也许，改革者的最初设计有其合理性，是为了化烦琐为清晰，也就是增加政策的透明度，但在执行过程中又出现偏差。据《宋史·食货上二》记载：“或方量不均，或均税不等，或官吏乱法。土地第一等虽出十分之税，地土肥沃，尚以为轻；第十等只均一分，多是瘠卤，出税虽少，犹以为重。方量时有二百余亩方为二十亩者，有二顷九十六亩方为一十七亩者，有租税十有三钱而增至二贯二百者，有租税二十七钱则增至一贯四百五十者。”政策都有漏洞，“有司奉行违戾，货赂公行”，一旦掺杂了私利，就“高下失当，肥瘠不均”。有权有势的豪绅的土地“浓缩”，由多变少，由大化小。如虔州（今江西赣州）瑞金，竟把200多亩缩成20亩，2顷96亩丈量成17亩。而农民的税却膨胀了，有增无减。虔州会昌，租税从13钱增至2200文，从27文增加到1450文。方田法的实施，蔡京的目的达到了：“非特方田以增税赋，又且兼不食之山而方之，俾出刍草之直，上户或增数百缗，下户亦不下数十缗。”

改革成为蔡京敛财的手段。蚊子腿上剔精肉，螺蛳头里吸脑浆。从1102年起，蔡京陆续恢复了募役法、方田均税法等，推出新茶钞法、新盐钞法、增价折纳法……为国家生财有道，实质是搜刮民脂民膏，取之无道，搞得天下“蚕者未丝，农者未获，追胥旁舞，民无所措”。蔡京等贪官空手套白狼，从中浑水摸鱼，渔翁得利，仅蔡京就拥有土地达50万亩以上。

南宋人叶适在《水心别集》卷十一《经总制钱一》中有一段议蔡京的货币改革的记载：“蔡京行钞法，改钱币，诱赚商旅，以盗贼之道利其财，可谓甚矣。”把蔡京实行的货币改革看作拦路抢劫的盗贼。

随着宋代社会生产力的发展，生产领域所提供给市场的商品数量和种类增加，人们的消费观念也发生改变。宋代政府的采购量大，范围也

广，购买活动往往需要借助货币这一媒介去实现，因此对货币的需求量也越来越大。蔡京瞅准了其中巨大的潜在利益。

《文献通考》卷九《钱币二》记载：蔡京的钱法改革包括发行当十钱、夹锡钱和钱引。铸一小钱，物料火工加上赡官吏、运铜铁之费，费一钱之用始能成一钱，而铸当十钱可以十得息四。一枚当十钱价值等于 10 文小平钱，而用料是小平钱的 3 倍，铸造又可取利 4 分。发行当十钱本身就可给政府带来可观的利益。

徽宗深知铸大钱的弊端：王安石变法时，曾经大量铸行折 2 钱。此时若铸行折 10 钱，名义价值比折 2 钱骤增 5 倍。大面额钞票无形中使资产贬值，是对民间的盘剥。蔡京起初也有所顾忌，先暂铸折 5 钱投石问路。试行一段时间后，感觉民间没有强烈的抵触情绪，“即下令按照陕西大钱形制铸造折 10 钱，限当年铸行折 10 铜钱 3 亿文，折 10 铁钱 20 亿文”。

长期以来，老百姓使用小平钱很方便。古代只有在战争期间，朝廷才发行虚币大钱，以一当十甚至以一当百，如同国民党战败前滥发金圆券。这种措施只是权宜之计，怎么能够用在和平年代呢？沈畸说：“游手之民一朝鼓铸，无故有数倍之息，何惮而不为，虽日斩之，其势不可遏也。”铸造当十的大钱，可以获得几倍的利益。铸造大钱的利益如此巨大，百姓自然盗铸。有如此丰厚的回报，即使朝廷每天都行刑斩杀盗铸者，盗铸大钱的情形也遏制不住，社会呈现劣币驱逐良币的恶性循环。

宋徽宗感到铸行当十钱造成了金融秩序的混乱，即诏令当十钱仅用于京师、陕西、河东及河北。随后，宋徽宗又令当十钱仅在京师所辖地区流通，其余各地全部禁止。百姓手中的当十钱，限期 3 个月内送交官府，以小钱偿还，而私人铸造的当十钱也限 3 个月内上交官府，计算铜的价值增加十分之二，也以小钱偿付，隐藏者依法论处。

当十钱原来的法定价值较高，法定价值一旦变更，百姓凭空遭受巨大损失。此外，有的地方可用当十钱，有的地方禁用当十钱，而官府收

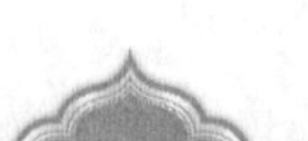

购当十钱的价格较低，百姓不愿将当十钱卖给官府，就违法私自将当十钱贩运到可以使用的地区使用。因此，朝廷一方面命令官府搜查车船，对缴获私运钱币者给予奖励；另一方面对失察官员进行处罚。即便如此，由于私钱多而滥，还是不能完全禁绝。

流通中当十钱的数量也越来越多，通货膨胀愈演愈烈，米价涨到每石 400—1500 文，比北宋初期米价每石 100—300 文的价格上涨了 3—5 倍。绢价涨到每匹 2000 文，比北宋初期绢价每匹 1000 千文左右的价格上涨了大约 2 倍。严重的通货膨胀使百姓的生活日益艰难。

发行大额虚币，通过强令货币升值，达到取民财于无形；蔡京的货币改革不是立足于大力发展生产，而是着眼于政府的利益，醉心于为皇帝当好“铁算盘”，成为宋徽宗的“提款机”。比打家劫舍、拦路抢劫来钱更快的就是印票子。在蔡京看来，货币改革比茶、盐、酒的改革来钱更快，获利更大。难怪叶适称蔡京的货币改革“以盗贼之道利其财”。

向民让利还是与民争利，从来是检验一个改革变法者是忧天下苍生，还是眼睛只瞅着庙堂的试金石。改革的最终目的是让百姓丰衣足食、安居乐业，还是搜刮民脂民膏供奉庙堂？天之道是削有余而弥不足，寻求天下大同，而人之道则是马太效应，你富有再给你锦上添花，你贫困就让你雪上加霜，扩大基尼系数两极分化。改革变法的路径设计，揭示着改革变法者的用心所在。

改革的目的是促成经济的腾飞，但是走一条什么样的富国之路呢？是国富兵强还是藏富于民？是走共同富裕还是两极分化？无疑是所有政治家、思想家、改革家需要考虑的问题。

孔子在《论语·颜渊》中有言：“百姓足，君孰与不足？”最早提出了封建国家与人民之间物质财富分配关系中藏富于民的主张。中国富民思想的渊源极早，《尚书》中有“裕民”“惠民”的观点；《周易·益》中有“损上益下，民说无疆”，都把重视人民的利益视为统治者的德政。在春秋战国时期，随着社会经济的发展和阶级关系的变化，出现了儒、

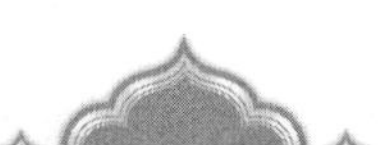

墨、道、法各学派思想家，他们从各自的政治需要出发，从不同角度阐发了富民思想。

《论语·尧曰》言：“因民之所利而利之。”即实行宽惠的经济政策，允许人民牟利取财。把人民的富足看作政府获得充足财源的基础，主张民富先于国富，国富建立在民富的基础上。荀子继承了儒家不与民争利的观点，进一步阐发了治国必先富民的意义。他批评统治者好利聚敛是“府库已实而百姓贫”，并分析了财富分配与国家兴亡的关系：“故修礼者王，为政者强，取民者安，聚敛者亡。故王者富民，霸者富士，仅存之国富大夫，亡国富筐箧、实府库。”（《荀子·王制》）他从治国必先富民的理论出发，要求统治者“以政裕民”，即采取节用薄敛和倡导发展生产等措施，使民富裕。

改革从来就是一场利益再分配的大动荡、大沉浮，一部分人受益，一部分人被剥夺，此起彼伏。在这场重新对权力场洗牌的过程中，必然霄壤之别。

蔡京的种种努力，其根本目的并非为国为民考虑，而是为了邀宠固位，投上所好。在宋徽宗无穷的欲望和挥霍之下，蔡京的才能一再成为满足皇帝难填欲壑的得力工具。最终，过人的能力、精巧的构思、缜密的制度，都成为无度敛财的苛政。只顾眼前敛财不顾长远的经济改革，过早地消耗了民力，激化了社会矛盾。

蔡京既是异化北宋末期经济变革的始作俑者，又是吞咽经济变革苦果的替罪羊。

从王安石到蔡京，一场“励精图治”的变革，何以设计绘制的是乌托邦蓝图，收获的却是亡国亡邦噩梦？蔡京把王安石的国家主义推向了极致，并演化变异为一种权贵经济。人性的贪婪需要制度来约束制约，好的制度会遏制人的恶，反之，则会催化和放大之。从这一意义上说，比人的贪婪更为可怕的是制度的贪婪。大清官王安石创立了一个贪婪的集权制度，他的后继者必然会沿着惯性一条道儿走到黑。

4. 党争是集权专制的宿命

屈原在《离骚》中曾感慨："惟夫党人之偷乐兮，路幽昧以险隘。"由于朋党之间你死我活的争斗，使得原本泾渭分明的前路变成扑朔迷离的险隘。翻开中国政治史，自秦、汉、隋唐，直至宋、元、明、清，不同政治力量间的党争贯穿整个历史进程。其盘根错节、血腥残酷，令人闻风丧胆、触目惊心。究其根源，无疑由君王的集权专制造成。一朝天子一朝臣，伴随着皇位的争夺，党争成为附属。在这样的政治结构中，党争自然"斗争正未有穷期，老谱将不断袭用"。

《宋史・陆佃传》记载："近时学士大夫相倾竞进，以善求事为精神，以能讦人为风采，以忠厚为重迟，以静退为卑弱，相师成风，莫之或止，正而救之，实在今日。神宗延登真儒，立法制治，而元祐之际，悉肆纷更。绍圣以来，又皆称颂，夫善续前人者，不必因所为，否者赓之，善者扬焉。元祐纷更，是知赓之而不知扬之之罪也；绍圣称颂，是知扬之而不知赓之之过也。"

自王安石变法始，宋朝进入了政局起伏动荡、制度频繁变动的时期。吕中在《宋大事记讲义》卷一《制度论》中、赵汝愚在《宋名臣奏议》卷一一九中、陈敦在《上徽宗乞以四次改更前事为鉴》中，都记载了北宋王朝政局上的动荡不宁。如吕中所言："我朝之法自建隆至治平，其间虽有损益，而其大意皆本艺祖之公法，变于熙宁而极于今日。自熙宁以来至今三十余年，天下之事已经四次更改，熙宁改治平，元丰改熙宁，元祐改神宗，绍圣改宣仁。"

1100 年正月，年仅 25 岁的宋哲宗病死，无子，新君须在哲宗诸弟中择立。宰相章惇主张依礼、律，当立哲宗同母弟弟简王赵似，否则当立长弟申王赵佖，但向太后（神宗皇后）以自己无子，神宗诸子皆庶子，主张立哲宗次弟端王赵佶。前朝重臣章惇指出："端王言行轻佻，不可君临天下！立嗣关系到国运，稍一不慎，我们就会辜负皇恩，愧对亿万

黎民！”

向太后有自己的老主意，不为章惇的谏言所动，“帝仓卒晏驾，独决策迎端王。章惇异议，不能沮”。（脱脱等撰修：《宋史》，中华书局1985年版）在曾布、蔡卞、许将等执政大臣的支持下，立赵佶为帝，是为宋徽宗。

宋徽宗的继位，全凭向太后的幕后策划和操作。由于拥戴之功，徽宗即位后，向太后“权同处分军国事”。此时，宋徽宗已经成年，但仍让渡出皇权，其中既有投桃报李的感恩，还有着宋徽宗更为深层的谋略。《曾公遗录》中记载了曾布的一番分析：“皇帝践祚，内外皆有异意之人，上识虑远，以此坚请太后同听政，不然，谁冀与为助者？”作为政治家的曾布，可以说是对皇帝的心思揣摩得很透彻。宋徽宗继位后得知，左相章惇说他为人轻佻，不可君临天下。这位身经两朝的执政大臣在人们的心目中颇有威望，做事也心狠手辣，目前仍大权在握，自己今后很难驾驭。宋徽宗只能借重太后的权威来清除章惇的势力。据《曾公遗录》载，向太后多次拒绝垂帘听政，是拗不过宋徽宗的再三恳求，才勉从所请。

皇上继位的怪圈，太后起着决定作用。哲宗依靠的是高太后，徽宗依靠的是向太后。新皇帝即位，是极其敏感的时段，往往是政治风向转变的契机。在此紧要关口，各派政治势力、各类政治人物必然要使出浑身解数，进行一番你死我活的较量。在向太后垂帘听政时期，新党有一种恐慌心理。他们怕哲宗刚刚“拨正的船头”，向太后会不会像高太后一样，再来一次天翻地覆？这情形与元祐末高太后去世前，旧党对朝政的担心如出一辙。

新党的担忧是有根据的：向太后乃宰相向敏中曾孙女。父亲向经曾激烈反对王安石的新法，向太后也是倾向于旧党。向太后垂帘听政后，随即任命守旧派、韩琦长子韩忠彦为执政，不久又升任右相，而前朝的左相章惇、执政蔡卞等相继受到攻击。蔡卞首先被贬任知府，同时被贬逐的守旧派官员相继上台。

向太后虽然倾向元祐，却不持过激的政治态度。她并没有像高太后那样，毫无保留地全面恢复旧制，对革新变法人士赶尽杀绝。向太后对元祐政治的物极必反，以及高太后垂帘听政的亲情决裂，进行了反思。她意识到不能如钟摆，从一个极端走向另一个极端。

向太后的这一导向，形成了宋徽宗亲政后的建中之政。在曾布的《曾公遗录》中记载了宋徽宗厌烦了朋党的纷争，希望在用人上走出非元丰党人即元祐党人的怪圈："元祐之人愤嫉熙宁、元丰之人，一切屏斥，已失之偏；绍圣用事者，又深怨元祐之人，故窜斥废黜无不过当，其偏则又甚矣。今日陛下方欲以大中至正之道，调一两党，则但当区别邪正是非，处之各得其所，则天下孰敢非者……"宋徽宗改年号为建中靖国，以示"本中和而立政"，"昭示朕志，永绥斯民"，采用"折中至正、消释朋党"的经国之制。

然而，专制的逻辑惯性不可能停留在某个节点而"持平用中"，只能不是东风压倒西风，就是西风压倒东风，徽宗最终还是从建中靖国走向了崇宁（崇尚熙宁之政）。

叶梦得《避暑录话卷下》中有这样一段记载："建中靖国初，有前与绍圣共政者欲反其类，首建议尽召元祐诸流人还朝，以为身谋。未几，元祐诸人并集，不肯为之用，则复逐之，而更召所反者。既至，亦恶其翻覆，排之尤力。其人卒不得安位而去。"李商隐有诗描绘皇权下的官场："嗟余听鼓应官去，走马兰台类转蓬。"时人张芸叟也嘲讽了专制皇权下的官吏任用，以扇架挂壁间之现象，戏题一诗："扇子解招风，本要热时用。秋来挂壁间，却被风吹动。"在专制独裁体制下，突然贬谪和意外召用常有发生，人事任命充满了偶然性。

建中之政的象征就是，用在历次党争风波中毅然中立、议论平允的曾布为尚书右仆射，用虽属元祐派而中和懦弱的韩忠彦为尚书左仆射，左右兼取、两派并相的格局。

《长编纪事本末》卷一二〇《逐惇卞党人》中记载："韩忠彦与（曾）

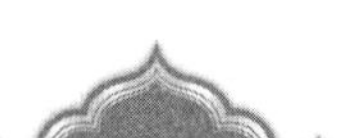

布交恶，阴欲结（蔡）京，乃言熙宁故事……”宋徽宗原本的良苦用心是希望左右两相能同舟共济，结果两人却同床异梦，根本尿不到一个壶里。经过30年党争的淘洗，朝中大臣几乎无不打上了党派的烙印，即使号称中立的曾布也不过见风使舵之徒，哪边风大倒向哪边。

《宋史·蔡京传》记载：“韩忠彦欲挤子宜（即曾布），遂引蔡京入来。子宜知之，反欲通殷勤于京。忠彦方遣其子迓京，则子宜之子已将父命迎之于二十里外矣。”韩忠彦与曾布两人，出于各自的目的，同床异梦却殊途同归，在向皇帝引荐蔡京上不约而同，争相向蔡京献殷勤。蔡京回朝时，韩忠彦派其子出都门相迎，而曾布早派儿子出都门二十里远迎。韩忠彦与曾布两相鹬蚌相争，蔡京从中渔翁得利。

蔡京是党争的胜利者，所以得以“金殿五曾拜相”，几沉几浮一掌朝政近20年；蔡京又是党争的失败者，所以身后留下千古骂名。“倾巢之下，岂有完卵。”伤敌一千，自损八百。专制体制下，没有人可能全身而退，都弄得折戟沉沙。

蔡京的崛起，标志着建中靖国之政的闭幕和新一轮绍述政治的帷幕开启。尽管这一轮绍述政治参与者的用意已与上一次绍圣、元符年间的绍述有了很大的不同，与宋神宗、王安石的政治理想更是“冯翼惟象”，只是貌合，实质早已神离。这类挂羊头卖狗肉的现象，在历史上屡见不鲜。

1102年5月，宋徽宗矫枉过正，定下政治走向的调子：“昔在元祐，权臣擅邦。倡率朋邪，诬诋先烈。善政良法，肆为纷更。绍圣躬揽政机，灼见群慝。斥逐流窜，其正典刑。肆朕缵承，与之洗涤……凡所论列，深骇朕听，至其党羽则迁叙不次，无复旧章。……自此以往，一切释而不问。在言责者，亦勿复辄言。朕言不渝，群听毋惑。”并下诏曰：“专以绍述为国是，凡元祐所革一切复之。”皇上一言九鼎，措辞严厉，自此拉开了对元祐党人严酷迫害清算的序幕。这就是崇宁党锢。

王明清在《玉照新志》中有记载：“绍圣所定止七十三人，至蔡元长当国，凡所背己者，皆著其间，殆至三百九人。皆石刻姓名，颁行天下。”

在蔡京入相前的两个月，在徽宗、曾布的主持下，设立元祐党籍，起初入籍者仅 73 人，“各夺官有差，并令三省籍记，不得与在京差遣（不得在京任实职）”，不久又禁司马光等 21 人子孙仕京。

1102 年 7 月，蔡京入相为右仆射；9 月，宋徽宗即将元符末以来，所有关于言论革新变法短长是非的奏折和诤谏尽数交给蔡京，令蔡京据此划分“阶级阵线”。在你死我活的残酷党争中，落井下石、斩草除根是必然的逻辑，心慈手软就会后患无穷。蔡京组织人阅读鉴定，拟出了一个 119 人的庞大名单，以司马光为首，包括苏轼、苏辙、黄庭坚等人统统被称作奸党，请旨宋徽宗御笔亲书，刻石立于端礼门，史称元祐党人碑。入奸党碑之人永不录用，不准移居内地（如同软禁在眼皮子底下）。在史传笔记中，不许出现和提到“元祐”的字眼，连他们的诗文书籍，如司马光的《涑水纪闻》、三苏及其门下士的文集、范祖禹的《唐鉴》、范镇的《东斋记事》、文莹的《湘山野录》等，也被列为禁书，印版悉行烧毁，不得再版发行。徽宗还宣旨，凡是元祐党人的兄弟和子孙，一律不准进京城及京郊地区居住，不许参加科考，不得任官职，子女不准与宗室通婚。又将元祐党籍人的名单，由蔡京手书姓名，令京城以外各路、州、军刻石昭示，仿京师立碑“扬恶”。

这场党争流毒之广，潞州陵川人都贶也在元祐党籍人名单之中。我在陵川潞城镇西南 2.5 公里锦屏山中的义门村看到都贶的古墓葬，还有刻有都贶事迹的宋代摩崖石壁等，陵川因此诞生了一个自然与人文兼有的景点“锦屏朝霞”，跻身陵川古八景之一。这些都成为崇宁党锢的历史痕迹。

对于蔡京的过激之举，户部尚书刘拯曾进言：“汉唐政事的失败，都是由朝廷出现朋党开始。今日之人可把前人指为朋党，难道后人就不会把今日之人指认为朋党？人的功过自有公论，何必非要拘于党籍而予以禁锢。”

蔡京不无愤慨地回击说：“我列异党名单是从元祐党人那里学来的。

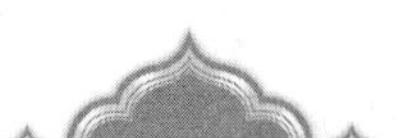

当年吕公著等人执政，编制了王安石亲党、蔡确亲党两份名单，写成大榜公布于文德殿，列名者共 77 人，全都被贬出京城，包括我和你叔叔在内，蔡确还死在岭南。后来新党上台，自然要以牙还牙。所不同的是，每立一次党籍碑，人数就增加一次。”

蔡京所言也确是事实。其实熙丰年间，宋神宗与王安石处置变法反对派甚为宽容，司马光强烈而固执地反对变法，也只按本人要求，令去洛阳专心写作《资治通鉴》，事成神宗大喜，还为之作序。苏轼的“乌台诗案”，虽然后世一直认为是对反对变法派的打击报复，但不能否认的是，苏轼反对变法降职外放为官，又写了许多反对新法的诗文，而正是这些牢骚满腹的诗文让政敌抓住了把柄，但最后处理还是很宽大，宋神宗仍然很喜欢苏轼的文才，有意复用。苏轼还曾与王安石在金陵紫金山握手言和。

而元祐年间，司马光等复旧派在高太后的支持下，不仅对元丰党人不分青红皂白一概废弃，把变法人士以蔡确亲党 47 人、王安石亲党 30 人榜示朝堂，算是开了清算反对派的一个先河，而且在车盖亭诗案中，不惜无中生有罗织罪名，并且牵连拖带，恨不能就此把反对派一网打尽，置之死地而后快。

现在有宋史学家认为：“旧党集团于崇宁中再遭禁锢，是自我作践的结果，咎由自取。”

洪迈《夷坚志》中记载了一则《优伶箴戏》的故事：有一次宋徽宗和蔡京等大臣看戏，一个伶人扮作宰相，坐着宣扬朝政之美。一个僧人请他签署准许游方的文件，宰相一看僧人的戒牒，是元祐三年（1088）颁发的，立刻收缴毁掉，还让僧人还俗；一个道士的度牒丢了，宰相一问也是元祐年间颁发的度牒，立刻剥掉道士的道服，让他还俗做平头百姓；一个士人是元祐五年（1090）获得荐举，按照对元祐党人的政策，应该免掉荐举，负责管理官员的礼部不予录用，把他赶走了。儒、释、道都因元祐而沾了晦气。过了一会儿，宰相家主管私家财库的官员附在宰

相的耳边小声说："今天在国库，申请相公您的料钱1000贯，没想到拨下来的全部都是元祐年间所铸的钱，我来向您请示这些钱咱们到底要不要？"宰相低头想了半天，悄悄对官员说："从后门搬入。"旁边的伶人举起手中所持的棍棒，照着宰相的脊背就打，一边打一边骂道："你做到宰相，原来也是不认人只认钱！"这个幽默的箴戏，反映了时人对蔡京打击元祐党人的辛辣嘲讽。

1104年6月，蔡京尝到了在清除元祐党人中排斥异己、网罗党羽的甜头。又翻出旧账，把1100年3月向太后执政时，应诏直言所上奏折和谏言细查一番，被查者达582人。再将元祐、元符党人与上书中有不慎之言的反对者，合并为元祐党籍，删去一些无关紧要之人，尚有310人，作为重点打击对象。在蔡京这份新的打击名单中，有与元祐党人根本风马牛不相及的改革派章惇、曾布、张商英、郑居中等10余人。这些曾是蔡京的同路人，也是革新变法的积极支持者，现在却都被列入了下一步打击的元祐党籍大名单。尤其令人不解的是，这份名单上还列有帝王师徐勣。徐勣与元祐党人并无瓜葛，只是在修改《神宗正史》第三稿时，于章惇贬官诏书中，有对哲宗皇帝的不恭之语。宋徽宗觉得有些过分，朱笔一挥，划去了徐勣的名字，于是成为有零有整的309人。

明眼人一看就知道，蔡京打着绍述神宗改革的旗号，成为党同伐异的幌子。所谓置元祐党籍，无非就是要把他仕途上的一切障碍搬开。

曾布是唐宋八大家曾巩的弟弟。熙宁变法时，他与吕惠卿是王安石最坚决的支持者，青苗、免役等重要法令都经过他的审议。由此他得到迅速拔擢，从小小的县令破格提升为翰林学士兼三司使。

宋徽宗亲政，曾布回京任翰林学士承旨，章惇被任为左相时，他借拟诏书极力称美，希望章惇引荐他当右相，但章惇对他很忌讳，只推荐他为知枢密院。双方钩心斗角，一斗就是六七年。入内省供奉官阎守懃是曾布的知交，及时地告知皇上的病情和向太后的意向，所以他在端王继位时，成为拥戴的功臣，并如愿以偿地获得右仆射的位置，但他得陇

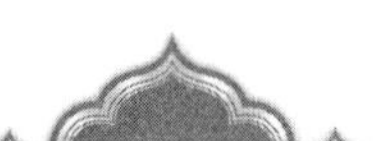

望蜀，马上又与韩忠彦闹起矛盾，想取而代之。

曾布并没有自己的主见，神宗朝，凡是他在皇帝面前的进言，其实都是王安石的主张。神宗有一次不满地问，你脑袋上长的可是自己的嘴巴？蔡京对曾布的推荐并不领情。在曾布打算晋升亲家陈祐甫为户部侍郎时，蔡京毫不留情地指责他是用国家的爵禄私赠自己的亲属。

《续资治通鉴长编》卷五一四记载有曾布的一番话："近岁奸佞之立朝者，多以元丰之法为不可改。一有议论及此，则指以为异，意欲以罗织善类，又或挟此以遂其私意。"话里矛头直指蔡京。蔡京也恶语相向：曾布是个玩弄权术的老手，去年冬一箭双雕，把我赶到杭州去养老。曾布又是个出色的演员，30多年来一会儿是新党，一会儿是旧党，一会儿又变成折中至正党，逢场作戏，粉墨登场，自己都认不出自己了，不知自己是什么人，变得什么人也不是。

螳螂捕蝉，黄雀在后。朋党之争在不断揭露政敌的缺陷时，也把己方的弱点暴露无遗。政局上翻烙饼的结果是，争斗双方政治上的破产。

张商英被列入元祐党人说来更为荒唐。蔡京首度任相，张商英正任翰林学士，他在起草任命蔡京的诏书中，极尽夸赞之辞："具官蔡京才高而识远，气粹而神方……慨念熙宁之盛际，辟开端揆之宏基。弛役休农，专经造士。明亲疏之制，定郊庙之仪。修义利之和，联比闾之政。国马蕃乎汧渭，洛舟尾乎江淮……经纶有序，威德无边。"（徐自明撰、王瑞来校补：《宋宰辅编年录校补》卷十一，中华书局1986年版）蔡京任相后，一度引张商英为党羽，并委以新设立权力机构讲议司的主要负责人。

张商英主张继承神宗法度，但如果法律有弊病，在坚持立法本意的前提下，应该给予校正和完善，以适应当下形势。群臣见张商英能够坚持改革变法的既定方针，而又能确立实践是检验真理的唯一标准，所以赞他为"贤才"，徽宗便任命他为右相。事有凑巧，次日，久旱的大地迎来一场甘霖。徽宗喜得亲书"商霖"二字赐予张商英。张商英以持平为施政方针，请求将熙宁、元丰年间的事情编成《皇宋政典》，目的是摈弃

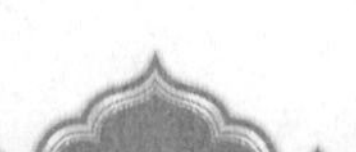

蔡京以绍述为名进行的过激做法。

张商英与蔡京两人政见分歧、渐行渐远，裂痕越来越大，终于走到分道扬镳的地步。执法官员石豫，御史朱绂、余深秉承蔡京的旨意，寻找口实对张商英进行弹劾。遍寻之后仍一无所获，最后把张商英在元祐年间所作的《嘉禾颂》找出来，认为张商英在《嘉禾颂》中把司马光比拟成周公，并且在祭奠司马光的悼词中有歌功颂德的话语。于是弹劾张商英“议论反复无常，贪图财利，希求升官”“元祐初年诋毁先烈”等罪名将其降职，发配出任亳州知府，把名字也列入元祐党人。张商英对蔡京的做法有一针见血之论：“京虽明绍述，但借以劫制人主，禁锢士大夫尔。”所谓绍述正是他“假以攻元祐正士，网既尽矣，复假以攻异己”的手段。

张商英在罢黜贬谪途中，在一座僧寺见千手千眼大悲观音塑像，触动了他神经的痛点，有感而题诗于壁：“灵山会上别世尊，各以愿力济群生。子勿诮我徒经营，手眼太少难支撑。”（朱易安著、傅璇琮主编：《全宋笔记》第四编，大象出版社 2008 年版）自嘲没有通天的千手千眼，不会看权势的脸色行事。

蔡京对元祐党人及元符末上书人的打击，一方面是泄私愤施报复，更多的是政治斗争、争权夺利的需要。党朋之罪成为一个筐，把所有的政敌都可以往里装。此类事例屡见不鲜：张庭坚初与蔡京相好，后不听蔡京调遣，“遂列诸党籍”，而杨畏则初已列入元祐党籍，因其“遣子侄见京……又因京党河南尹薛昂致言于京，遂出党籍”。

还有《宋宰辅编年录校补》卷十二记载：

初，童贯附京以进，既显，浸与京异，久则抗衡，弗肯下京（不愿久居京下）。京嫉之。及贯兼宣抚河北，遂欲专北事，京愈不堪。是岁，贯又上平燕策，谓当分兵挠燕蓟，而后以重兵取云中。上遣承宣童师敏持贯策示京，京第留之……京一日留身，奏曰：“贯徒

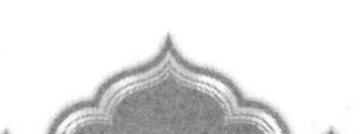

有虚名尔，无能为也，臣岂不知伐国大事，安危系之，陛下何以付贯？”上意颇沮，京即劾贯前后坏边事，今又欲开边衅，小人必乱国。章凡四上，上乃下议，除司空，令致仕而罢所领。

蔡京与童贯这一对昔日狼狈为奸的同盟，随着时过境迁，因为权位的此起彼伏也翻脸成仇。与此类似，蔡京与郑居中的争权夺利，蔡京与王黼的尔虞我诈……今天的情景无不重复着昨天的故事，在朋党之间，没有永久的盟友，只有切身的利益。朋党之争从来不可能止息，按下葫芦浮起瓢，有的只是绵延不绝的血雨腥风。

《宋史》卷四七二《蔡京传附子攸》记载：蔡京与儿子蔡攸因为争权夺利形同仇人。有一天，蔡攸到蔡京府第，进门后握住父亲的手，做诊脉状，听后问："大人脉势舒缓，体中得无有不适乎？"蔡京矢口否认，说我身体很健康。蔡攸也不多说，托词宫中有事就匆匆离去了。蔡攸走后，蔡京对门客说："儿子的伎俩是想以我老而有病，而将我罢官而已。"

只要涉及权位，蔡京与蔡卞兄弟、蔡京与蔡攸父子，同样会不念血缘，情绝反目，以致世人嘲笑说："兄弟为参商，父子如秦越。"

权杖真是一根魔棒，能把原本的"兄弟如骨肉"演变成"参商不相见"，"上阵父子兵"异化为"秦越相兵戎"。

中国的政治格局，历来是以官僚制为主体与贵族制的复合体，贵族躺在父辈的功劳簿上吃老本，而士大夫则是靠自己的十年寒窗苦读赢得金榜题名，进入官场。在这样一种政治结构中，党争便有了极为广阔的空间。正是在这种兼容性与复合型的政治结构下，两股势力的分分合合，你中有我我中有你，构成了党争盘根错节的基础。结党可以营私，可以改变自己乃至自身集团的人生命运；那些政治精英们，为了自身的建功立业，不可能单枪匹马，必须结党才能人多势众，要有自己的班底，才能在迎击敌对势力的攻击中立于不败之地。这就是中国历史上党争不断的制度性缘由。

蔡京的初心大概也并不想把党争搞成如此残酷，然而一旦置身其中，就身不由己。他晚年写有一首诗，颇能体现其内心的潜台词："一日趋朝四日闲，荒园薄酒愿交欢。三峰崛起无平地，二派争流有激湍。极目榛蓁惟野蔓，忘忧鱼鸟自波澜。满船载得青嶂重，更掬珠玑洗眼看。"（《与范致虚游西园诗一首》）蔡京当时已老，五日一早朝。过去与范致虚有过节，于是置酒与之和解，并借园中三峰丛立、两水相激，比喻各派别间的争端，愿意与不同观点的人释嫌为友。年轻时好斗的头角峥嵘化为晚年反省中的平和宽容。

5. 裁汰冗官成为割削韭菜

随着统治岁月日久，官僚机构重叠，官吏数目膨胀，是历朝历代都面临的共同难题。宋神宗继位后，曾在熙宁年间进行了官制改革的尝试，后世称之为元丰改制。这次官场改革最后以失败而告终。

龚延明在《北宋元丰官制改革论》一文中将这次改革施行之后暴露出的弊端总结为："第一，中枢机构行政效率明显降低，反而不如以前上通下达之径直、畅快；第二，新制克服了机构重叠的弊病，又产生了另一种形式的机构重叠；第三，事权分散，互相牵掣，此废彼兴，依然如故；第四，冗官之源未塞；第五，新制流品不别，迁转太速，助长了侥幸取官的不正之风等。"

不触及政体本质的官制改革，注定是首鼠两端、顾此失彼，既要改革旧体制，又要顾及官场的稳定；既要创新，又不能触及旧根基，这种改革只会事与愿违、事倍功半，越改越适得其反，机构只会越来越臃肿。

蔡京曾参与了庆历新政的元丰官制制定工作，对其运作中产生的弊端有着切肤体会。当年作为起居郎的蔡京曾写下："殆未足以尽小大相维，上下相制之道焉。岂制而用之者，法未足与守，推而行之者，人未足

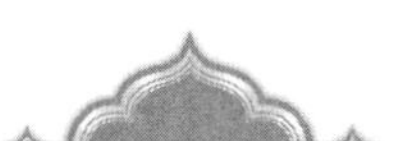

与明？欲度今之宜，循古之旧，而尽由其长，则事之众多，且将有迂滞之患也。”为此，宋神宗专门下诏让蔡京畅所欲言阐述自己的真知灼见。蔡京乃提出：“今设官分职，有相隶之名，而未有相任之职，有相临之势，而未有相纠之法。”因而造成“小吏犹豫而不敢行，大吏依违而不肯断，事至而莫之决，则必受其敝者矣”。

旁观者清。当蔡京还未身处权力核心时，对体制的弊端和应采取的方法心知肚明，洞若观火，然而一旦置身于权力中心，才猛然醒悟大智若愚的深刻。官制改革往往是政治生态中最为敏感的问题，它关系到官僚阶层在重新洗牌过程中的地位沉浮和权力得失。当蔡京在徽宗年间相权在握，可以一言九鼎、左右大局之际，他才发现，有些现实之事，并非初时理想主义的心想事成。在盘根错节的制约掣肘下，人不由得变得瞻前顾后，初时毫无利害算计的善良动机，面对残酷的现实，完全变换为另一种思维。生存的悖论就是，不是你想不想选择最好的，选择的背后是稀缺的自由，而所谓的选择只能是两害相权取其轻，选择此时此地对自己最为有利的权宜之计。

蔡京首先面对的是“员多缺少”，有庸官占着茅坑不拉屎，一个萝卜一个坑的设置，变成每个坑都有着几个急厕的人在等候。宋太宗开国伊始，为巩固统治，在扩大科举取士的同时，大量录用功臣官僚子弟。到宋真宗年间，荫补官员达到登峰造极的地步。宋仁宗年间，范仲淹等人的庆历新政，取消了官员的“圣节荫补”特权，从一定程度上缓解了日益严重的冗官局面，但也因此得罪了躺在功劳簿上福荫子孙的权贵阶层。宋神宗年间的王安石变法也触及这一问题，终因无力改变体制惯性形成的积重难返而功亏一篑。耆宿老臣得颐养天年，支持改革变法的新晋得安插重要岗位，于是机构改革越改越臃肿，一套机构改成两套人马。为了鼓励改革变法热情，滥赐滥赏、突击提拔的现象时有发生，不断突破原有制度设计的规定，成为一种体制惯性下的恶性循环。徽宗年间的蔡京改革，以发展学校教育取代科举取士，学校规模比前朝增大数倍。

随之带来的问题是，学校结业的新人无官可做，尤其在中央机构，人满为患。为此，蔡京只能增加州县官员的数量。这种饮鸩止渴的做法也引来蔡京儿子蔡絛的非议："患员多阙少，且立规模之美而已。"

蔡京的官制改革，完全站在自己能否专权的角度考虑。张复华在《北宋中期以后之官制改革》中讲述："政和二年（1112），蔡京三入相以后，建议更宰执官名与执掌，其目的就是方便自己专权。当时蔡京落致仕，三日一至都堂治事。其时何执中已任左仆射，蔡京不可能再占据此位置，于是仿三代之制，改三师太师、太傅、太保为三公，依周制立三孤：少师、少傅、少保，乃次辅之位。将旧官左仆射改称太宰，右仆射则称少宰，侍中改称左辅，中书令改称右弼。而三公既为真相之任，故总治三省事。因之，改制后蔡京虽居太师之昔日闲职，且免书门下省事，然其权已凌驾于太宰兼治门下侍郎何执中之上，盖公相权位已非寻常宰相可比拟。"

蔡京用增加地方州县官吏数目的办法解决"员多阙少"的问题，其结果必然是增加了官俸的开支，产生更多的冗官。

马端临《文献通考》卷四十七《职官考一·官制总序》中对蔡京的官制改革有描述："蔡京当国，率意自用，然动以继志为言。首更开府守臣为尹、牧，由是府分六曹，县分六案。又内侍省职，悉仿机庭之号。已而修六尚局，建三卫郎，又更两省之长为左辅、右弼，易端揆之称为太宰、少宰。是时员既滥冗，名且紊杂。故官有视秩甚者，走马承受升拥使华，黄冠道流亦预朝品。元丰之制，至此大坏。"

任何对于官制的改革，出发点如果是从小团体的私利设计，因人设机构，安插亲信，那么其结果只会是南辕北辙，精简机构裁汰冗员变为割削韭菜，割一茬而冒一茬，割下去的不如长出来的快。

蔡京多年的宦海沉浮，使他洞察官员心理：对当官只为吃粮的官僚阶层来说，为的就是一份俸禄，他们最关心的是自己的政治地位和经济利益。所以，蔡京几次改革官制，尽量不去触动官员们敏感的神经，从不裁减官员的俸禄。反而不吝啬官爵厚禄，让官员们从改制中尝到甜头，

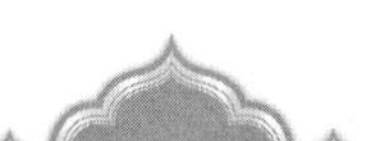

换取他们对自己的支持。蔡京还为了笼络各阶层官员，增加官员的“贴职钱”，也就是职务津贴。从观文殿大学士100贯到龙图阁学士兼侍读10贯共八等。所以，据李弘祺的《宋代官员数统计》一文，蔡京原本为了精简冗员的官制改革，反而使徽宗朝成为宋代文武官员数增长最快的时期。这真成为播撒的是龙种，收获的却是遍地鸡毛。据《文献通考》记载：“时用度日繁，左藏库异时月费缗三十六万，至是衍为一百二十万缗。又三省、密院，吏员猥杂，有官至中大夫，一身而兼十余俸者。故当时议者有‘俸入超越从班，品秩几于执政’之言。吏禄滥冒已极。”而蔡京也趁机浑水摸鱼，“京所侵仅以千万计，朝论益喧”。

张商英在与蔡京的权争中，有一个现实的教训。《曲洧旧闻》卷六载：张商英取代蔡京为相的短短时间里，对蔡京“丰吏禄以示恩，虽闲局亦例增俸入”的做法，“悉行裁减”，于是官吏们的收入大大减少。“邹浩志完以宫祠里居，月所得亦去其半。”邹浩是个正直的官员，又是张商英任相的积极拥戴者，也抱怨张商英：“吾侪无异词，但当贫窭之际，不能不怅然，乃知天下人喻义者少也。”真是骑驴的不知赶脚的苦，小小官员都是要靠微薄的薪俸养家糊口。一下子俸禄减半，让人日子怎么过？总不能把嘴吊起来去喝西北风吧？“义”是不能当饭吃的。张商英的不通情理，正是他坐不稳宰相交椅的主要原因。

蔡京上位伊始，宋徽宗问他施政先从哪里下手。对于历经熙丰，浮沉于元祐至建中靖国政治风浪的蔡京来说，对集权的重要性有着深刻的认识。他不假思索胸有成竹地说：“熙宁变法时，王安石请求设置三司条例司，借以制定和执行新法。新法以理财为先，萧规曹随，臣愿效先贤榜样，先成立讲议司。有了能指挥如意的机构，才能重新推行新法”。

蔡京在哲宗朝任户部尚书时就多次建议，仿照王安石的制置三司条例司的前例而建立一个机构。现在手握相权，提议设立讲议司，正是一次重新大洗牌的契机。面对旧体制的盘根错节，设立新机构是收回权力的不二法门，也是老谱不断袭用的方式。每任新相上任，总会面对前任

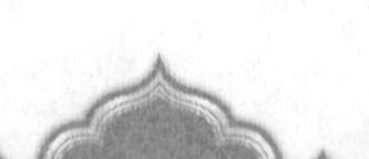

旧班底的三省六部，“吏员冗滥而注拟者甚艰”。这些宿耆旧臣、遗老遗少或摆老资格倚老卖老，或以教师爷的口吻指手画脚，或冷眼旁观在其位不谋其政看你的好看，或隔岸观火瞅准机会放冷箭冷枪，根本不买蔡京的账。这些都成为施行新政的掣肘和绊脚石。如何处理这些关系，成为能否顺利执政的试金石。蔡京只能设立讲议司这么个新机构，偷梁换柱，李代桃僵，不动声色地将权力顺理成章地转移到新机构，重组一个自己指挥得动的班底。王安石当年变法，为了绕过反对变法的人或部门，正是通过设立三司条例司疏通了“肠梗阻”，使改革变法的号令得以上通下达。蔡京可以说是深得王安石设立新机构的精髓。

宋徽宗采纳了蔡京的主张，“宜如熙宁置条例司体例，于都省置讲议司”，向全国颁布了设置讲议司的诏书。诏书是蔡京代拟的，诏书中说，时代不断变迁，出现了许多有待解决的困难。“法难一定，事贵变通”，所以需要讲议法度，制定有效措施。特任命宰臣蔡京为讲议司提举，与下属官员共议变革，切实整顿冗官、国用、财赋、交通、盐泽、宗室、地方官员七项大政。

宋徽宗还题诗一首：“议司稽放绍熙丰，因革三王五帝功。夙夜焦劳无敢怠，求衣常是未鸣钟。”表达了对蔡京变革的全力支持。

蔡京既有了圣旨，又被委以提举官总揽一切，马上选聘了详定官、参详官充当助手。每项大政还设立 3 名检讨官，共计近 40 人，大部分是蔡京的同党和同乡。为了表示公正无私，也象征性地安排了几个有声望、有能力的官员。蔡京凭借讲议司这一机构，将忠于自己、能按照其旨意行事的人员组成一个班子，以便施行其政策。

初设讲议司是以讲议财赋名义的临时机构，是三省、枢密院的附属官署。该机构以恢复神宗熙丰法为名，讲议的对象是“熙丰已行法度及神宗欲为而未暇者”，但在蔡京的运作之下，逐渐越俎代庖，发展为一个系统地包括政治、经济、教育文化在内的国家大政的总机构，侵夺三省、枢密院之权。“每一事以三人主之。凡所设施，皆由是出。”讲议司变得

虽是议事机构，但其所议范围甚广，似乎无所不议，权力越来越大，影响越来越广。讲议司的设立，确立了蔡京的绝对权威，为其几起几伏而次次都能重新拜相奠定了基础。

讲议司的设立，安置了几百名官吏，旧机构加新机构，叠床架屋，机构越来越臃肿。而且讲议司都是蔡京的亲信，待遇非常优厚，是一笔很大的官俸，无形之中增加了国家的财政开支。北宋政府官员的数目在宋徽宗即位后的七八年间增加了10倍。北宋政府支出的官财政俸，在宋徽宗宣和年间为每月120万贯，比神宗元丰年间增加了近4倍。而且蔡京以大撒币的方式，花钱收买人心，仅举一例：京城禁军巡夜打更的人，原本每月俸禄500贯，蔡京执政后，立即增加10倍来收买人心。如此大的财政压力，蔡京当然只能用横征暴敛来维持，这使得百姓生存状况更加艰难。

蔡京的官制改革，图穷匕见，最终目的还是为了自己的专权。一旦大权在手，就把手中的权力当作营私的工具，“以国禄市私恩”。

《容斋三笔》卷十五《蔡京除吏》记载了这样几个细节：

政和中，以太师领三省事，得治事于家。弟卞以开府在经筵，尝挟所亲将仕郎吴说往见，坐于便室，设一桌，陈笔砚，置玉版纸阔三寸者数十片于上。卞言常州教授某人之淹滞，曰：“自初登科作教官，今已朝奉郎，尚未脱故职。”京问：“何以处之？”卞曰：“须与一提学。”京取一纸，书其姓名及提举学事字而缺其路分，顾曰：“要何地？”卞曰：“其家极贫，非得俸入优厚处不可。”于是书“河北西路”付老兵持出。

有一兵赍一双缄及紫匣来，乃福建转运判官直龙图阁郑可简，以新茶献，即就可漏上书“秘撰运副”四字授之。卞方语及吴说曰：“是安中司谏之子，颇能自立。且王逢源外孙，与舒王夫人姻眷，其母老，欲求一见阙省局。”京问：“吴曾踏逐得未？”对曰：“打

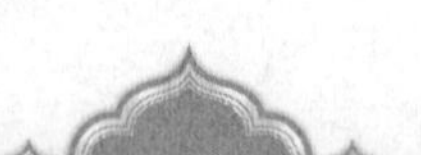

套局适阙。”又书一纸付出。

少顷，下目吴使先退。吴之从姊嫁门下侍郎薛昂，因馆其家，才还舍，具以告昂，叹所见除目之迅速。昂曰：“此三者已节次书黄矣。”始知国忠犹落第二义也。

此三例即可见蔡京权势炙手可热之际，卖官鬻爵、官职私授之肆无忌惮。《宋史纪事本末》记载：蔡京先是利用为皇帝起草诏书之便，“作御笔密进”，请宋徽宗重新抄写一遍下达，“谓之御笔手诏”，“至有不类帝札者”，群臣敢怒而不敢言。蔡京又以此贽贿官场，“营进之徒，举集其门”。只要能送给蔡京钱财，不学无术之人和穿开裆裤的孩童都能成为朝廷命官。当时有民谣：“三千索，直秘阁；五百贯，擢通判。”蔡京公开卖官鬻爵，官位还有定价：500 贯可以买到一个通判，就是州县的监察官；花 3000 贯能买到一个直秘阁的官，管理皇家所藏书画馆。

蔡京的姻亲胡师文，先是无功被授予肥差发运使，不久又因送钱数百万缗，被擢升为户部侍郎。《金瓶梅》中讲述的那个山东大地主西门庆，送给蔡京四对祝寿银人，每座高一尺余，两把金“寿”字壶，两副玉桃环及一件蟒衣，蔡京便封了西门庆一个山东提刑所副千户，官至五品，从此成为危害乡里的恶霸。有个富翁苗天秀，家财万贯，家人苗青谋杀财主，案发后，苗青辗转用重金贿赂蔡京，蔡得钱后，命其爪牙另外抓了两个人处死，了结此案。

上行下效，当满朝大臣阉宦卖官的同时，各级人事部门也都近水楼台先得月，雁过拔毛，吃过水面。所谓的官制改革，只成为一种冠冕堂皇的口号。

《宋史·蔡京传》记载：随着地位的提高和稳固，“京既贵而贪益甚”，贪欲是个无法满足的无底洞。他已领仆射的俸禄，又不放弃兼职的司空寄禄钱，当时官员俸禄都是折支，给的都是实物，如粟、豆、柴草及侍从口粮。蔡京最多时兼任着十几个官职，于是，多处任职多头领饷，恨不能

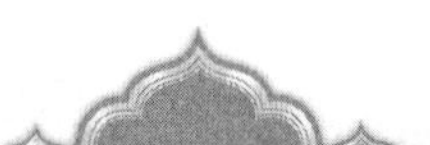

生出三头六臂，四面伸手。蔡京只是“入熟状奏行”，宋徽宗被蒙在鼓里。

宋朝官吏的俸禄，实行职务的九品十八级制度。由于宋王朝任官实行差遣制，官职分离，各级官吏如没有皇帝的委任，他就是只领俸禄而不视事的闲官，叫作寄禄官。如果皇帝派遣到某州某府任职，那么他既能领到一份朝廷的俸禄，也能享受地方的俸禄。即清廉如王安石，以中书门下平章事的身份判江宁府，他就可以领到宰相级官员的俸禄，也照样领一份州府官员的俸禄。所以，以此现象指责蔡京多吃多占有点冤枉，其实他只是照例享用。

由于宋朝“恩逮于百官，惟恐其不足”，所以在正式俸禄之外，还有各种各样的补贴，如茶酒钱、厨料钱、薪炭钱、马料钱等，名目繁多。官员家中仆役的衣食钱，也是由国库支付。每个仆役一年开支达 3000 文，而一品大员家中往往有仆役上百人，全部是吃公粮。公用钱借贷利息和职田收入，这些钱都成为部门的小金库，可以由部门长官作为福利送了人情。官员出差或赴任，可以凭朝廷发给的“给卷”，在地方上免费食宿，甚至领用粮食衣物。总之，宋代的官员俸禄待遇十分优厚，可谓开了高薪养廉的先例。做一个换算，宋徽宗年间，宰相、枢密使等一品高官的年薪就相当于 2.4 万亩土地的收入。

《曲洧旧闻》卷七《蔡京持禄固位能忍辱》中描绘了蔡京的贪恋权位：

蔡京持禄固位，能忍辱，古今大臣中少有比者。自丙戌罢相，则密求游从，不肯去都城。宣和年间，王黼当轴，京势少衰。黼之徒恐不为己利，百方欲去之，然京终不肯去。于是始遣童贯并令蔡攸同往取表。京以攸被旨俱来。乃置酒留贯饮，尔虞我诈亦预焉。京以事出不意，莫知所为。酒方行，自陈曰：“某衰老宜去，而不忍遽乞身，以上恩未报，此心二公所知也。”时左右闻京并呼攸为公，无不窃笑者。

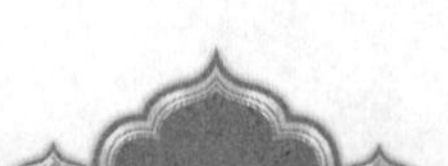

蔡京为了赖在官位上不下，竟然对“逼宫”的儿子也作拱称“公”，作态让人耻笑。

蔡京在1116年向皇帝上的奏折《病愈乞许日奉朝请奏》，也成为描绘赖在官位上不下的自画像：“昨以年逮七十，加病，乞解机务，蒙恩特许三日一朝。今臣疾病既已痊复，筋力尚可勉强，伏望许臣日奉朝请。”已经到了人活七十古来稀的年龄，还恳求皇上能让他由三日一上朝改为全天候满负荷。

说蔡京一直眷恋权位，一听罢职就痛哭流涕。其实，是由于宋朝的制度所致，在位与致仕两相待遇差别太大，各级官员谁也不愿意提前致仕，甚至到七老八十仍赖在位置上占着茅坑不拉屎。有的为了推迟致仕，虚报年龄，改动履历，“可怜八九十，齿堕双眸昏。朝霞贪名利，夕阳忧子孙”。存在的荒谬，其实都是制度使然。

杨小敏在《蔡京、蔡卞与北宋晚期政局研究》一书中，对蔡京的官制改革总结了这样一番话：

> 蔡京崇宁、大观、政和年间的官制改革，并不是一帆风顺、一脉相承的，往往会出现反复，出现波折。而这个反复、波折正好与蔡京的官海沉浮的曲线相吻合。也就是说，因人废事、因噎废食的现象，在官职改革中表现也很突出。这也是专制集权制度下的共有现象，是专制制度的弊端之一。在此制度下，不论皇帝，或者是依附于皇权的大臣，他们的权力往往难以受到有效的约束，即便他们的决策是错误的，也要强制执行，而其造成的灾难性后果却要全体人民去承受。在有些情况下，即便是一些适合百姓利益和社会发展的合理做法，一些别有用心的人，为了争夺权利的需要，也会找寻出种种理由而阻止其实施，根本不考虑其影响。他们绝不会想到“为民执政”这句话。再者，“秋后算账”也是专制制度下常常采用的一种惩治政敌的办法。制度是死的，制定制度的人是活

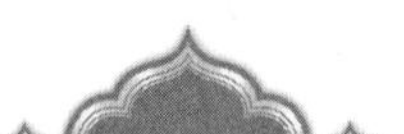

的，人可以将死的制度变成自己所需要的活的制度。官制改革最能体现出政事和人事之间复杂而微妙的关系。

6. 虚幻盛世的享乐逻辑

1113 年是宋徽宗继位第十三个年头，执政时间刚好过半。

宋徽宗手诏群臣，说了一番冠冕堂皇之言："功成不居，归美显亲之心。"意思是说自己不会居功自傲，目前所取得的这一切，都是继承先祖遗志的成果。但话语听声，锣鼓辨音，字里行间的谦逊说辞，难掩内心的志得意满、功成名就之心："遵学校养士之法，而申之以乡举里选之政；追董正治官之志，制定名位，训迪文武之秩；绍均输裕国之制，懋迁有无，阜通山海之利；乘常平羡余，以惠养鳏寡，使民养养生送死无憾；嗣开拓武功，以柔远辟……声名文物于是大备。"（刘琳：《宋会要辑稿》，上海古籍出版社 2014 年版）从宋徽宗所列政绩，扩土宁边武功胜过汉武帝，靖国安民文治超越唐太宗。

1113 年成为一个节点，预示了一个王朝的"日中则昃，月盈则食"。

宋徽宗即位之始，也曾节俭勤政。1100 年，宋徽宗对曾布说："禁中修造，华侈太过，墙宇梁柱，涂金翠毛，一如首饰。又作玉虚，华侈尤甚。"感觉宫殿修建得太过奢侈豪华，于是下令将其拆毁。1102 年 5 月，后苑修造殿宇用了金箔 51.7 万片。徽宗责备说："用金箔以饰土木，一经靡坏，不可复收，甚亡谓也。"（陈均著、许沛藻、金圆、顾吉辰、孙菊园点校：《皇朝编年纲目备要》卷二十五，中华书局 2006 年版）对提出这一规划的内臣重加责罚。

宋徽宗即位之始，体现出一个明君的严以律己，对于宫殿的过分侈靡营造，有意识地抑制，但随着皇位的巩固，尤其是蔡京的茶、盐、货币等改革，将源源不断的财富聚集到京师，这些堆积如山的物质激发了徽

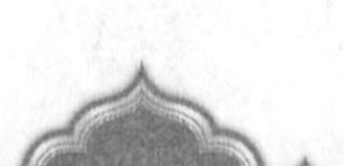

宗追求享乐的本性，开始尽情肆意挥霍。

宋徽宗有一次举办宴会，拿出御库的玉杯、玉卮给众大臣看，有些举棋不定地说："欲用此为大宴，恐人以为太华。"人们会不会认为朕太奢侈了？蔡京猜透了宋徽宗的心思，顺水推舟地说："臣曾出使契丹，他们拿出西晋时的玉盘玉杯在臣面前夸耀，说南朝没有。这些东西本就是天朝之物，用它们祝寿并不过分。"宋徽宗还有些犹豫："先帝作一小台，财数尺。"节俭得很。就这样"上封者甚众"，还有人指手画脚。台谏言官人多嘴杂，我很怕他们的唇枪舌剑，虽说这些玉器已放置很久了，但如果因为重新启用引起闲言碎语，叫我如何分辩？蔡京进一步为皇上宽心："事苟当于理，人言不足恤也。"只要符合祖上规矩，何须怕言官的嘴长毛短。蔡京还引经据典，以《周礼・天官》说事，"惟王不会说"。只有皇帝所需的一切费用可以不计成本，谁又敢非议皇上呢？"陛下当享天下之养"，陛下身为一国之主，"百蛮洞穴皆王土，万里戎羌尽汉臣"，"六合之内，皇帝之土"，天下所有的财富都应该由皇帝一人来享用。"天子至贵也，天下至富也。"既然贵为天子，自然富有天下。"以天下恭养。"顾炎武曾嘲讽地言："天下一家，何非君土？中外之财，皆陛下府库。"国家就是皇家，国库就像你私人口袋里的物件，还不是随取随拿。

《文献通考》卷二十四《国用通考》载："徽宗崇宁后，蔡京为相，增修财利之政，务以侈靡惑人主。"蔡京经济改革的显著特点是聚财于京师。茶引、盐钞的印卖权收归中央，茶盐收入也不许地方截留。1105年茶法规定，各路榷茶收入除纽计分与转运司外，有若干并量添钱数申发运司拘催，赴内藏库送纳。1113年诏令："诸路茶盐钱除有专条及朝廷临时指定许可外，不得与诸色窠名封桩一例支使，如违，依擅支封桩法。"(《宋会要辑稿》食货三十二)。至此"自一钱以上皆归京师矣"。(王应麟《玉海》卷一八一《乾德榷茶》)《文献通考・征榷三》称蔡京行钞法，欲囊括四方之钱，尽入中都。曾有好几次，宋徽宗把印制好的茶盐购销凭证拿来向左右炫耀说："此太师蔡京所与我俸料也。"正因为蔡京能为

宋徽宗搜刮财源，所以宫中费用和国家财政都与蔡京的经济改革绑在一起。言官数次进谏茶盐法以为民病，宋徽宗也只能“以用度不足故也”作为拒绝的理由。蔡京3次罢相，赵挺之、张商英、王黼先后取而代之，“尽改京所为政”，但结局都因为“反京政而无益于事”，解决不了宋徽宗日益增长的欲望，过不了多久，一感到用钱不方便，就想到让蔡京复职。

《宋史·蔡京传》载：“京每为帝言，今泉币所积赢五千万，和足以广乐，富足以备礼。”蔡京总对宋徽宗讲，现在咱国家富裕得很，黄金储备有5000万之巨。你想“广乐”还是“备礼”，富足得你完全可以随心所欲。“每及前朝爱惜财赋减省事，必以为陋”，宋徽宗再提到前朝节俭之事，蔡京都会煽惑：那样简陋与泱泱大国的身份不符，会让人笑话。“京又专用‘丰亨豫大’之说，谀悦帝意。”

“丰亨豫大”形容富足昌盛的太平安乐景象。此说出自《周易》，孔颖达《周易·正义》卷六：“丰者，多大之名，盈足之义，财多德大，故谓之为丰。德大则无所不容，财多则无所不齐（一作济）。无所拥碍谓之亨，故曰‘丰亨’。”《周易》卷二：“豫，刚应而志行，顺以动，豫。豫顺以动，故天地如之，而况‘建侯行师’乎？天地以顺动，故日月不过，而四时不忒。圣人顺动，则刑罚清而民服。豫之时义大矣哉！”亏得蔡京能运用他的学问，搜寻出这么个词来。

王安石变法也曾为国库积累了财富。王安石对宋神宗说：“今陛下广常平储蓄，抑兼并，振贫弱，置官为天下理财，非以佐私欲。”（《宋会要辑稿》食货四）还说：“陛下但不以此钱供苑囿陂池侈报之费。”（《续资治通鉴长编》卷二三七）可见在王安石变法期间，君臣还是勤俭节约的。宋神宗支持王安石变法，积累巨额财富并不是为自己享乐，而是为了富国强兵，而到了蔡京执政，生财有道积累的财富，是为了君臣无度的挥霍。贫困阶层承受着改革需要付出的代价，而改革的红利却让少数人所享用。同样以变法积聚财富，却因目的殊异而差之毫厘，失之千里。蔡京的经济思想具有很大的功利主义倾向和国家垄断主义的特点，

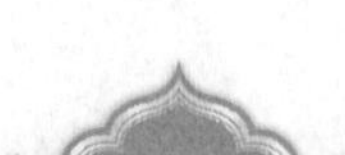

在此思想指导下所进行的一系列经济改革必然也带有很大的功利色彩，并没有从根本上解决北宋积弱积贫的局面，反而加速了统治集团的腐化堕落。

《宋史·徽宗本纪》载：“蔡京以猬薄巧佞之资，济其（徽宗）骄奢淫佚之志。”就是在蔡京“人言不足恤”的鼓动下，“四方之金帛与府藏之所储，尽拘括以实之，为天子之私财”。徽宗君臣追求享乐的贪欲就此如同脱缰的野马疯狂地膨胀起来。此欲一开，运花石纲、造万岁山，又鼓吹陛下以盛德大业，缉熙太平，功成作乐，治定制礼（《续资治通鉴长编拾补》卷二十七）。“于是立明堂、铸九鼎、修方泽、建道宫、作大晟乐、制定命宝……大兴工役，无虑数十万。两河之人，愁困不聊生矣。”（《东都事略》卷一〇一《蔡京传》）

宋徽宗君臣日渐奢靡，朝廷内外凡是请求节俭财用的进谏均遭到打压。1115 年，为了防止修建明堂的民工消极怠工，宋徽宗亲下御旨：“修建明堂，国之大政，即与前后营造事体不同，应有司官属，自当竭力奉上，以成大功。”修建亭台楼阁，仍事关国家体面之大事，官民自应同心协力。1117 年，宋徽宗颁发《诫谕不更改政事手诏》：“挟奸罔上者，于太平‘丰亨豫大’之时，欲为五季变乱裁损之计。……为臣不忠，罪莫大此！可令御史台觉察纠奏。”我们处于如此盛世华庭富足安乐的时代，却还要倡导战乱困难时期束手束脚的治国方针，就是心怀叵测，别有用心了！如此上纲上线，谁人还敢逆流而动？宋徽宗将诏书榜于朝堂，警告那些煞风景反对他花钱的言官。于是，“今朝有酒今朝醉”，成为宋徽宗时期的主调。直至北宋亡国前夕的宣和末年，大兴土木之风仍未停息。

为了实现“丰亨豫大”之说，汴京城开始大兴土木，为宋徽宗营建万岁山。自 1117 年动土，至 1122 年竣工，其间历时六载，工役至千万人，耗费不可胜计。

李濂《汴京遗迹志》载：“上颇垂意花石，（朱）勔初致黄杨三四本，上已喜之，后岁岁增加，遂至舟船相继，号曰花石纲。专置应奉局于平

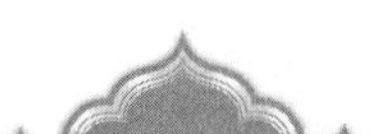

江，每一发辄数百万，故花石至京者，一花费数千缗，一石费数万缗。”朱勔因进奉花石而加官晋爵。

正是在宋徽宗大兴土木修造亭台楼阁的背景之下，称为“六贼”之一的朱勔应运而生。

《宋史·朱勔传》介绍其人：朱勔是苏州人。其父朱冲“狡狯有智数”，少时家贫受人雇佣。“梗悍不驯，抵罪鞭背”，因桀骜蛮横而犯罪受惩，逃亡他乡，靠乞贷为生。后来回乡，说自己“遇异人，得金及方书归”，开设药铺，“病人服之辄效，远近辐辏，家遂富”。为了保富，他上交官府，笼络权要；下结人心，救济贫民，终于有了声誉。

有个细节对朱冲父子的刻画颇见深刻：朱冲曾向前来参观的蔡京和童贯炫耀，我家庭院以花卉和水景为特色，再过几天，牡丹、芍药等花竞相开放，争奇斗艳，我将打开园门，让乡亲们免费游赏。蔡京和童贯称赞他乐善好施，朱冲则富含深意地笑着说：“乐善美名不敢当，做生意讲究实惠互利。我开药铺要招徕顾客，需要个好名声；名声好了，顾客才愿意上门。牡丹的根皮和芍药的块根都是寒性良药，清凉解毒，调脾和血，治疗妇女月经不调有奇效。我开园让仕女游赏，园工花匠广为宣传药效，药店的生意自然兴隆。”朱冲父子很精于经商之道，吃小亏占大便宜。

朱勔的发迹，与朱冲舍得在蔡京身上押宝有关。蔡京贬居杭州时，途经苏州，“欲建僧寺阁”，做善事求得菩萨保佑，但此笔施舍需要花费逾万。朱冲瞅准现时落魄的蔡京是个“潜力股”，把握住了这个投资下本钱的绝好机会，没几天就“大木数千章积庭下”，赞助蔡京了却心愿。蔡京“阴器其能”，惊叹朱冲的慷慨豪爽、办事干练，父亲的投资在儿子身上得到回报。第二年，蔡京奉诏还京时，就把朱勔一起带回汴京，并嘱咐童贯给他搞了个假军籍，冒充军功推荐给了宋徽宗。

朱冲、朱勔父子家居苏州，“因修莳园圃”，善于堆山造园，号称花园子。蔡京见徽宗喜好奇花异石，投其所好，让朱勔“密取浙中珍异以进”。

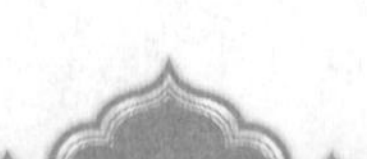

不久，朱勔即将三株奇异的黄杨运进宫苑，“帝嘉之”。随后在苏州设立了应奉局，专门在东南一带搜刮奇花异石。为了把这些奇花异石运往京城，在全国各地征调无数船只，每十艘船编为一纲，通过运河、汴河运到汴京开封，这就是《水浒传》中为百姓深恶痛绝的花石纲。

《宋史 · 朱勔传》载：花石纲的征运，初始时规模还不大，“岁率不过再三贡，贡物裁五七品”，之后年年加码，到政和年间达到极盛。为修建景灵宫，下令到吴郡征集太湖石 4600 块。朱勔役使成千上万的山民石匠和船户水手，不论是危壁削崖，还是百丈深渊，都强令采取。太湖石经过长期的水蚀，瘦、漏、透、皱，造型很具有观赏性，但在长途搬运过程中，很容易碰损而影响其美观。朱勔绞尽脑汁，想出用胶泥把石头封住，再裹以巾麻，小心翼翼进行包装。当时为运载花石，“旁罗商船，揭所贡暴其上”，朱勔可任意抽调官商用船，为把奇石异木移植于延福宫、艮岳成，以致“舳舻相衔于淮汴”，“截诸道粮饷纲”，一度影响到正常漕运。前后持续了 20 多年，“土木之功，穷极盛丽。花石之贡，毒遍东南”，给东南地区和运河两岸的民众带来了深重的苦难。

当时苏州百姓家中只要有一石一木稍堪赏玩，朱勔就率领官卒衙役破门而入，往奇石异木上贴上黄封条，标志已为皇家所征用。百姓稍有怨言，则必冠之以“大不恭罪”，借机敲诈勒索，普通人家被逼得卖儿鬻女，倾家荡产。朱勔以采办花石为名，“指取内帑如囊中物，每取以数十百万计”，支取国库的钱财比从自己口袋里掏还方便。但这些钱财都中饱私囊，进贡到汴京的都是“豪夺渔取于民，毫发不少偿”。

因为朱勔干得卖力，博得了徽宗的青睐，官位累迁至合州防御使。在一次皇家宴会上，宋徽宗表示赞赏而与朱勔握手，朱勔为此倍感荣耀，在这只手臂缠上黄罗，与人见面作揖此臂不举。至此，“东南部刺史、郡守多出其门”，朱勔“前后盘结固宠二十年”，权焰熏天。

皇恩浩荡，各级官员争相效仿。《文献通考》卷二十二《土贡一》载：“徽宗政和七年（1117），置提举御前人船所。时东南监司、郡（守）、二

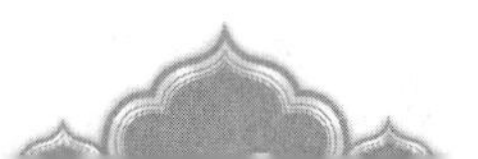

广市舶率有应奉，又有不待旨，但送物至都，计会宦者以献。大率灵壁、太湖、慈口溪、武康诸石，二浙奇竹、异花……福建荔枝、橄榄、龙眼，南海椰实、登莱文石，湖湘文竹，四川佳果木，植之皆生，而异味珍苞则以健步捷走，虽甚远，数日即达，色香未变也。乃作提举淮、浙人船所，命内侍邓文浩领之。蔡京以囊备东封船二千艘及广济兵士四营，又增制作牵驾人，乞诏人船所比直达纲法，自后所用，即从御前降下，使系应奉人船所数贡人，余皆不许妄进。”各级官吏竞相争宠进贡太多，以至于不得不下令禁止。宋徽宗有所顾忌，但蔡京却纵容地说：“陛下无声色犬马之奉，所尚者山林竹木，乃人之弃物。”完全是人弃而我用，哪里找这样有品位的皇上？这马屁拍得恰到好处，于是“其后不二岁，天下争进献复如故，而又增提举人船所，进奉花石，纲运所过，州县莫敢谁何。殆至劫掠，遂为大患”。

1123年，朱勔搜寻到一块巨型太湖石，高达四丈，“载以巨舰，役夫数千人”，沿途所经州县，“有拆水门、毁桥梁、凿城垣以过者”，历经数月，运到汴京。宋徽宗大喜过望，“役夫各赐银椀，并官其四仆，皆承节郎及金带”，人人得到赏赐，甚至荒唐地赐巨石名“神运昭功石”，封为“磐固侯”。朱勔也因此被擢升为威远节度使。

朱勔的倒行逆施惹得天怒人怨。方腊造反，打出的旗号就是“诛杀贼臣朱勔”，当时的谚谣称“金腰带，银腰带，赵家世界朱家坏。”中国历次的农民造反，从来都是只反贪官不反皇帝，似乎只是贪官带坏了皇帝，而非皇帝造就了贪官。

蔡京教唆纵容君王奢靡腐化，也是为自己大开方便之门，君臣竞相以堂皇奢侈为荣。宋徽宗继延福宫、景龙江的修建之后，修了更为奢靡华丽的艮岳。朱勔在为宋徽宗组织花石纲之际，蔡京也浑水摸鱼，借此机会调运花石入自己的花园宅第，修建“甲第名园”，以致“侈大过制，无君臣之分”。据南宋王明清《挥麈录》记载：蔡京的府第极为雄丽，全占山林江湖之绝胜。蔡京在开封之东所建住宅，称西园，住在这里周围

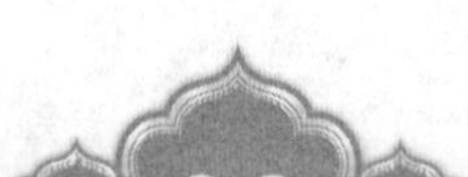

几十里的百姓必须搬迁，要拆毁民房几百间，才能修建成西园。一天，蔡京在园中问，西园与东园相比，风景哪个好呢？一个叫焦德的人回答，东园嘉木繁茂，望之如云；西园人民毁屋搬迁，泪如雨下。可谓东园如云，西园如雨。蔡京家族也倚仗权势，霸占的田地有50多万亩，仅在江南的一所永丰圩主就有水田近10万亩。

《东南纪闻》中有记载：蔡京“当国，奢侈无度”。设置讲议司，官吏数百人，“俸给优异，费用不赀”。有一天，开过僚属会议，时间已过午，于是留下吃饭：“命作蟹黄馒头。略计其费，馒头一味为钱一千三百余缗。”缗为古代穿铜钱用的绳子，一缗钱是1000文，也叫一贯钱。据《宋史》卷一八〇《食货志》载：宋时流行省陌，“以七十七钱为百”，即一贯钱为770钱。铜钱与银两的换算：北宋初银钱兑换比为一两银兑一贯钱。到徽宗时，一两银兑两贯钱。各驻屯大军的都统制“每月支供给钱二百贯”，“统制、副统制一百五十贯”，“可谓优而且厚矣”。以这个为比照，蔡京一顿客宴，光馒头一项即吃掉了边关大将半年多的工资。

《独醒杂志》卷九记载：蔡京家常有宾客宴饮，有一次酒酣之后，叫侍从把江西官送的咸豉来佐餐，库吏马上送来十瓶。众人一看，原来是极为稀罕的黄雀肫，即用黄雀胃做成的。此物一般官吏家有一瓶就不得了了，而蔡京一下就拿出了10瓶还不当回事，接着问库吏：“尚有几何？”吏曰：“犹余八十有奇。”

明代徐应秋的《玉芝堂谈荟》中记载：“蔡太师京厨婢数百人，每杀鹑（鵪鹑）子辄千余。”蔡京喜欢吃鹌鹑，每次都要烹杀很多，人们为此编了一段寓言故事：说蔡京在一个夜晚，梦见几千只鹌鹑飞到他的面前诉苦，吐诗云：“食君廪间粟，作君羹内肉。一羹数百命，下箸犹未足。羹肉何足论，生死犹转毂。劝君宜勿食，祸福相倚伏。”

《宋稗类钞》卷二也有记载：“蔡京当国，一日感寒，振与数亲客问疾，见之后堂东阁中。京顾小鬟令焚香。久之，鬟白香已满。闻近北巷卷帘声，则见香气自他室而出，其蓬焞满室，霭若云雾濛濛。坐客几不

相睹，而无烟火之烈。京谓客曰：‘香须如此烧，乃无烟气。’既归，衣冠芬馥，非数十两不能如是之浓也。”

从以上几则记载，蔡京生活的奢侈腐化可见一斑。

蔡京口口声声称是承继王安石的变法，然而初始的改革变法者还是一批有着理想主义情怀的献身者。比如王安石，不论对他的改革变法评价如何，但在官声上却留下很好的口碑。贪财和好色，几乎是官员必犯的两条，而对王安石来说，他是一条也不沾。他节俭清廉，视富贵如浮云。每次发官饷，他总会如数交给妻子。他在风流开放的宋朝官场，持守终身不纳妾。他兢兢业业、雷厉风行地实施改革变法，实实在在是试图改变宋朝积弱积贫的现状……然而，大清官王安石打造和强化了一个贪婪的集权制度，而他的所谓后继者蔡京一干人，则只是打着改革变法的旗号，把这种制度产生的腐败和堕落推向无以复加的地步。

《千古奇帝宋徽宗全传》中有一个细节：蔡京教育自己的儿子：“你看过《唐书》中宦官仇士良的传记吗？”儿子回答：“我不想当宦官，看他的传记干吗？”蔡京开导启发说：“开卷有益，不管什么人说的话，对我们有用就该拜读！仇士良对他的朋友说过，天子不可闲着无事，要常常引导他纵情享乐，乐事一天比一天新，一月比一月好，忙得他别的事都忘了，这样我们才可以得志。尤其要紧的是不可让他读书，多读书就会知道前朝兴亡。”蔡京一语道破天机，无意中透露出一条重要信息，他教唆纵容君王奢靡腐化，“醉翁之意不在酒”，原来有着极为险恶的私心。

为了让宋徽宗心安理得地过花天酒地、醉生梦死的奢靡生活，蔡京等人时时给宋徽宗制造太平盛世的虚幻景象，宋徽宗年间的“祥瑞”频现。据《续宋编年资治通鉴》中《蔡京表贺符瑞》载：

（蔡）京等奏甘露降侍郎厅，延福宫所奏竹生紫花黄蕊，秘阁槐枝连理。……京又奏有仙鹤数万只蔽空飞鸣。又奏建州竹生花，结成稻米，搬入城市，货粜所收数十万硕。又奏穰县生瑞谷，安化

> 县生芝草，都计五万本。汝州生玛瑙山子一百二十坐及诸州双头莲连理木，甘露降，仙鹤集，双爪双头，芍药牡丹，凡五千三百种有奇。……蔡京导主上酷好祥瑞，而李螗以竹钉竖芝草于蟾蜍背以献，及至一夕而解，故钉犹存。梁子野进嘉禾，则以胶黏纸缠，皆不之罪。……腊月之雷，京等指为瑞雷，三月之雪，以为瑞雪，拜表称贺，作诗赞咏，灾异不书。

都水使者赵霆在黄河捕得一只两头奇龟，献给皇帝以为祥瑞。蔡京说："这是齐国小白（春秋首霸齐桓公）所说的象罔，见到他的人可以成为霸主。"而与蔡京对立的郑居中则唱反调："天无二日，人无两首。这恐怕不是好征兆。"当时，宋徽宗正心忌蔡京专权，功高盖主尾大不掉。郑居中一针见血地指出："别人都认为奇异而惊骇，而独蔡京视为祥瑞，恐怕是居心叵测吧？"（齐涛主编：《中国党争实录》，齐鲁书社 1999 年版）

据《宋史》载：宋徽宗在位年间有 3 次出现黄河清：第一次，1107 年，"乾宁军、同州黄河清"；第二次，1108 年，"同州黄河清"；第三次，1109 年，"陕州、同州黄河清"。三国时期曹魏李康在《运命论》中有言，就是后世广为流传的那个词："黄河清而圣人生。"实际上，"黄河清"与"圣人生"风马牛不相及。但蔡京等臣僚捕捉住这一现象大做文章。百官与皇帝用各种形式来歌功颂德。"黄河清"被谱写成新曲流传，还在陕西韩城立了记载这些祥瑞的河渎碑，此碑至今尚存。

具有嘲讽意味的是，就在立碑后仅仅 15 年，在宋徽宗君臣一片歌舞升平、陶醉满足之时，1127 年，金国铁骑就兵临城下，宋徽宗便和他的儿子宋钦宗一起被金兵俘虏，押到了金朝统治下的东北地区。

尾声："异论相搅"是皇权的驭臣术

黄纯艳在《论北宋蔡京经济改革》一文中，这样阐述蔡京与宋徽宗的君臣关系：蔡京"阴托'绍述'之柄，钳制天子"和"事君以利"，似乎蔡京是"挟天子以令诸侯"，利用了皇权，以谋其私权的最大化，而宋徽宗只是一个任由蔡京摆布的傀儡玩偶。

据传说，宋徽宗降生之时，其父神宗曾到秘书省观看收藏的南唐后主李煜的画像，"见其人物俨雅，再三叹讶"，随后就生下了徽宗，"生时梦李主来谒，所以文采风流，过李主百倍"。宋徽宗是李煜托生的传说，反映了民间和后世认为宋徽宗是个旷世的艺术天才，但是不懂政治，误入帝王家，不幸成为昏暗之君、亡国之君。明人《良斋杂说》记载："李后主亡国，最为可怜，宋徽宗其后身也。"

实际上这是对宋徽宗的极大误读。

宋徽宗出身帝王之家，从小耳濡目染了宫廷内君臣间的猜忌和防范，在利用和控制上很是少年老成，有着十分高超的驭臣手段，对权力的制衡和驾驭，可以说是若即若离，达到很高的政治境界。从宋徽宗即位伊始，请向太后垂帘听政，以清除权相章惇盘根错节的势力一节，即可见他韬光养晦，借刀杀人不见血，于无声处听惊雷驾驭政局的手段。

中国几千年的封建史，由于权力的性质所决定，皇权与相权一直是一对此起彼落、此消彼长的矛盾对立体。两者时刻充满着猜忌犯忌，相互利用、相互防范。到宋朝，这一矛盾愈演愈烈，变得更为尖锐，以至到明朝开国，朱元璋为防备相权尾大不掉，干脆取消了宰相这一职位，形成皇权独揽。

宋朝，皇权与相权的交锋集中表现在"异论相搅"一说。

《续资治通鉴长编》卷二一三记载，宋真宗曾说："且要异论相搅，即各不敢为非。"宋真宗任用寇准，就是对"异论相搅"的最好阐释和运用。皇帝蓄意让政见相左的大臣同朝谇政，以起到互相监督、互相牵

制的作用。臣下的相持不下只得听凭皇上裁夺，有利于皇帝对臣子的控制，既加以利用，又便于各个击破。

徽宗对其祖宗遗训，可谓心领神会，无师自通，实行所谓“邪正杂用”。他在亲政之初，旧党韩忠彦、新党曾布并相，以便相互制约，即典型的“异论相搅”。此后在宰执内部权力之争始终相当激烈，在一定程度上出自徽宗人为。蔡京尽管最受宠信，仍然受到徽宗的猜忌与防范。徽宗“知京不可颛用，乃以张商英、郑居中辈敢与京为异者参而用之”。蔡京独相期间，徽宗先后指使张康国、侯蒙等多名执政“密伺京所为”。当时任何宰执都处于徽宗及其耳目的监视之下。

从史典或笔记的记载中，多处见宋徽宗对“异论相搅”驾轻就熟的纯熟运用。

《宋史》卷三五一《张康国传》记载：张康国曾被定为元祐党籍，“徽宗察京专愎，阴令沮其奸”。宋徽宗试探性地问张康国，蔡京“何如人”？张康国小心地回答：“使京能正其心术，虽古贤相何以加。”“上（徽宗）颔首，且使密伺京所为，盖尝许以相。”

《宋史》卷三五一《郑居中传》记载：大观以后，郑居中与蔡京不和，宋徽宗借他们之间的矛盾来了解蔡京的情况（“政和中，再知枢密院，官累特进。时京总治三省，益变乱法度。居中每为帝言，帝亦恶京专，寻拜居中少保、太宰，使伺察之”）。

《曲洧旧闻》卷八《徽宗怜韩师朴》记载：崇宁初，为了打击元祐党人，“凡在籍者例行贬窜，独师朴（韩忠彦）得近地。京讽台谏言之，上终不从”。蔡京多次想排挤韩忠彦，但宋徽宗恰恰就是看中了他与蔡京之间的“异论”，“益喜其不与京同”。

《长编纪事本末》一书在《蔡京事迹》中记载了御史中丞王安中的一件事：宣和初年，王安中上疏弹劾蔡京。当时，蔡京很是激起满朝大臣的反感。宋徽宗看过奏折说：“诚如卿言”，“当为卿罢京”。然而，蔡京“内交于近昵，密知之”。于是蔡京的儿子蔡攸“尽率弟子见上，泣且

拜”。徽宗说：“御史中丞白纸黑字写在那里，我有什么办法呢？”蔡京一看问题严重了，亲自出马，“叩头泣拜于榻前曰：‘告陛下，莫令王安中言臣。’重复恳祈，更无他语”。“上（宋徽宗）宽慈恻然，许之。”于是，一纸御笔行事，将王安中由御史中丞调任翰林学士。御史中丞是言官，上奏谏书是本身职责，而翰林学士越职言事是要受到处罚的。据《宋史》卷四七二《蔡京传附子攸传》记载：御史中丞王安中弹劾蔡京，完全是秉承宋徽宗的旨意（“帝将去京，先逐其党刘昺、刘焕等，使御史中丞王安中劾之”），但是随着事态的进展，宋徽宗权衡利弊又改变了主意，不让御史再弹劾蔡京了（“上为迁安中翰林学士，又迁承旨”）。从这一事件中，君王的翻手为云、覆手为雨的手段可见一斑。官员的升迁罢免，雷霆雨露皆君恩，全是出自皇帝的金口玉言。

从以上几个细节可以看出，大臣之间的不和，背后都有皇权之手在其中操控。宋徽宗正是利用臣下之间的矛盾，他才便于隔岸观火，左右逢源，相权与皇权控制与反弹、作用力与反作用力的矛盾一直此起彼落。

同为“六贼”之一的王黼，其升降浮沉也颇见皇权与相权争斗的实质。

王黼与蔡京争权，因利用了蔡京父子之间的矛盾，与蔡攸联合起来对付蔡京，堡垒最容易从内部攻破，终于成功地把蔡京逐出朝堂，王黼如愿以偿地坐上了相位。

据《东都事略》卷一〇六《王黼传》载：“徽宗待遇日隆，恩殊异于他相，名其居阁为‘得贤治定’，为书‘载赓堂’‘宠光亭’以下凡七榜。有玉芝产堂柱，徽宗幸其第，置宴观之。梁师成与黼连墙，穿便门往来，黼以父事之，每折简必称为恩府先生，徽宗过之，始悟其交结状，由是黼眷稍息，乃拔白时中、李邦彦共政，以分其权。”王黼虽然得宠，权势一度空前绝后，而宋徽宗一旦发现他与梁师成深相交结，“黼眷顿熄，寻命致仕”，马上触犯了皇权的禁忌，恩宠顿息，令其致仕。

统治者对朋党的警惕历来敏感。真宗对宰相曰：“闻朝臣中有交结朋党、互扇虚誉，速求进用者。人之善否，朝廷具悉，但患行已不至耳。

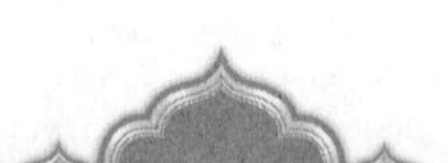

浮薄之风，诚不可长。”（杨仲良《皇宋通鉴长编纪事本末》卷四四）乃命降诏申警御史台纠察之。所谓“异论相搅”，就是说封建帝王不怕你一盘散沙，就怕你铁板一块，形成针插不进、水泼不入的独立王国，相权尾大不掉侵害到皇权。

宋徽宗年间，蔡京与童贯、郑居中、王黼等既相互援引、相互利用，又同床异梦、矛盾重重。他们之间的内耗削弱了蔡京的政治势力，但从另一角度而言，正是宋徽宗“异论相搅”理念的成功运用。

《水浒传》中有句民谣：“但知有蔡京，不知有朝廷。”似乎蔡京已经凌驾于三省六部之上，宋徽宗被架空，被视为昏君，成为一个傀儡。其实，宋徽宗尽管花天酒地奢靡无度，但手中的皇权始终没有虚化，他将大政决定权和宰相任免权牢牢地握在手中。宋徽宗在位 26 年，更换宰相 13 人，宰相任期一般极短，大多不到 2 年。其中，刘正夫任期最短，仅 7 个月；何执中、王黼任期较长，也无非 6 年左右。蔡京最得宠，前后累计任相时间最长，但徽宗仍先后 4 次将他罢相。而且蔡京“每闻将退免，辄入见祈哀，蒲伏扣头，无复廉耻”。可见，蔡京权势虽大，但在宋徽宗面前，“含垢忍耻以偷嬉宴”，不过是个看人脸色行事的奴才而已。

从宋神宗到宋徽宗，北宋的皇权一步步走向强化。如果说宋神宗与王安石君臣间还反映着共治天下的一种较为平等的关系，这从王安石的两次主动辞相和司马光拒绝枢密副使的任命可得印证。宋神宗时代的士大夫尚有着独立的人格和操守，作为对立政敌的王安石抑或司马光，都不愿意为了迎合皇帝而放弃自己的政治主张，但到宋徽宗年间，整个士大夫阶层完全呈犬儒化倾向，眼睛只盯着皇权手里的乌纱帽和肉骨头，只剩下磕头捣蒜、摇尾巴的份儿。

“异论相搅”作为皇权的驭臣手段，其弊端显而易见。监督制约成为变法的掣肘，成为阻碍除旧鼎革的力量，任何人上台后都无法甩开膀子干。范仲淹庆历新政和王安石熙宁变法的失败，从表象上看是由于触犯了部分官僚的既得利益，受到了诬谤而功亏一篑，但深层原因还是反

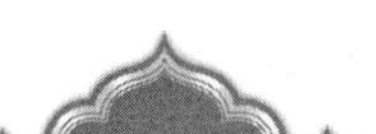

映出皇权对相权既离不得又信不过的首鼠两端。在封建皇权体制下，所有改革变法的尝试都逃脱不了失败的宿命。

北宋末年，蔡京等朝廷命官的升迁谪贬，都是由宋徽宗个人意志所操纵。从表面上看蔡京集团权势熏天，为所欲为，但实际上“莫不是备左右趋奉的一等庸人”。无论是蔡京，还是王黼、童贯以及其他“六贼”，徽宗始终将他们牢牢操控在自己的股掌之中，招之即来，挥之即去，他们只能仰仗皇权的鼻息才能达到自己的目的。封建专制独裁下的皇权与相权的关系是一种付出与回报的契约关系，官僚依据自己对皇权的依附及谄媚，获得回报。韩非子形象地把这种关系比作“雇主与佣耕者”的关系。在人屋檐下，不得不低头。当所有人的利益和地位全都取决于皇帝的意志时，要求产生出不逢迎讨好、不围着皇帝好恶打转的官员，无异于痴人说梦。这一模式也决定了中国封建王朝中，相权对皇权的依附。皇权的恣肆无拘正是豢养蔡京一类奸臣的土壤。

蔡京以其卓越的政治手腕、经济才干和行政能力，在讨好逢迎上做得尤其出色，于是也就成为危害最大的巨奸。宋徽宗对蔡京看得非常透彻，既看到了蔡京的聪明能干，也看到了蔡京的投机、聚敛；既看到了蔡京出众的才华，也看到了蔡京的谄媚、钻营和狡诈。蔡京与宋徽宗两人的关系，正是相权与皇权某类模式的形象写照。

通过蔡京的人生轨迹，我们可以透视蔡京的“人之初，性本善”，是如何在不断献媚皇权的过程中明珠暗投，终至为虎作伥。

李瑞华在《王安石变法的再思考》中说了这样一番话：“王安石变法的最后走向，对于怀抱理想的北宋士大夫们来说是一种失败，他们不仅没有通过变法建构起理想的社会秩序，反而成就了专制主义皇权，他们中相当大的一部分人也从与皇权‘共治天下’的参与者而沦为皇权的附庸。”

在皇权专制的框架中，任何对经济改革变法的尝试都犹如独翼之鸟、单轮之车，无论一时取得如何的辉煌和成功，最终只能落个车毁鸟坠，与初衷相违。

李斯 政治上站错队的

中国古语云:“良禽择木而栖,良臣择君而事。”祖先的生存智慧总结出至理名言。因为遇人不淑,或者明珠暗投,以致“城门失火,殃及池鱼”,“一荣俱荣,一损俱损”,“倾巢之下,岂有完卵”,受牵连跟着倒霉的事屡见不鲜。

历史的转折关口,往往是风云人物命运的拐点。荀子说:“杨朱哭衢涂曰:‘此夫过举跬步而觉跌千里者夫!’哀哭之。”“衢涂”为十字路口,在改朝换代“城头变换大王旗”之际,走错“跬步”,差之毫厘,失之千里,一失足成千古恨,到时候就是哭也来不及了。你投靠哪个政治营垒,往往决定着政治家的人生命运,当面临历史的十字路口之际,是向左转还是向右行?是踩油门,开弓没有回头箭,勇往直前,还是踩刹车悬崖勒马,浪子回头金不换?此刻的选择决定着你的人生命运。

秦朝的开国功臣李斯,大概是中国历史上最早在改朝换代的关键时刻因为站错队而招致杀身之祸的高官。

1. 李斯面临“杨朱哭衢涂”

苏东坡有名篇《隐公论》：描述了公元前712年，当继位的宫廷斗争愈演愈烈面临生死抉择的关头，懦弱的鲁隐公当断不断反受其乱，终致招来杀身之祸。

苏东坡由鲁隐公事件引申出秦朝丞相李斯在千钧一发的关键时刻的错误选择。苏东坡这样写道：“二世欲杀扶苏，而难李斯，则赵高来之”。司马迁在《史记·李斯列传》中记载了这一历史事件：公元前246年，秦始皇第五次巡行。巡行的路线是：从咸阳出发，出武关，沿丹水、汉水流域到云梦，沿长江东下直至会稽（今浙江绍兴南），登会稽山，祭大禹，并刻石留念。再沿海边走，向北抵达琅邪郡。丞相李斯、中车府令兼管符玺令事务的赵高，都随驾巡游。秦始皇有20多个儿子，长子扶苏思想倾向于儒家，“以数直谏上”，不同意秦始皇的焚书坑儒，劝父皇施行仁政，惹得秦始皇不快，“上使监兵上郡”，派他到戍边的蒙恬处监兵。小儿子胡亥最受宠爱，请求跟从出游，“上许之。余子莫从”。

七月北归之时，秦始皇到沙丘（今河北钜鹿东南），“病甚”，命令赵高撰写诏书给公子扶苏说：把军队交给蒙恬，赶回咸阳与灵柩会合安排丧事。“书已封，未授使者，始皇崩。”诏书和玉玺都在赵高处，只有胡亥、李斯、赵高和最亲近的五六个宦官知道秦始皇已死，“群臣皆莫知也”。丞相李斯认为皇帝是在巡视途中驾崩，还没有正式确立太子，所以不公布秦始皇死的事，把尸体安放在一辆既能保温又通风的车子里，百官奏事及进献饮食还像往常一样（“百官奏事上食如故”），宦官就假托皇帝从车中批准百官上奏的事。

封建王朝的血缘世袭制，决定了每逢皇帝驾崩，一朝天子一朝臣，总面临重新洗牌、权力再分配的一个关键时刻。

那个历史上有名的奸臣赵高，认为机会千载难逢，就开始动了邪门歪道的心思：他扣留下秦始皇给扶苏的印玺和诏书，怂恿公子胡亥说：

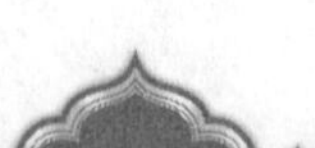

"上崩，无诏封王诸子而独赐长子书。"皇帝去世了，没有诏书封诸子为王而只赐给长子扶苏一封诏书。"长子至，即立为皇帝，而子无尺寸之地，为之奈何？"皇帝只赐诏书给长子扶苏，圣意已经很明显，扶苏一到就立为皇帝，还有你什么事？

胡亥还算本分，说："明君知臣，明父知子。"贤明的君主了解臣子，贤明的父亲了解儿子。父亲临终既未下命令分封诸子，我还有什么话可说？赵高着急地启发说："话可不能这样说。当今天下的大权，无论谁的生死存亡，都在你、我和丞相李斯 3 人手里掌握着！希望你好好思前想后：驾驭群臣和向人称臣，统治别人和被人统治，在人屋檐下看人脸色讨生活和君临天下金口玉言，可是冰炭两重天！"

赵高感到形势严峻，秦始皇之后，究竟是由长子扶苏继位，还是由自己任师的胡亥登基，对自己的命运将有天壤之别。

胡亥说："废兄而立弟，是不义也；不奉父诏而畏死，是不孝也；能薄而材谫，彊因人之功，是不能也：三者逆德，天下不服，身殆倾危，社稷不血食。"废黜兄长而立幼弟，这是不义；不执行父皇的遗嘱而另行一套，这是不孝；自己才能浅薄，依靠别人的帮助而勉强登位，这是无能。这三件事都是大逆不道的做法，天下人也不服从，我自身遭受祸殃，国家还会有血光之灾。

赵高说："武杀其主，天下称义焉，不为不忠；卫君杀其父，而卫国载其德，孔子著之，不为不孝。夫大行不小谨，盛德不辞让，乡曲各有宜而百官不同功。故顾小而忘大，后必有害；狐疑犹豫，后必有悔。断而敢行，鬼神避之，后有成功。"商汤、周武杀死他们的君主，天下人都称赞他们的行为符合道义，不能算是不忠；卫君杀死他的父亲，而卫国人民称颂他的功德，孔子还记载了这件事，不能算是不孝。成大事者不能拘于小节，行大德的人也不是谦谦君子。十里乡间各有其俗，文武百官各有各的行事方式。顾忌小节而忘了大事，日后必生祸害。关键时刻犹豫不决，将来一定要后悔。果断而大胆地去做，连鬼神都会回避。你按

我说的去做，将来一定会成功。

历史上那个著名的指鹿为马的典故，就出自赵高之身。据《史记》载："高自知权重，乃献鹿，谓之马。二世问左右：'此乃鹿也？'左右皆曰'马也'。二世惊，自以为惑。"史称赵高生就三寸不烂之舌，是有名的能言善辩之人。口若悬河，舌如利刃，一张嘴两层皮，信口雌黄能东能西，能把鹿说成是马，也不愁把死人说活。

胡亥为赵高的利害分析所打动，只是还心存顾忌地说："今大行未发，丧礼未终。"现在父皇尸骨未寒，丧礼也未结束，我怎能把这件事提出来呢？赵高说："时乎时乎，间不及谋！赢粮跃马，惟恐后时。"机不可失，时不我待，机遇短暂得像是夏日里的闪电稍纵即逝，就像携带干粮骑着快马赶路一样，唯恐耽误了时机！你再犹豫不决，黄花菜也凉了。

承继大统君临天下，这是挡不住的诱惑。胡亥终于认同了赵高的主张，但胡亥仍然心存顾忌："不与丞相谋，恐事不能成。"如此篡改圣旨，丞相李斯能否配合呢？

赵高自信地大包大揽说："只要你拿定主意，其他的事尽管放心，说动丞相的事包在我身上。"

2. 功臣罪臣，一念之差

要想矫旨篡位，丞相李斯是一个绕不过去的人物。

在秦王政灭六国的统一大业中，李斯作为廷尉，立下汗马功劳。秦统一天下后，李斯率群臣尊秦王政为皇帝，创建了华夏的第一个大帝国。此后，在制定国体国策时，王绾等功臣提出，地域广阔难以管理，应该仿效周朝分封诸王子与功臣为诸侯，因而引发了那场决定历史走向的分封制与郡县制之争。李斯力排众议，指出周文王、周武王分封的王子功臣太多，原本有着血缘关系的众诸侯为了争权略地，后来都翻脸为仇，

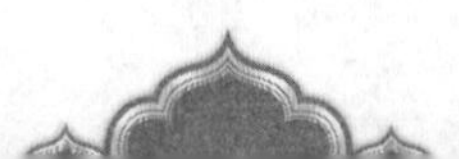

形成春秋战国数百年之乱局。今天好不容易一统天下，怎么能开历史的倒车，重新退回周文王时代？秦始皇采纳了李斯的意见，把全国分为三十六郡，郡以下为县。郡县制比之分封制是一个历史的进步。这一整套中央集权制度从根本上铲除了诸侯国分裂割据的祸根，对巩固国家统一、促进社会发展起了积极作用。所以，“祖龙魂死秦犹在”，“百代都行秦政法”，这一制度在秦以后的封建帝制社会里一直沿用了 2000 多年。

李斯任丞相期间，还帮助秦始皇统一了华夏的文字。中国的文字从新石器时代彩陶刻画文字的萌芽，经过商代的甲骨文和西周的金文，发展到春秋战国时期，经历了一个漫长的演变和发展过程。战国时代由于群雄割据，“诸侯力政，不统于王，恶礼乐之害己而皆去其典籍”，因而出现了“言语异声，文字异形”的现象，使这一时期的汉字形体产生了地域性的差异。原本表达同一意思的字，写法上却往往齐秦有异、燕赵不同。因此，必须确立一种统一的官方文字。许慎的《说文解字·叙》记载：“皆取史籀大篆或颇省改，所谓小篆者也。”李斯擅长书法，奉秦始皇之命，将大篆字体删繁就简，整理出一套笔画简单、形体整齐的文字，叫作秦篆，这就是秦统一文字小篆的由来。秦始皇看了这些新书体后，很满意，于是就把它定为标准字体，通令全国使用。当时，人们对小篆的结构不太熟悉，很难写得称心如意。李斯就和赵高、胡毋等人写了《仓颉篇》《爰历篇》《博学篇》等范本，供大家临摹。李斯又推广一个叫程邈的小官吏创造的一种书体，进一步简化了篆书屈曲回环的形体结构，形成新的书体——隶书。从此，隶书便作为官方正式书体，始于秦，盛于汉，直到魏晋楷书流行才渐被取而代之，但作为书法艺术，篆书、隶书因其独具一格，深受后人喜爱。中国书法四大书体真、草、隶、篆，隶、篆占其半壁江山。鲁迅先生称赞李斯的统一文字：“然子文字，则有殊勋。”他的书法“小篆入神，大篆入妙”，被称为书法鼻祖。

李斯任丞相期间，还统一了度量衡。秦统一之前，中国的度量衡没有一个统一的标准，各国诸侯按照自己的喜好，制定了不同的计算单位

和不同的计算进制。这种复杂多变的度量衡，是政治割据社会的产物，大一统的秦王朝建立后，成为影响秦王朝经济交流和发展的严重阻碍。在李斯的组织实施下，把度制以寸、尺、丈引为单位，采用十进制计数；量制以合、升、斗、桶为单位，也采用十进制计算；衡制则以铢、两、斤、钧、石为单位，24 铢为一两，16 两为一斤，30 斤为一钧，4 钧为一石固定下来。为了有效地统一制式、划一器具，李斯又从制度上和法律上采取措施，以保证度量衡的精确实施。几千年来，李斯任丞相期间制定的度量衡，在此后的朝代更迭中大同小异，一直沿用至今。

李斯任丞相期间，在交通方面也有“修驰道、车同轨”这样的大手笔。庞大的中央集权要想在辽阔的疆域上政令畅通，物资交流便利，就必须改变以往的交通条件。李斯建议让全国的车轨统一，并在全国范围内修筑驰道。李斯以京师咸阳为中心，陆续修建了两条驰道，一条向东通到过去的燕齐地区（今河北、山东一带），一条向南直达吴楚旧地（今湖北、湖南、江苏、浙江等地）。这种驰道路基坚固，宽 50 步，道旁每隔三丈种青松一株。后又修筑“直道”，由九原郡直达咸阳，全长 1800 余里。又在今云南、贵州地区修筑“五尺道”，以便利中原和西南地区的交通。在湖南、江西一带，修筑攀越五岭的“新道”，便利通向这两个地区的交通。就这样，一个以咸阳为中心的四通八达的交通网把全国各地联系在一起。同时，为与道路配套，李斯还规定车轨的统一宽度为六尺，以此保证车辆的畅行无阻。现代经济学认为，要致富先修路，交通是发展国民经济的先行官，而早在 2000 多年之前，李斯已经高瞻远瞩地具有了这样超越时代的先进观念。

在秦始皇最后一次出游，也就是命丧沙丘之前，李斯向秦始皇上了最后一道重要的奏折：废除秦以外沿用的六国货币，在全国范围内统一货币。司马迁《史记》记载：“始皇三十七年（前 210），复行钱。”秦统一中国后，流通结算的货币，依然沿袭过去的形式。市面上布币、刀币、贝钱、圆钱等六国货币混合使用，市面十分混乱。因此，统一货币及结

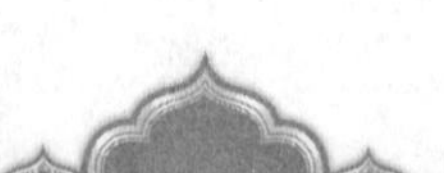

算制度，把货币铸造收归国有，便成了当务之急。在李斯的主持下，货币规定了以黄金为上币，以镒为单位，每镒重 24 两，以铜半两钱为下币，1 万铜钱折合一镒黄金，并严令珠玉、龟、贝、银、锡之类退出流通，仅可作为装饰品收藏。把货币的铸造权收归国有，私人不得铸币，违者定重罪。李斯此举被后世认为是中国经济史上的一个重大事件。李斯当初所主持铸造的圆形方孔的半两钱（俗称秦半两），因其造型设计合理，使用携带方便，一直使用到清朝末年。

综观李斯的这些作为，可以这样说，在中国几千年的历史当中，名相重臣比比皆是，累世之功不乏其主，但大多不过功在当朝，时过境迁烟消云散，而李斯几乎所干每件大事产生的影响都延及千年，荫及后代，以至司马迁在《史记》中这样评价李斯："人皆以斯极忠而被五刑死，察其本，乃与俗议之异。不然，斯之功且与周召列矣。"司马迁认为，如果李斯不是因为一念之差误上贼船，其功绩直可以与周公、召公相媲美了。

3. 命运选择的误区

面临如此性命攸关的选择，我想，李斯的内心一定有过翻江倒海的激烈斗争。

司马迁在《史记・李斯列传》中记载了赵高与李斯两人意味深长的对话，从中颇能窥视到李斯当时复杂矛盾的心理活动：

赵高对李斯说："始皇帝逝世，赐给长子诏书，立为继承人。诏书还没送出去，现在皇帝逝世了，赐给长子的那份诏书和皇帝符玺都在胡亥那里。现在，确立由谁继承大统，取决于你我了。"

李斯闻言诚惶诚恐："你我二人深受皇帝恩宠，你怎么能说出这种不是人臣该说的话？"

赵高不急不慌，胸有成竹，缓缓问道："你自己估计，你的能力和蒙

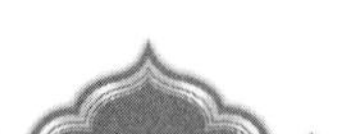

恬相比怎样？功劳大小和蒙恬相比怎样？谋虑远大而没有失算和蒙恬相比怎样？跟天下没有仇怨跟蒙恬相比又怎样？”

李斯说：“何须相比，我在这几方面都不如蒙恬，但这与你的话题又有什么关系呢？”

赵高说：“我本不过是宫内一个奴仆，幸而凭着公文书写能力进入秦宫，管事20多年了，没曾见秦朝任免的丞相功臣有持续受封两代的，最后都是被杀身亡。一朝天子一朝臣，如若长子扶苏继位，则必用蒙恬为丞相，你别指望还能带着通侯印绶荣归故里。我接受命令教育胡亥，数十年下来，我最了解他的为人处世。他慈祥仁爱，忠实厚道，没有伴君如伴虎之忧患。秦各位公子没有比他更适合的继承人了。我希望你慎思之，拿定主意吧。”

李斯说：“君其反位！斯奉主之诏，听天之命，何虑之可定也？”李斯还是试图坚守自己的道德底线。

赵高进一步晓以利害说：“平安可能转为危险，危险可能转为平安，不能控制安危，要超人智慧有什么用？”

李斯说：“我李斯不过上蔡民间一个平民，皇帝加恩把我提拔为丞相，封为通侯，荫及子孙，皇帝把国家安危存亡的重任托付于我，我怎能辜负皇恩呢？人臣要恪守各自本分，希望你不要再说了，再说就是让我犯罪了。”

不敢再让说下去，本身已经流露出内心的动摇，耳不闻心仍静。

赵高继续着劝解工作：“圣人者能审时度势，顺应变化。月晕而风础润而雨，透过现象就知道本质，观察动机就知道最终目的。事物本来就是这样迁徙转移，哪有一成不变的道理呢？现在天下的命运操在胡亥手里，我们要察言观色体会胡亥的心意。秋霜下降，草木花叶就要坠落；冰解水流，万物就要生长。这是必然的效应呀。你怎么对形势的判断这样的迟钝麻木呀？！”

李斯说：“我听说晋国更换太子，三世不安定，齐桓公时儿子兄弟们

争立，桓公死后，陈尸67天才得安葬。纣杀亲属，不听劝谏，都城变成废墟，国家终于灭亡。这三件事违背天意，搞得宗庙都无人祭祀。我是个堂堂正正的人，怎么能搞这种叛逆阴谋呢！”

赵高说：“上下一条心，才可以长保富贵，而你我一致，事情就不会败露。你听从我的计谋，就能长保通侯的爵位，代代相传。如若现在还想缩手回头放弃不干，已经来不及了，灾祸可就要连累子孙。你可要好生掂量：‘善者因祸为福，君何处焉？’”赵高既然说出了阴谋，就已然是如箭在弦，开弓没有回头箭了。于是，图穷匕见，露出了不容违逆的凶相。

李斯毕竟是识时务的俊杰，他权衡利害仰面长叹：“嗟乎！独遭乱世，既以不能死，安托命哉！”于是，李斯听从了赵高的意见。

苏东坡在《隐公论》一文中说：“李斯听赵高之谋，非其本意，独畏蒙氏之夺其位，故勉而听高。”李斯听从赵高的主意并非出于本意，但在对自己利益的斟酌权衡中，还是“勉而听高”，上了贼船，最终落得“具斯五刑，论腰斩咸阳市”，整个家族跟着受牵涉而祸及三族。

苏东坡在文章的结尾处写下这样的感慨：“使斯闻高之言，即召百官陈六师而斩之，其德于扶苏，岂有既乎？何蒙氏之足忧？”苏东坡对李斯的命运做出这样的假设：如果李斯得知赵高的阴谋，立即召集“六师”，诛杀赵高而迎回扶苏，则功莫大焉，岂不相位更加巩固？苏东坡想不明白：以李斯辅佐秦始皇之才，怎么竟会如此下愚？岂不哀哉！

司马迁大手笔，这段精彩的对话，把赵高的晓以利害、步步紧逼和李斯的首鼠两端、退无可退的心态描绘得活灵活现。

萨特有一句名言：“选择即自由。这是一个明朗得有点让人伤感的命题。因为我们看到：在选择背后，‘个人’支配的意识是如此稀薄。”存在主义的鼻祖克尔恺郭尔写过一篇著名的哲学论文《非此即彼》。“非此即彼就是不能亦此亦彼”，这是存在主义哲学家最早提出的人类选择中的两难困境。存在主义哲学认为：“我们是在比较中选择比较好的。”

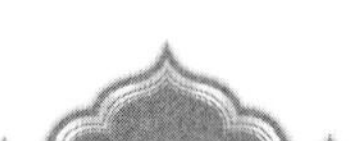

这就有了“两害相权取其轻”的意味。每个人都有自己的生存天地，人人都受制于自己生存环境的种种矛盾纠葛之中，无法超脱，无法回避。

一枚钱币抛到天空，落下来时已然决定了命运。有时看似选择，其实是自古华山一条道。

4.“老鼠哲学”中寄寓的心理潜台词

后世广为流传李斯的“老鼠哲学”，我们不妨把它看作李斯面临选择时的心理依据。

李斯的“老鼠哲学”典出司马迁的《史记·李斯列传》：

> 年少时，为郡小吏，见吏舍厕中鼠食不洁，近人犬，数惊恐之。斯入仓，观仓中鼠，食积粟，居大庑之下，不见人犬之忧。于是李斯乃叹曰：“人之贤不肖譬如鼠矣，在所自处耳！”

李斯还在青春年少之时，有一天上厕所，古时的厕所不是我们现代生活中的抽水马桶，而是那种农村的粪坑。坑挖得又深又大，坑上放一块木板，人就蹲在木板上方便，叫作蹲坑。由于坑深，大便拉出来要好长一段时间才会落坑，所以声音很大，每每把茅厕里偷屎吃的老鼠吓得四下逃散。看着那惊魂失魄又瘦又小的老鼠，李斯联想到官仓里的老鼠：那些在官仓里偷米吃的老鼠，一只只长得肥硕且毛色光鲜，见了人不仅一点不怕，还会瞪起它的贼眉鼠眼，倒好像是你冒犯了它的领地。当李斯把这两种老鼠对比着思索时，心里顿悟出一个哲理：“人之贤不肖譬如鼠矣，在所自处耳！”同样的鼠类，为什么待遇如此天壤之别呢？一切都是“在所自处耳”，人的命运由所处环境决定。一个人要想在社会上出人头地，就不能身居茅厕，而一定要奋斗到官仓里去。

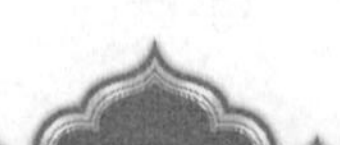

李斯为了飞黄腾达，成为“官仓中的老鼠”，李斯辞去楚国上蔡郡的小吏，到齐国求学，“乃从荀卿学帝王之术”。荀卿是当时著名的儒学集大成者，他的思想更接近于法家的主张，是研究如何治理国家的学问，即所谓的帝王之术。

李斯在学成辞别师尊荀子时说了这样一番话：“天机一瞬，稍纵即逝。现在，群雄逐鹿大国争霸，正是有志之士鲲鹏展翅之际。今秦王雄心勃勃欲实现一统帝业，这正是平民鱼跃龙门的机会。身处卑贱地位而不思积极进取，就像禽兽看着肉而吃不到口。这种人空长了人面而如同行尸走肉白活在世上。”所以，“诟莫大于卑贱，而悲莫甚于穷困”，耻辱没有比身处卑贱地位更为耻辱，悲哀没有比身陷穷困潦倒更为悲哀。长久处于卑贱穷困地位，却抨击世上的荣华富贵，标榜自己清高无为，这不是士人的真实感情，所以我要到秦国去寻求我的事业了。

李斯到秦国，恰逢庄襄王去世，“李斯乃求为秦相文信侯吕不韦舍人”，先是想方设法傍上了当时权势炙手的秦相国文信侯吕不韦，在吕不韦的手下当舍人。吕不韦很是欣赏李斯的才能，就转而推荐他为秦王的侍从，使李斯有了接近秦王的机会。经过几番不失时机地进言，秦王认为言之有理，于是任命李斯为长史，秘密派遣他带着金银财宝去离间各国诸侯。再次获得成功后，秦王升任李斯为客卿。李斯面前展开一条五彩缤纷之仕途。

李斯在劝说秦王兼并六国时说过这样一句话：“胥人者，去其几也。成大功者，在因瑕衅而遂忍之。”平庸的人往往失去时机，而成就大功业者往往在于他能捕捉到千载难逢的机遇，并下得了决心利用之。这句话成为李斯人生奋斗的座右铭。

“马思边草拳毛动，雕盼青云睡眼开。”对于一个热血青年而言，从政议政，“了却君王天下事，赢得生前身后名”是挡不住的诱惑。

萨特在《理性时代》一文中说：“自由选择，说到底是为自我存在而选择。”“我要的是：自己只像自己。”人是通过选择而实现了自我。“懦

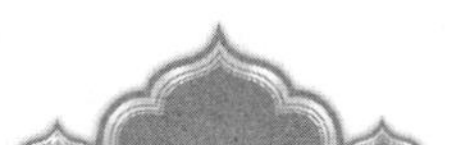

夫使自己懦弱，英雄把自己变成英雄。”萨特还说过这样的话：“选择固然是自由的，但必须是慎重的，每个人要对自己选择的后果承担责任。”

李斯急于用世，急于崭露头角，出人头地，只要达到目的，手段可无所不用其极的性格，在其一开始迈向人生之路，就已经埋下他悲剧的祸根。

5. 有你无我的残酷竞争

封建体制的金字塔式结构，决定了权位只能是一个萝卜一个坑，你占住茅坑不拉屎，别人再急厕屙在裤子里也没辙。这也就决定了官场的竞争必然是你死我活，弱肉强食。任何强势的政治人物必然有强劲的竞争对手。

赵高之所以信心满满，一定是吃透了李斯，他拿蒙恬与李斯对比来说事，影射了当年李斯与韩非子之事，正刺中了李斯的命门软肋。

当年，正当李斯在秦国平步青云、志得意满之际，出现了一个强劲的竞争对手。司马迁在《史记·韩非列传》中有这样的记述：“韩非者，韩之诸公子也。喜刑名法术之学，而其归本于黄老。非为人口吃，不能道说，而善著书。与李斯俱事荀卿，斯自以为不如非。”韩非是韩国的公子，与李斯同是拜荀子为师的同窗好友。韩非继承发扬了荀子的学说，并在此基础上，把慎到的“势”、商鞅的“法”、申不害的“术”结合起来，形成了一套完整的君主专制理论。韩非因说话口吃，不善辩说，但善于著述。韩非忧虑韩国太弱，多次上书献策，但都未能被采纳。于是，韩非发愤著书，先后写出《孤愤》《五蠹》《说难》等。李斯是一个自视甚高的人，但自认为学问比不上韩非。

司马迁在《史记·韩非列传》中讲述了韩非入秦后的遭遇：

人或传其书至秦。秦王见《孤愤》《五蠹》之书，曰：“嗟乎，

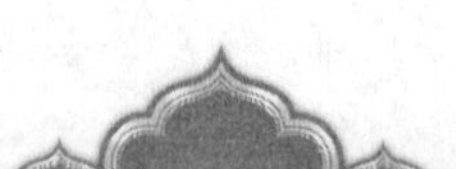

寡人得见此人与之游，死不恨矣！”李斯曰：“此韩非之所著书也。”秦因急攻韩。韩王始不用非，及急，乃遣非使秦。秦王悦之，未信用。李斯、姚贾害之，毁之曰：“韩非，韩之诸公子也。今王欲并诸侯，非终为韩不为秦，此人之情也。今王不用，久留而归之，此自遗患也，不如以过法诛之。”秦王以为然，下吏治非。李斯使人遗非药，使自杀。韩非欲自陈，不得见。秦王后悔之，使人赦之，非已死矣。

韩非的《孤愤》《五蠹》等传入秦国，秦王十分欣赏韩非子的才华，相见恨晚地感叹说：“我要是能见到此人，与他交往，则死而无憾矣。”不久，因秦国攻韩，韩王不得不起用韩非，并派他出使秦国。这等于是送货上门，瞌睡给了个枕头。秦王决心留下韩非为己所用，正在犹豫不决之中。李斯知道韩非的本事比自己大，有了危机感，生怕秦王如若重用韩非，对自己的前途极为不利，于是就向秦王吹起了耳边风：“韩非是韩王的同族，大王要消灭各国，韩非终归爱韩不爱秦，这是人之常情。用他则难免投鼠忌器，但如果大王不用韩非，把他放走，以韩非之雄才大略，就给秦国留下无穷后患。用不得放不得，不如干脆把他杀掉，一了百了。”秦王听信了李斯的话，就把韩非抓了起来。李斯生怕夜长梦多，很快派人给韩非送去了毒药，叫他自杀。韩非想要当面向秦王陈述是非，根据秦国法令的规定，狱中的囚犯无权上书申辩，又不得见秦王。后来秦王后悔了，派人去赦免他，可惜韩非已经死了。

《尚书·大禹谟》中记载了舜对禹说过这样一番话：“人心惟危，道心惟微，惟精惟一，允执厥中。无稽之言勿听，弗询之谋勿庸。”大概可以这样理解此话的含义：人都是凡夫俗胎，胸中总有两颗心，一个叫人心，一个叫道心。人心最危险，道心最微妙。两者之间，时时刻刻在那里做着生死搏杀。人心战胜道心，就堕落为小人；道心战胜人心，就上达成君子。是放纵人心还是固守道心，往往就在人的一念之间。每个人

都有着本能欲望与理性束律之间的激烈斗争，一定要把持住心中的这架天平。李斯为了自己仕途的飞黄腾达，留下过不光彩的劣迹。

赵高正是抓住了李斯人性中的弱点，乘虚而入，把他逼上了贼船。

6. 知我者《春秋》，罪我者《春秋》

在秦始皇执政的第十个年头，秦国发生了一件事：韩国有个名叫郑国的人来到秦国，貌似为秦国出主意，怂恿秦国大兴土木，超越现有国力开掘贯通全境的灌溉系统，以牵制消耗秦国的国力。不久，计谋败露，于是秦国宗室大臣纷纷进谏说："诸侯各国人士来秦服务，大都是心怀叵测，居心不良，实质是为自己国家着想，应该把他们全部驱逐出境。"秦始皇大怒之下接受了宗室大臣们的意见，下令驱逐所有客卿，李斯当然也在被逐之列。正是在这一前提下，李斯写出了他传诸后世的锦绣名篇：《谏逐客书》。

早在中学的语文课本上，我们已经读到李斯的这一名篇。李斯字通古，名副其实博古通今，他在上秦始皇的这本奏议中列举了秦朝历代选用外来人才的事例：从前秦穆公寻求贤士，西边从西戎取得由余，东边从宛地得到百里奚，又从宋国迎来蹇叔，还从晋国招来丕豹、公孙支。这 5 位贤人，不生在秦国，而秦穆公重用他们，吞并国家 20 多个，于是称霸西戎。秦孝公采用商鞅的新法，移风易俗，人民因此殷实，国家因此富强，百姓乐意为国效力，诸侯亲附归服，战胜楚国、魏国的军队，攻取土地上千里，至今政治安定，国力强盛。秦惠王采纳张仪的计策，攻下三川地区，西进兼并巴蜀两国，北上收得上郡，南下攻取汉中，席卷九夷各部，控制鄢郢之地，东面占据成皋天险，割取肥田沃土，于是拆散六国的合纵同盟，使他们朝西事奉秦国，功烈延续到今天。昭王得到范雎，废黜穰侯，驱逐华阳君，加强和巩固了王室的权力，堵塞了权贵垄断政治的局面，蚕食诸侯领土，使秦国成就帝王大业。这4位君主，都依赖客卿建立了功业。由此看来，客卿哪有什么对不住秦国的地方呢！倘若这4位君主拒绝远客而不予接纳，疏远贤士而不加任用，就会使国家没有丰厚的实力，而让秦国没有强大的名声了……

秦始皇闻过而喜从善如流，李斯的雄辩说服秦始皇收回成命，"秦王乃除逐客之令，复李斯官，卒用其计谋。官至廷尉"。秦始皇果断地取消了逐客令，李斯仍然受到重用，并被加封为廷尉。

这时，面临杀身之祸的郑国也向秦始皇进言："韩国让秦国大兴水利建设工程，当初的目的是消耗秦国实力，但水渠修成之后，对秦国也是有利的。尽管兴修水利减轻了秦国对东方各国的压力，让韩国多存在几年，但修好渠却'为秦建万代之功'。"秦始皇并未因人废言，他觉得郑国的话不无道理，决定不杀郑国，让他继续领导修完水渠。这就是后来闻名于史的郑国渠，它对发展繁荣秦国积蓄吞并六国的经济实力，起到了化腐朽为神奇的作用。

李斯的文章写得文采飞扬，思虑深邃，逻辑严密，以至于被鲁迅称为"秦之文章，李斯一人而已"。

孔子有言："知我者《春秋》，罪我者《春秋》。"《谏逐客书》成为李斯的《春秋》。这一突发的间谍事件成为一个预兆，警示着李斯仕途上的凶险。也许此时李斯见好就收，还可以平安着陆，全身而退。然而，大概没有一个人能够在辉煌时戛然而止。李斯开始一步步走向他锦绣前程的物极必反。

司马迁在《史记·李斯列传》中还记载了李斯春风得意时的一件事：由于秦始皇的宠信，不仅李斯官运亨通，他的子女也都跟着沾光。李斯的长子李由做三川郡守，掌握了一定的军政大权；其他儿子都娶了秦皇室公主，女儿们都嫁给了秦皇室公子。有一次，李由从任上回到咸阳，李斯摆设家宴，百官都来赴宴祝酒，门里门外车辆数以千计。李斯不禁感慨道："唉，我听师尊荀卿说过，'物忌太盛'，事物要防止发展过头，

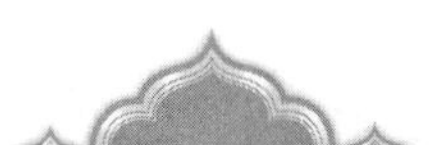

我李斯只是街巷一平民百姓，皇上不了解我才能的低下，将我提拔到如今的高位，真可谓一人之下，万人之上，富贵到了极点。事物达到顶点就要转为衰败了，真不知我日后会是个怎样的结局。”

也许在那一刻，李斯曾有大彻大悟，但他终究没能抵御住人性中的贪欲。

7. 上了贼船只能随波逐流

赵高在劝说李斯时曾这样介绍胡亥：“慈祥仁爱，忠实厚道，没有伴君如伴虎之忧患。”然而，这只是对君王未继位前的判断。“子系中山狼，得志便猖狂。”胡亥一朝君权在握，马上露出其顽劣的本性。为了巩固自己的皇权，实施苛政暴法，杀死了大臣蒙毅等人，10 个公子在咸阳街头斩首示众，12 个公主也在杜县被分裂肢体处死，财物没收归皇帝所有，连带一同治罪的不计其数。胡亥的法令刑罚一天比一天残酷，群臣上下人人自危，胡亥的倒行逆施激起了此起彼伏的反叛浪潮。

“李斯数欲请间谏，二世不许”，李斯好几次想进谏劝说胡亥改邪归正，谁料胡亥是个好歹不分、油盐不进的昏君，根本听不进去，反而质问李斯：“我听韩非说，尧统治天下，殿堂只不过三尺高，柞木椽子直接使用而不加砍削，茅草做屋顶而不加修剪，即使是旅店中住宿的条件也不会比这更艰苦的了。冬天穿鹿皮袄，夏天穿麻布衣，粗米做饭，野菜做汤，用土罐吃饭，用土钵喝水，即使是看门人的生活也不会比这更清寒了。夏禹凿开龙门，开通大夏水道，又疏通多条河流，曲折地筑起多道堤防，决积水引导入海，大腿上没了肌肉，小腿上没了汗毛，手掌脚底都结满了厚茧，面孔漆黑，最终还累死在外，埋葬在会稽山上，即使是奴隶的劳苦也不会比这更厉害了。难道担惊受怕当皇帝就是为了享受这样的生活？一个安定天下治理万民的君王，倘若连给自己捞好处都不会，又

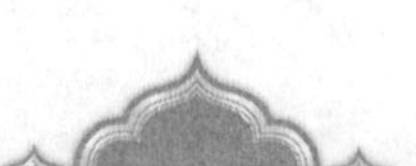

怎么能治理天下呢？你既然是我的第一高参，请你帮我出出主意，怎样才能为所欲为而又永享天下没有祸害？”

面对这样一个黑白不分，拿了无耻当享受的君王，再足智多谋的李斯也只能一筹莫展。上了贼船，只能由着惯性而随波逐流。这时，李斯的儿子李由镇压农民起义军不利，大将章邯要追查李由的责任，并讥讽李斯的无能。胡亥不是反省自己，而是屡次讥讽责备李斯说：“居三公位，如何令盗如此！”你官居人臣高位，却不能为君王分忧解愁，要你何用！李斯因此心中恐惧，于是只得迎合秦二世胡亥，提出一套“督责之术”。

李斯的所谓“督责之术”，实际上就是用严刑酷法维护君王的独断专制。李斯在《论督责书》中说：“彼唯明主为能深督轻罪，夫罪轻且督深，而况有重罪乎？故民不敢犯也。”李斯认为，君主对臣下和百姓实行“轻罪重罚”，使得人人自危，不敢轻举妄动，唯君王马首是瞻。只有实行“督责之术”，君主才能随心所欲，为所欲为，而群臣百姓则只能逆来顺受不敢造反，君王的专制地位也就得到了巩固。可以说，李斯的《论督责书》就是为秦朝的专制暴政提供了法律依据。此时的李斯，为了自己的爵禄，“乃阿（阿谀）二世意，欲求容”，已经到了不知羞耻的地步。

明末清初的王夫之在《读通鉴论》中对李斯向秦二世所上《论督责书》发表了这样一番感慨：“畏死患失之心迫而有所不避耳。”一个人怕死怎么能到这种地步呢？竟然能对胡亥讲出如此之昏话。

一步错则步步错，棋失一着，满盘皆输。

8. 牵黄犬出上蔡东门而不可得

无情的现实粉碎了李斯的一切幻想，“二世二年七月，具斯五刑，论腰斩咸阳市。斯出狱，与其中子俱执，顾谓其中子曰：‘吾欲与若复牵黄犬俱出上蔡东门逐狡兔，岂可得乎！’遂父子相哭，而夷三族”。公元前

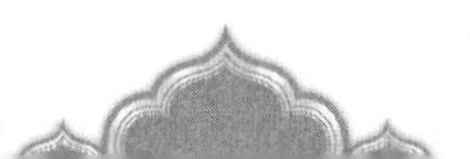

208年7月，李斯被腰斩于咸阳，并祸夷三族。死到临头，李斯蓦然反悔人生，悲怆地对儿子说："此刻就是想像平民百姓牵着黄犬出东门也不可得了。"桓宽这样评价李斯之命运："李斯相秦，席天下之势，志小万乘；及其囚于囹圄，车裂于云阳之市，亦愿负薪入东门，行上蔡曲街径，不可得也。"《论语》有言："唐棣之华，偏其反而；岂不尔思，室是远而。子曰：'未之思也，夫何远之有？'"孔子引用的四句诗是意味深长的。有些事情所以一时看不清楚，是你离利害太近，一叶障目，"只缘身在此山中"。所谓"祸患常积于忽微，智勇多困于所溺"，人生的欲望成为陷阱。或者如《红楼梦》中所言："身后有余忘缩手，眼前无路想回头。"人生是单程票，走错了就无法再走回头路了。

唐朝诗人胡曾专为李斯墓题了诗："上蔡东门狡兔肥，李斯何事忘南归？功成不解谋身退，直待咸阳血染衣。"

宋朝大诗人刘敞也为李斯墓题了诗："二事三公何足论，忆牵黄犬出东门。天人忌满由来事，枉持沙丘有旧恩。"

苏东坡在《隐公论》中说："吾独表而出之，以为世戒。君子之为仁义也，非有计于利害。然君子之所为，义利常兼，而小人反是。"当一个人面临选择之际，不能让个人急功近利的私欲遮蔽了对公道正义的追求。任何投机心理和侥幸心理，都足以祸国殃己。究竟是什么把那个年轻时心怀抱负、满腹经纶、雄姿英发、指点山河的李斯，变成趋炎附势、阿谀奉承、助纣为虐、恬不知耻的败类？这真是一个值得好好探讨的问题。

"诸葛一生唯谨慎，吕端大事不糊涂。"一个人当位高权重之际，维护既得利益的本能往往战胜固守崇高使命的理性，然而这种短视行为终将在历史的长河中被大浪淘沙。李斯面临命运十字路口的自我选择，成为我们鉴古知今的一面高悬明镜。